Hetsch · Islam und Unterentwicklung

ISLAMKUNDLICHE UNTERSUCHUNGEN · BAND 157

begründet

von

Klaus Schwarz

herausgegeben

von

Gerd Winkelhane

KLAUS SCHWARZ VERLAG · BERLIN

ISLAMKUNDLICHE UNTERSUCHUNGEN · BAND 157

Irina Hetsch

Islam und Unterentwicklung

Konzeptionelle Ansätze zur Überwindung der Unterentwicklung in islamischen Wirtschaftstheorien — Das Beispiel Iran

KLAUS SCHWARZ VERLAG · BERLIN · 1992

Die Deutsche Bibliothek - CIP-Einheitsaufnahme

Hetsch, Irina:
Islam und Unterentwicklung : konzeptionelle Ansätze zur Überwindung der Unterentwicklung in islamischen Wirtschaftstheorien - das Beispiel Iran / Irina Hetsch. - Berlin : Schwarz, 1992
(Islamkundliche Untersuchungen ; Bd. 157)
Zugl.: Berlin, Humboldt-Univ., Diss., 1992
ISBN 3-922968-80-5
NE: GT

Klaus Schwarz Verlag, Bergstraße 2, D-1000 Berlin 41
ISBN 3-922968-80-5
Druck: Offsetdruckerei Gerhard Weinert GmbH, D-1000 Berlin 42

Die vorliegende Arbeit wurde am Vorderasiatischen Institut der Humboldt-Universität zu Berlin wissenschaftlich betreut und 1990 fertiggestellt.

In ihr werden islamisch geprägte Wirtschaftskonzeptionen unter dem Aspekt ihrer Potenzen und Grenzen bei der Milderung der Folgen der Unterentwicklung im islamischen Raum untersucht.

Einer Bestandsaufnahme nichtislamischer bürgerlicher und linker Theorien zur Unterentwicklung folgt die vergleichende Untersuchung islamisch geprägter Denkansätze zu dieser Problematik. Die Analyse von Ursachen der Reislamisierung sowie der Art und Weise theoretischer Reflexion der Unterentwicklungsproblematik in islamischen Wirtschaftslehren zeigt, daß auch islamische Gelehrte verstärkt nach Wurzeln sowie Mechanismen der Reproduktion von Unterentwicklung fragen und bei der Suche nach Lösung der Probleme islamischer Länder zunehmend auf innere regionalspezifische Entwicklungsreserven verweisen, wobei islamische Konzeptionen eine wesentliche Rolle spielen. Dabei existieren auch im ökonomischen Bereich verschiedene Ansätze, von denen einige abschließend anhand des iranischen Beispiels betrachtet werden.

Die Arbeit verdeutlicht, daß islamische Konzeptionen, trotz wesentlicher Hemmfaktoren - angesichts von auch im islamischen Raum existierenden gravierenden sozialen Folgen der Unterentwicklung - noch lange Zeit ihre Bedeutung beibehalten werden, und zwar besonders hinsichtlich ihrer Fähigkeit zur Massenmobilisierung, zur Schaffung von Integrationspotentialen und als moralisches sowie soziales Minimalprogramm zur Vermeidung sozialer Spannungen und Exzesse.

I n h a l t s v e r z e i c h n i s

	Einleitung	5
1.	**Die Unterentwicklungsproblematik in der theoretischen Diskussion**	10
1.1.	Symptome und Erscheinungsformen der Unterentwicklung	11
1.2.	Modernisierungstheoretische Ansätze	17
1.3.	Dependencia Ansätze, ökonomische Anthropologie und World-System-Analysis	24
1.4.	Die Thematisierung der Unterentwicklungsproblematik in der DDR und der Sowjetunion	33
1.5.	Einordnung der konkreten Thematik in den Gesamtzusammenhang	40
1.6.	Zusammenfassung	45
2.	**Die Reflexion der Unterentwicklungsproblematik in islamischen Wirtschaftskonzeptionen**	49
2.1.	Problemstellung	49
2.2.	Hintergründe der Reislamisierungstendenzen in der islamischen Welt	52
2.3.	Art und Weise der Reflexion der Unterentwicklungsproblematik in islamischen Wirtschaftskonzeptionen	57
2.4.	Grundzüge und verschiedene Varianten islamischer Wirtschaftslehren	63
2.5.	Zusammenfassung	70
3.	**Schiitisch geprägte Denkansätze zur Wirtschaftsentwicklung im Iran - Anspruch und Realität**	73
3.1.	Šari'atis und Tālegānis linksradikaler Ansatz	74
3.2.	Bürgerlich-liberale Vorstellungen und Versuche ihrer Realisierung unter der Regierung Bāzargān	83

3.3. Die kleinbürgerlich-demokratische Variante............ 90
3.3.1. Banisadrs Konzept der "monotheistischen Wirtschaft"... 90
3.3.2. Die Wirtschaftsproblematik in der Verfassung der IRI... 97
3.3.3. Schwerpunkte des iranische Entwicklungsplanes 1983/84 - 1987/88................................. 99
3.4. Chomeini und seine Anhänger zu Wirtschaftsfragen...... 102
3.4.1. Der theokratisch-populistische Ansatz in der Theorie.. 102
3.4.2. Die ökonomische Programmatik der IRP................. 109
3.4.3. Konstituierung und Aktivitäten religiöser Stiftungen.. 111
3.4.4. Chomeinis Position in den interfraktionellen Auseinandersetzungen um die Wirtschaftspolitik........ 118
3.5. Einige Resultate islamisch geprägter Wirtschaftspolitik nach 10 Jahren IRI........................... 121
3.6. Zusammenfassung...................................... 125

4. **Schlußfolgerungen**.................................... 130

Anmerkungen... 138

Anlagen... 165

Literaturverzeichnis................................... 185

Verzeichnis der Anlagen

1. Begriffserläuterungen.................................. 165

2. Kurzbiographien (Banisadr, Bāsargān, Chomeini, Šari'ati, Šari'atmadāri, Tālegāni).................... 171

In der Arbeit verwendete Abkürzungen von Namen, Zahlenangaben und Fachtermini (Abkürzungen für Zeitungen und Zeitschriften Siehe Literaturverzeichnis)

bpd	barrel per day
BSP	Bruttosozialprodukt
IRI	Islamische Republik Iran
IRP	Islamisch- Republikanische Partei
Mio	Millionen
Mrd	Milliarden
NF	Nationale Front
TNK	Transnationale Konzerne
$	US- Dollar

EINLEITUNG

Im letzten Jahrzehnt haben die Prozesse in den Entwicklungsländern und in der Welt insgesamt deutlich gemacht, daß die Unterentwicklung eines erheblichen Teils dieser Welt ein globales Problem mit zunehmender Relevanz und wachsender Verflechtung zu allen Menschheitsproblemen darstellt.
Die Globalität drückt sich vor allem darin aus, daß die ungleichmäßige Entwicklung verschiedener Zivilisationsformen dieser Erde zu einer solchen historisch-formationellen Qualität der gesellschaftlichen Entwicklung in Teilen der Welt führte, die für die weitere Menschheitsentwicklung insgesamt bedrohlich ist, die aber nicht allein durch die den unterentwickelten Gesellschaften immanenten Triebkräfte und Mittel überwunden werden kann, sondern schnellstmöglich konzertierter Anstrengungen der gesamten Weltbevölkerung bedarf.
Die Bedrohung der menschlichen Zivilisation durch die Unterentwicklung erwächst vor allem aus dem durch die andauernde Reproduktion von Unterentwicklung resultierenden Konfliktpotential in einem Teil der - zunehmend auch wissenschaftlich so erkannten- ganzheitlichen Welt mit ihrem interdependenten Charakter der sie prägenden Beziehungen. Besagte menschheitsbedrohende Konfliktfelder entstehen insbesondere infolge:

- des sozialen Zündstoffes, der aus einer Situation erwächst, in der 3/4 der Menschheit ums bloße physische Überleben kämpft, infolge des Demonstrationseffektes aber auch um andere Lebensbedingungen weiß;
- der Bevölkerungsexplosion, die - angesichts begrenzter, schnell zur Verfügung stehender Ressourcen in den Gebieten, in denen sie vorrangig auftritt - lediglich eine verkrüppelte Reproduktion der Gesellschaften erlaubt und in deren Folge die Triebkräfte von Entwicklung nicht mehr ökonomischer und geistiger Natur sind, sondern besagter Überlebenskampf;
- der ökologischen Bedrohung, resultierend aus der Übernutzung

der Bodenressourcen und des wachsenden Raubbaus an der Natur, verursacht zum Teil, durch das Streben nach Gewinnmaximierung in- und ausländischer Unternehmen oder/und durch soziale Zwangslagen breiter Bevölkerungskreise in diesen Ländern, die sich ihren Lebensunterhalt kurzfristig oft nur durch besagte Übernutzung und Vernichtung in naher Zukunft nicht regenerierbarer Naturreichtümer sichern können;

- der Gefährdung des normalen Funktionierens der weltwirtschaftlichen Beziehungen mit den daraus erwachsenen Implikationen;
- des militärischen Bedrohungspotentials angesichts der Möglichkeit unkontrollierbarer, gewaltsamer sozial, ökonomisch, politisch oder religiös motivierter Auseinandersetzungen in und zwischen Entwicklungsländern sowie zwischen diesen und den industriell entwickelten Staaten.

Der hier skizzierte globale Bedrohungscharakter der Unterentwicklung wird heute in der Welt zwar verbal (bewußt oder unbewußt) anerkannt, jedoch ist es bisher nicht gelungen, die Notwendigkeit dieser Entwicklungslogik in breiterem Maße in Handlungsmotivationen umzusetzen.

Umfassende Sicherheit für den Erhalt und die Weiterentwicklung der Zivilisation wird aber eine Utopie bleiben, wenn es nicht gelingt, die heute gravierendsten Folgen von Unterentwicklung in absehbarer Zeit zu beseitigen bzw. zu mildern. Dies impliziert, daß ungeachtet aller Grenzen hinsichtlich theoretischer Durchdringung und politisch- praktischer Realisierungsversuche bis heute, die Lösung globaler Probleme perspektivisch nur durch ein neues Denken und Handeln von globaler Dimension, also durch weltweite Kooperation sozialökonomisch differenzierter und politisch organisierter Subjekte gelingen kann und muß /HETSCH; WÖHLERT S.1/. Die Chancen, die sich in diesem Zusammenhang durch den Abbau des Ost- West Systemkonfliktes ergeben, liegen unter anderem auch in der Möglichkeit der verstärkten gemeinsamen Dialogsuche und zwar sowohl im Rahmen der entwickelten Industrieländer, als auch insbesondere mit den Ländern der "Dritten Welt".

Die Empfehlung von Entwicklungsmodellen, die lediglich auf den Erfahrungen des "reichen Nordens" beruhen, die immer noch dominierende - bewußt oder unbewußt - eurozentrische Sicht, müssen gemeinsam gefundenen Lösungsansätzen weichen. Der Erfolg des Nachdenkens über und des bewußten Eingreifens in kommende Entwicklungen wird wesentlich davon abhängen, wie es gelingt, mit Vertretern der verschiedensten politischen, gesellschafts-theoretischen, philosophischen und weltanschaulichen Konzeptionen einen vernünftigen Dialog zu führen. "Die Länder des Südens haben nur eine Chance, wenn wir uns ändern, wenn wir partnerschaftsfähig werden. Wir sind es bisher nicht, weder Ost noch West "/EPPLER/.
Voraussetzungen für die Dialogfähigkeit unsererseits waren und sind nach Ansicht der Autorin auch dadurch beschränkt, daß die Mehrzahl derer, die diesen Dialog führen müßten, die theoretischen Lösungsvorstellungen, die Denk- und Fühlweise sowie die Wertsysteme ihrer Gesprächspartner nur oberflächlich bzw. gar nicht kennen oder aber sie ignorieren.

Die Autorin möchte deshalb mit vorliegender Arbeit einen Teil von in den Entwicklungsländern herausgearbeiteten und propagierten konzeptionellen Ansätzen, und zwar den theoretischen Beitrag islamischer Ideologen in den Debatten zur Überwindung der Unterentwicklung vergleichend analysieren. Der Vergleich erfolgt zum einen zwischen theoretischen Ansätzen, die von islamischen Gelehrten und von Wissenschaftlern der entwickelten Industrieländer ausgearbeitet wurden, zum anderen zwischen den verschiedenen konzeptionellen Ansätzen innerhalb des Islam.
Bisher haben sich alle sowohl im "Norden" als auch im "Süden" entwickelten theoretischen Ansätze bezüglich der Unterent-

wicklungsproblematik als unzureichend und unrealisierbar erwiesen.

Eine Einschätzung der untersuchten Ansätze durch die Autorin wird also in erster Linie nicht dahingehend erfolgen können, wie umfassend und komplex die Lösungsansätze in Bezug auf ihre langfristige Realisierung erscheinen, sondern vor allem dahingehend, ob und inwiefern religiöse, insbesondere islamische Modifikationen des Kapitalismus das unmittelbar bestehende globale Bedrohungspotential mindern können und somit die Voraussetzungen für die Überwindung der Unterentwicklung erhalten bleiben.
Die Autorin ist der Meinung, daß die Behandlung dieser Frage, will man zu schlüssigen Aussagen gelangen, nur mit konkret historisch- geographischem Bezug erfolgen kann und wählte daher ein konkretes Land, in einer konkreten Zeit für ihre Analyse.

Diese einleitend formulierten Überlegungen diktierten die Logik des methodologischen Aufbaus der Arbeit. An den Beginn werden einige vergleichende theoretische Betrachtungen zu Erscheinungen, Wurzeln, Ursachen der Reproduktion, Definitionsversuchen und Strategien zur Überwindung der Unterentwicklung gestellt.
Ausgangspunkt der weiteren Ausführungen ist die Tatsache, daß besonders in den letzten Jahren, nach dem Scheitern bis dato offerierter und praktizierter Entwicklungsstrategien(1), in den Entwicklungsländern selbst verstärkt die Suche nach alternativen Wegen erfolgte, wobei religiöse Vorstellungen eine nicht unwesentliche Rolle spielen. Daraus ergibt sich die Frage nach dem Einfluß und der realen Wirkung solcher Vorstellungen auf die Herausbildung und Umsetzung von Entwicklungskonzepten. Die Wirkung der ausgearbeiteten Strategien in den Entwicklungsländern selbst wird wiederum maßgeblich davon abhängen, inwieweit die ökonomische, technische, soziale,

politisch- kulturelle sowie innere und äußere Komplexität und Wechselwirkung der vielfältigen Bestimmungsfaktoren der Wirtschaftspolitik in ihrer Dynamik berücksichtigt werden und welche Fähigkeiten die jeweiligen Führungskräfte bei der Verwirklichung dieser Strategien an den Tag legen. Insofern ist es notwendig, neben den konzeptionellen Ansätzen vor allem den konkreten Versuch ihrer Umsetzung zu analysieren. Die Autorin ist bestrebt, dies im Schlußteil ihrer Ausführungen in aller Kürze zu tun und möchte damit auch zu tiefergehenden Untersuchungen unter o.g. Aufgabenstellung anregen.

In dem Bemühen, den oben aufgeworfenen Fragen nachzugehen, konnte sich die Autorin neben dem umfänglichen Literaturstudium vor allem auf Diskussionen mit Kollegen und wertvolle Hinweise von ihnen stützen. Dafür möchte sie sich vor allem bei Prof. H.Grienig, Prof. Höpp, Dr. E.Serauky, Dr. W.Schwanitz, Dr. Itscherenska und T. Wöhlert bedanken.

Für die Transkription der persischen und der aus dem Arabischen stammenden, im Persischen verwendeten Wörter wurden - in Anlehnung an andere wissenschaftliche Arbeiten zur genannten Region - folgende diakritische Zeichen gesetzt:

ā für ein langes "a",
ǧ für die Lautverbindung "dsch",
ġ für einen dem deutschen "Gaumen-r" ähnlichen Laut,
š für "sch",
z für ein stimmhaftes "s",
' für einen Knacklaut in der Kehle.

Persische und arabische Wörter, die sich im Deutschen eingebürgert haben, wurden in der im Deutschen üblichen Schreibweise wiedergegeben.

1.DIE UNTERENTWICKLUNGSPROBLEMATIK IN DER DISKUSSION

Die Menschheit als Ganzes konstituiert sich immer mehr als Handlungssubjekt der Geschichte, indem sie sich über die Gefahren für ihre Existenz klar wird und dagegen sowohl gemeinsame als auch den jeweiligen Bedingungen entsprechende spezifische humane Lösungen globaler Probleme setzt. Die Unterentwicklung in diesem Zusammenhang als Prozeß zu erkennen, um in ihn eingreifen zu können, wirft heute noch erhebliche theoretische Probleme auf, von denen einige im vorliegenden Kapitel angedeutet werden sollen.
Die umfangreiche Thematisierung der Unterentwicklungsproblematik erfolgte zuerst durch bürgerliche und linksradikale Wissenschaftler und war dadurch geprägt, daß neben der Ökonomie vor allem solche Einzeldisziplinen, wie kulturelle, soziale und ökonomische Anthropologie, Soziologie, Sozialpsychologie und Kulturologie in die Debatte einbezogen wurden.

Angesichts der in der Einleitung skizzierten Notwendigkeit des Zusammengehens bei der Problembewältigung kommt es heute vor allem darauf an, daß auch die theoretische Diskussion über die Unterentwicklung künftig nicht so sehr von gegenseitiger Abgrenzung, als vielmehr von konstruktivem Meinungsstreit der verschiedenen "Strömungen" geprägt wird. Auch hier ist die genauere Kenntnis der jeweiligen Konzepte die erste Voraussetzung, um eine Verständigung überhaupt zu ermöglichen.
Soll die theoretische Erörterung der Unterentwicklungsproblematik zur Begründung von Möglichkeiten und Voraussetzungen sowie zu praktikablen Konzeptionen und Strategien für die Überwindung der Unterentwicklung führen, so müßte eine gründliche **Analyse der Wurzeln, Reproduktionsursachen und -tendenzen, eine genaue inhaltliche Klärung der Kategorie Unterentwicklung sowie die qualitative und quantitative Bestimmung**

ihrer Symptome und Erscheinungen erfolgen.
Inwiefern und in welcher Weise dies in den einzelnen Denkrichtungen(1) geschieht, möchte die Autorin in diesem ersten vergleichenden Kapitel verdeutlichen. Dabei geht sie vorrangig auf ökonomische Faktoren ein, obwohl ihr bewußt ist, daß sich die Unterentwicklungsproblematik nicht nur auf ökonomische und soziale, sondern auch politische und kulturelle Aspekte bezieht und daher eine umfassende Theorie der Unterentwicklung diese Aspekte einschließen müßte.(2)
Die Betrachtungen zu den Symptomen und Erscheinungen der Unterentwicklung werden den vergleichenden Analysen aus konzeptionellen Gründen vorangestellt.

1.1. Symptome und Erscheinungsformen der Unterentwicklung

Der historische Zustand der Unterentwicklung äußert sich in einem Komplex sozialökonomischer, soziokultureller, ökologischer und politisch-ideologischer Symptome sowie sozialer Folgen. Letztere bilden durch ihre verstärkte Ausprägung im vergangenen Jahrzehnt die eigentliche und unmittelbare Gefahr dieser Problematik und zwingen die Weltgemeinschaft, in diesen - von der Weltgeschichte objektiv hervorgebrachten - Prozeß "regulierend" einzugreifen.

Zu den sozialökonomischen Symptomen , welche gleichzeitig auch Reproduktionsursachen und - bei ihrer Veränderung - Ansatz für die Überwindung der Unterentwicklung sind, gehören vor allem:
- ökonomisch- technische und sozialökonomische sowie Überbauelemente und das gesellschaftliche Bewußtsein erfassende Rückständigkeit;
- deformiertes und disproportionales Wirtschaftswachstum;
- die untergeordnete Stellung im wechselseitigen Abhängigkeitsverhältnis der weltwirtschaftlichen Beziehungen;
- die Tatsache, daß die Entwicklungsländer weiterhin Objekte von Überausbeutung und Ausplünderung durch einige hochent-

wickelte Industriestaaten und internationale Monopole sind.

Soziale Folgen, wie chronischer Hunger, Unter- und Mangelernährung, Massenarmut und -elend, katastrophale Wohnverhältnisse für einen großen Teil der Bevölkerung, mangelnde bzw. keine gesundheitliche Betreuung, unzureichende hygienische Bedingungen, niedrige Lebenserwartung, hohe Säuglingssterblichkeit, Massenarbeitslosigkeit und unmenschliche Arbeitsbedingungen vieler Beschäftigter, Analphabetentum, massenhafte soziale Degradation u.v.a.(3) sind sicht- und spürbare Auswirkungen der genannten Symptome, tragen jedoch gleichzeitig im Zusammenhang mit ihnen zur Reproduktion der Unterentwicklung bei. Obwohl also die Erscheinungsformen und Symptome getrennt voneinander und in bestimmter Reihenfolge angeführt wurden, bilden sie ein aufeinander einwirkendes Bedingungsgefüge.
Ihre qualitative und quantitative Charakterisierung ergibt dabei ein differenziertes Bild für die einzelnen Entwicklungsländer, was bei einer allgemeinen theoretischen Analyse der Symptome berücksichtigt werden muß.

Die **ökonomisch-technische und sozialökonomische Rückständigkeit** äußert sich am deutlichsten in der enormen, noch immer wachsenden Kluft zwischen Entwicklungs- und entwickelten Industrieländern im Hinblick auf:

- das allgemeine Niveau der Produktivkraftentwicklung und der Arbeitsproduktivität,
- deren Entwicklungstempo (hier wächst die Kluft nur teilweise),
- die Entwicklung der Produktionsverhältnisse und somit auch der Organisation der gesellschaftlichen Arbeit.

Das letztgenannte, die sozialökonomische Seite betreffende Merkmal manifestiert sich im Weiterbestehen einer abhängigen Mehrsektorenwirtschaft, wobei die verschiedenen sozialökonomischen "Sektoren" nicht isoliert voneinander, sondern im systemähnlichen verflochtenen Komplex existieren, welcher in Genese und Reproduktion entscheidend durch die Wechselwirkung zu den weltwirtschaftlichen Strukturen und Wirkungsbedingungen geprägt wurde und wird.[4]

Das eng mit diesem beschriebenen Symptom im Zusammenhang stehende **deformierte und disproportionale Wirtschaftswachstum** zeigt sich für die Entwicklungsländer allgemein u.a. in:

- einer der nationalen Struktur entgegenwirkenden, von außen aufgezwungenen Arbeitsteilung, die zu einer Desintegration der einzelnen Wirtschaftszweige und zu volkswirtschaftlichen Disproportionen mit - oft auch subjektiv verschuldeter - Vernachlässigung der Aufmerksamkeit für die Entwicklung der Produktivkräfte und Produktionsverhältnisse in der Landwirtschaft führt;
- einer Aufblähung des informellen Sektors, bedingt u.a. durch fehlende Arbeitsplätze für die massenhaft in die Städte strömende Bevölkerung;
- fehlende Voraussetzungen für eine nationale erweiterte Reproduktion, geschuldet mangelnden Akkumulationsmöglichkeiten sowie -fertigkeiten und/oder dem Fehlen eines nationalen Reproduktionsprozesses überhaupt.

Es muß daneben aber auch konstatiert werden, daß trotz Deformation und Disproportionen in einer Reihe von Entwicklungsländern ein enormes Wirtschaftswachstum zu verzeichnen war und ist, welches ihre Potenzen für die Überwindung der Unterentwicklung entschieden erhöhte. Besagte Deformation und Disproportionen bewirken aber auch hier einen hinter dem Tempo des Wirtschaftswachstums zurückbleibenden sozialen Fortschritt.

Die ebenfalls auf den o.g. Symptomen basierende und auf sie zurückwirkende **untergeordnete Stellung der Entwicklungsländer im wechselseitigen Abhängigkeitsverhältnis der weltwirtschaftlichen Beziehungen** wird u.a. dadurch unterstrichen, daß diese

Länder, um zu überleben und die Chanchen für eine Entwicklung wahrnehmen zu können, in unterschiedlichem Maße von Nahrungsmittel-, Technologie(vor allem Hochtechnologie-) und Technik-sowie Finanzimporten aus den ökonomisch stärkeren und damit die Bedingungen diktierenden entwickelten Industrieländern abhängig sind. Bei der Suche nach neu zu schaffenden Absatzmärkten bzw. ihrem Erhalt sind die Entwicklungsländer oft ebenfalls der berechnenden Willkür des ökonomisch stärkeren Partners ausgesetzt.

Die Nahrungsmittelabhängigkeit wird deutlich, wenn man sich die niedrige Pro-Kopf-Produktion der lebenswichtigsten landwirtschaftlichen Güter in den meisten Entwicklungsländern vergegenwärtigt und dabei berücksichtigt, daß diese auf Grund eines komplexen Ursache- Wirkungsmechanismus[(5)] nicht in der Lage sind, die Produktion von Grundnahrungsmitteln im nötigen Umfang möglichst schnell zu steigern, so daß sie vorerst auf erhebliche Nahrungsmittelimporte zu den damit verbundenen finanziellen und politischen Bedingungen angewiesen sind.[(6)]

Da die Entwicklungsländer insgesamt nicht weniger als 99,5% der von ihnen benötigten modernen Technologien importieren müssen /Politische Ökonomie S.796/, ist auch in diesem Bereich bis auf wenige Ausnahmen immer noch eine nahezu einseitige totale Abhängigkeit zu konstatieren /NOHLEN 1989, S.650-655/ .

Dies trifft auch für den Bereich der Akkumulation oder die Finanzierung der Entwicklung zu, die eine Grundfrage für die Lösung der nationalen Wirtschaftsprobleme darstellt. Da die Möglichkeiten zu interner Kapitalbildung in den meisten Entwicklungsländern noch sehr begrenzt sind - sowohl objektive Ursachen, als auch subjektive Faktoren, wie zu hohe Militärausgaben, Verschwendung im Staats- und Verwaltungsapparat etc. spielen hier eine Rolle - können sie den "Widerspruch zwischen hohem Finanzierungsbedarf zur Lösung dringender ökonomischer Probleme und den unzureichenden Finanzierungsmöglichkeiten" /JENGZENTIS S.122/ größtenteils nur durch

Heranziehen ausländischen Kapitals begegnen.(7)
Die immer noch bestehende asymmetrische Absatzmarktabhängigkeit wird besonders deutlich an den unvermindert bestehenden protektionistischen Maßnahmen seitens vieler entwickelter Industriestaaten. Diese sind unter anderem eine Reaktion auf partielle Erfolge der Entwicklungsländer bei der Diversifizierung ihres Außenhandels. Das dabei angewandte Instrumentarium umfaßt sowohl tarifäre als auch nichttarifäre Handelshemmnisse für Agrar-, Halbfertig- und Fertigwarenexporte aus den Entwicklungsländern.(8) Hier muß jedoch angemerkt werden, daß auch letztere Dutzende tarifäre und nichttarifäre Mechanismen zur Regulierung ihres Außenhandels entwickelt haben und breit anwenden /UNCTAD Handbook/.
Die beschriebenen Abhängigkeitsverhältnisse (besonders letzteres) sind jedoch heute keineswegs mehr für alle Entwicklungsländer gleichermaßen einseitig und nur negative Effekte zeitigend. Ausgehend davon, daß Entwicklung heute gegenseitige Abhängigkeit impliziert und beides Grundvoraussetzungen für das Überleben der Menschheit sind, geht es weniger um die Verringerung dieser Abhängigkeiten in allen Bereichen, als vielmehr darum, die Gleichberechtigung und ökonomische Sicherheit der weiterhin auf längere Sicht ökonomisch ungleichen Partner in diesem teilweise schon wechselseitigen Abhängigkeitsverhältnis durch internationale "Kontrollmechanismen" anzustreben sowie in Anerkennung sowohl der Existenz- und Entwicklungsberechtigung als auch der Entwicklungsnotwendigkeit für alle Partner rationelle Abhängigkeitsstrukturen zu schaffen und zu sichern.(9)

Die bisher charakterisierten Symptome hängen wiederum eng damit zusammen, daß die **Entwicklungsländer weiterhin Objekte der "Überausbeutung" und Ausplünderung** durch weltwirtschaftlich dominierende Staaten, Konzerne und Institutionen sind. Selbige sind in der Lage, die internationale Arbeitsteilung in ihrem (Profit-)interesse so zu steuern und zu nutzen, daß sie eine -über unter freien marktwirtschaftlichen Verhältnissen "normale" Ausbeutungsrate hinausgehende - "Überausbeutung" und Ausplünderung erreichen /Politische Ökonomie S.785-791; FAULWETTER 1987, S.14-18/, ohne daß sich die Entwicklungsländer bisher entscheidend dagegen wehren konnten.

Die Analyse der Wirkungen dieser Ausbeutung darf jedoch nicht unberücksichtigt lassen, daß auch die Entwicklungsländer durch die Teilnahme an der internationalen Arbeitsteilung gewinnen können. In diesem Zusammenhang muß zwischen den einzelnen Ausbeutungsformen differenziert, d.h. unterschieden werden zwischen der Aneignung und dem teilweisen Abzug des Mehrprodukts sowie Teilen des notwendigen Produkts, erzielt durch die Ausbeutung der Lohnarbeit oder aber durch die Ausbeutung der Arbeit in vorkapitalistischen Sektoren oder auch erzielt durch das Finanzkapital (welches in bestimmten Fällen, im übertragenen Sinne, als eine Form des Wucherkapitals gelten kann), da dies jeweils unterschiedliche Implikationen für die wirtschaftliche und soziale Entwicklung der betreffenden Länder nach sich zieht.

Trotz Gewinntransfers zu unterschiedlichen Bedingungen wird das in den Entwicklungsländern erzeugte Mehrprodukt nicht restlos abgeschöpft, ein großer Teil verbleibt in unterschiedlicher Form in den Ländern, ist theoretisch akkumulierbar und kann - effektiv eingesetzt, was oft nicht geschieht - zu wirtschaftlicher und sozialer Entwicklung beitragen bzw. diese in einigen Ländern überhaupt erst ermöglichen.

Ausgehend davon, daß die meisten Entwicklungsländer heute mehr oder weniger stark in das Weltwirtschaftssystem integriert sind und daß es bei der Abschwächung der akuten Folgen der Unterentwicklung, nicht darum gehen kann, das imperialistische System mit dem internationalisierten Monopol als Kernstück und dem für dieses System notwendigen Monopolprofit zu beseitigen, kann es gegenwärtig nicht um die "Abschaffung" der Ausbeutung, sondern vor allem um die Verhinderung der

Ausplünderung der Entwicklungsländer gehen. Dabei müßte "genau auseinandergehalten werden, wo diskriminiert, ausgebeutet und Superprofit herausgezogen wird und wo normale Geschäftsbeziehungen herrschen, die auch für die Entwicklungsländer durchaus von Vorteil sind" /Mit klarem Blick S.23/ .
Eine solcherart angelegte Betrachtungsweise der Symptome der Unterentwicklung könnte dazu beitragen, die in den Entwicklungsländern selbst sowie die im System der internationalen Arbeitsteilung liegenden Potenzen für das Aufbrechen des sogenannten Teufelskreises der Unterentwicklung zu erkennen und zu nutzen.

1.2. Modernisierungstheoretische Ansätze

Die seit Mitte der 40er Jahre in den damals führenden kapitalistischen Ländern sehr zahlreich erschienenen Abhandlungen zu Fragen afroasiatischer und lateinamerikanischer Länder riefen eine neue Richtung der bürgerlichen Gesellschaftswissenschaften ins Leben, die fortan als "Soziologie der Dritten Welt", "Entwicklungssoziologie" oder "Modernisierungssoziologie" bezeichnet wurde. Die Bibliographie dieser neuen Richtung umfaßte schon Anfang der 70er Jahre einige tausend Titel(10) und wurde in den 80er Jahren noch erweitert.
Das spezielle Nachdenken bürgerlicher Wissenschaftler über die Probleme der "Dritten Welt" wurde seinerzeit stimuliert durch wesentliche Veränderungen der politischen Machtkonstellation in der Welt infolge des zweiten Weltkrieges, der politischen Emanzipation der "Dritten Welt", den damit verbundenen neuen Existenz- und Verwertungsbedingungen des Kapitals für verschiedene Monopolgruppen in unterschiedlichen Ländern sowie - von bürgerlichen Wissenschaftlern selbst zugegebenen - "Opportunitätserwägungen westlicher Nationen, nicht zuletzt im Hinblick auf die Auseinandersetzung mit dem Kommunismus" /BEHRENDT S.625/.
Neben zunehmender Kritik an eng gefaßten ökonomischen Ansätzen zur theoretischen Erklärung und für die Überwindung der Unter-

entwicklung erfolgte im Verlaufe der Modifizierungsbestrebungen in der bürgerlichen Literatur eine Akzentverschiebung vom "Ökonomismus" zum "Soziologismus". Theoretiker unterschiedlicher Gebiete der Sozialwissenschaften vereinten dabei nicht selten ihre Bemühungen und strebten zunehmend eine komplexe interdisziplinäre Betrachtungsweise an.
In der Tendenz zwar an Einfluß verlierend, gehen heute vor allem bürgerlich konservative Entwicklungstheoretiker in ihren Konzeptionen - bei inhaltlich und methodisch unterschiedlicher Akzentuierung - im wesentlichen von einem modernisierungstheoretischen Grundverständnis aus /SPIEGEL 1986a, S.397/ .
Betrachtet man die Entwicklung einiger der von diesen Grundpositionen ausgehenden Richtungen in der Entwicklungsländerforschung, so wird dies deutlich, besonders, wenn neben den "gleichsam statischen Zustandsbeschreibungen auch die Vorstellungen über die Ursachen der Unterentwicklung und die Mittel und Wege zu ihrer Überwindung zur Sprache gelangen"/SPIEGEL 1986a, S.398/.

Ohne erschöpfend auf alle Ansätze einzugehen, seien die wichtigsten Richtungen sowie einige ihrer Vertreter vorerst kurz benannt/SPIEGEL 1986a S.399;BOHNET S.292-311/ und einige von ihnen nach den zuvor angeführten Gesichtspunkten charakterisiert.

Die <u>ökonomistische Richtung</u> vereint vor allem die eindimensionalen demographisch-ökonomischen Theorien (u.a. LEIBENSTEIN, NELSON), Kapitaltheorien (u.a. NURKSE, DENISON, SCHULTZ), Stufentheorien (u.a. ROSTOW) und die teilweise daraus hergeleiteten Konzeptionen des ausgewogenen und des unausgewogenen Wachstums (u.a. ROSENSTEIN, RODAN, BOHNET, HIRSCHMANN).
Die <u>strukturell-funktionalistische, evolutionistische Richtung</u> kann aufgeteilt werden in makrosoziologische Konzeptionen (u.a. PARSON, MOORE, APTER, EISENSTADT, LEVY, BERGER, FRIEDLAND, LACOUTOURE, ETZIONI, SHILS), konflikttheoretisch ausgerichtete Konzeptionen (u.a. DAHRENDORF, COSER) und neo-

evolutionistische Denkansätze (SMELSER, LEVINE, SCHMITTER u.a.).
Theoretiker, wie zum Beispiel LERNER, DEUTSCH, HAGEN, Mc CLELLAND können der psychologisierenden Richtung zugerechnet werden; und die politologische Richtung vereint solche Theoretiker, wie ALMOND, COLEMAN, HUNTINGTON u.a.
Die kulturtheoretisch geprägte Richtung wurde u.a. von Soziologen, wie BEHRENDT, BARNETT, ROGERS und REDFIELD hervorgebracht und entwickelt.
Mit staatlichen, internationalen oder privaten entwicklungspolitischen Organisationen assozierte oder an diese gebundene Wissenschaftler und Politologen (u.a. GILDER, HUNTER und SUTCLIFF) brachten und bringen eine Vielzahl sozialstrategisch orientierter ökonomisch-empirischer Richtungen hervor.

Die Frage nach den Wurzeln und Ursachen der Unterentwicklung wird - in den einzelnen Richtungen modifiziert - im wesentlichen dahingehend beantwortet, daß die **Unterentwicklung** eine **Frühform**, ein **konserviertes Durchgangsstadium auf dem evolutionären Weg zum Kapitalismus bzw. zur modernen Gesellschaft** darstellt.
Als "Konservierungsursachen" werden die Unfähigkeit zur Selbstorganisation /ROSTOW S.135/ , das in der demographischen Entwicklung begründete Verhindern des Anwachsens des Pro-Kopf-Einkommens (demographisch-ökonomische Theorien), Kapitalknappheit als zentrales Entwicklungshemmnis (Kapitaltheorien), bestimmte Persönlichkeitsmerkmale und Verhaltensweisen der Mitglieder der Gesellschaft (psychologische Richtung) oder auch soziokulturelle Gründe (kulturtheoretisch geprägte Richtungen) herausgestellt. Letztere werden zum Beispiel von BEHRENDT dahingehend erläutert, daß der Mensch in den Entwicklungsländern nicht die im Westen vorhandenen Fähigkeiten zur weitergehenden Naturbeherrschung und sozialen Organisation für die Schaffung materiellen Wohlstandes erworben habe, eine gering entwickelte Arbeitsteilung und der bestehende soziale Rahmen die wirtschaftliche Entwicklung hemmten /BEHRENDT

S.76-78/, so daß also die aus dem Wertsystem der Gesellschaft als Einstellung in die Persönlichkeit integrierten Normen die Entwicklung blockierten /SPIEGEL 1986a, S.398/ .

Bei der Beantwortung der Frage, ob und inwieweit die "westlichen Kernländer der Dynamik" die wirtschaftliche und gesellschaftliche Mobilisierung der "statischen Gesellschaften" /BEHRENDT S.80-85/ unterbunden hätten, unterstreicht BEHRENDT, daß die Unterentwicklung nur unzureichend durch die Wirkung der Kolonien zu erklären sei, daß diese Kolonialisierung vielmehr weit wirksamer in der Erweckung neuer Impulse als in ihrer Nutzung gewesen wäre, was ihn schlußfolgern läßt, daß nicht die Tatbestände Werk und Schuld des Westens gewesen seien, sondern die Weckung des Bewußtseins von Unterentwicklung und der aus ihr entspringenden Unzufriedenheit /BEHRENDT S.87/, eine Meinung, der sich die Autorin nicht anschließen kann.

Bei den oben skizzierten Erklärungen für die Unterentwicklung wird diese ihrem Wesen nach mit dem **Begriff des Zustandes der Rückständigkeit** definiert, wobei Rückständigkeit insofern als relativer Zustand verstanden werden soll, als daß als Bezugssystem die "moderne kapitalistische Industriegesellschaft" gilt. "Unterentwicklung bezeichne lediglich eine bestimmte unterentwickelte, rückständige Stufe gesellschaftlicher Entwicklung auf einem imaginären Evolutionskontinuum, das von primitiven, statischen, vorindustriellen, traditionellen Gesellschaften bis zu den dynamischen, industrialisierten, modernen Gesellschaften reiche" /SPIEGEL 1986a, S.397/,schätzt der marxistische Soziologe SPIEGEL in Bezug auf die bürgerliche Entwicklungssoziologie ein. Eine ähnliche Einschätzung trifft der Soziologe WEHLER, die amerikanischen Modernisierungstheorien kritisierend: "Unterentwicklung wurde als ein quasivorgeschichtlicher Naturzustand begriffen, je nach der Disziplin der Autoren in endogenen ökonomischen, sozialen, sozialpolitischen und politischen Defiziten gesehen, die nur

eine partielle Diffusion von Modernität zuließen, wobei das vorherrschende Verständnis von Modernität den US-amerikanischen Maßstab von Modernität oft nur schlecht verhüllte" /zit. nach BOECK S.135/.
Bei BEHRENDT erscheint Unterentwicklung als die "Kluft zwischen dem - auf Grund des heute in der Welt verfügbaren Wissens - möglichen und dem tatsächlich verwirklichten Niveau technischer, wirtschaftlicher und gesellschaftlicher Leistungen" /BEHRENDT S.55/ , wobei er allerdings davor warnt, die gegenwärtig im Westen vorherrschenden Ideale als allgemeingültige Maßstäbe zu proklamieren. Die Berechtigung, von "Unterentwicklung und von (wenigstens zeitweiliger) Unfähigkeit zur Entwicklung zu sprechen", bestünde unter der Voraussetzung, "daß höhere Produktionskapazität, höheres Lebenshaltungsniveau und längere Lebensdauer als positive Werte betrachtet und deshalb erstrebt" /BEHRENDT S.80/ würden.

Die von bürgerlich- konservativer Seite herausgearbeiteten Mittel und Wege zur Überwindung der Unterentwicklung, die auf eine **Modernisierung der Gesellschaften** hinauslaufen, ordnen sich logisch in das oben skizzierte Grundverständnis über Zustand und Ursachen der Unterentwicklung ein. "Je nach Akzentuierung gestaltet sich die 'Modernisierung' **entweder** schlicht als **wirtschaftliches Wachstum bei gleichzeitiger Industrialisierung nach dem Modell des europäisch/nordamerikanischen Kapitalismus oder** - in einem breiteren umfassenderen Verständnis - als ein **komplexer gesellschaftlicher Prozeß des 'sozialen Wandels'**, in dem ökonomisches Wachstum, Technologieentwicklung, Brüche und Metamorphosen des politischen Systems, Veränderungen der Sozial- und Persönlichkeitsstruktur des sozialen Handelns und Verhaltens bei grundsätzlich dominierender Bedeutung des gesellschaftlichen Werte- und Normensystems bewertet und gewichtet werden" /SPIEGEL 1986a, S.398-399/.
Die Vertreter der ökonomischen Richtung betonen dabei vorrangig das Wirtschaftswachstum und die Erhöhung des Pro-Kopf-Einkommens, wozu es unter anderem nötig wäre, Kapital aus den

entwickelten Ländern - bei gleichzeitigen sozialen und wirtschaftlichen Reformen in den Entwicklungsländern - heranzuziehen (Kapitaltheorien); Entwicklungshemmnisse, die den Übergang zur nächsten Wirtschaftsstufe behindern, zu beseitigen (Stufentheorien); gezielte Maßnahmen zur Familienplanung einzuführen (demographische Theorien); durch staatliche Planung, Investitionsentscheidungen zu koordinieren (Theorien des ausgewogenen und des unausgewogenen Wachstums).
Die strukturell- funktionalistisch angelegten Strategien orientieren sowohl auf Veränderung des Technologietyps als auch der entsprechenden Sozialstruktur, gemäß den "für die entwickelten, ökonomisch prosperierenden und politisch relativ stabilen Länder der kapitalistischen Welt" /MOORE S.89/ charakteristischen Verhältnissen.
Da nach Meinung der Vertreter der psychologischen Richtung die Überwindung der Unterentwicklung von den mobilisierenden, motivierenden und leistungserzeugenden Eigenschaften bestimmter Persönlichkeitstypen abhängig ist, laufen ihre Empfehlungen darauf hinaus, daß die "modernisierende Elite" das sozialpsychologische Klima für Unternehmerlust schaffen" müsse, "indem sie die Sozialisierungsmechanismen der Persönlichkeit ändert und die nötigen Motive und Orientierungen hineinprogrammiert" /Ideenkämpfe S.180/.
Für die Vertreter der politologischen Richtung liegen die entscheidenden Entwicklungsdeterminanten in bestimmten Systemeigenschaften der politischen Sphäre, während kulturtheoretisch geprägte Konzeptionen auf "kulturellen und soziokulturellen Wandel" orientieren, der sich im Ergebnis von Kulturkontakten sowie Diffusions- und Akkulturationsprozessen einstellen würde. Nach Meinung von BEHRENDT sei zum Beispiel die "Übertragbarkeit westlicher Methoden bei der Entwicklungsförderung nur bedingt" möglich /BEHRENDT S.451/, Entwicklungspolitik stelle "umfassend gelenkten Kulturwandel" dar, gerichtet auf die "gesellschaftliche Stärkung und wirtschaftliche Verbesserung der größtmöglichen Zahl der Mitglieder des jeweiligen Sozialgebildes, insbesondere der bis dahin schwächsten

und am schlechtesten Gestellten" /BEHRENDT S.509/, woraus sich dann folgende Aufgaben für eine soziale Entwicklungsstrategie ergäben:

- reale, wissenschaftlich-objektive Planung,
- Fundamentaldemokratisierung der Beteiligten und Nutznießer,
- Plurale Mobilisierung von Entwicklungsträgern und
- globale Orientierung der Entwicklungsforschung /BEHRENDT S.510/.

Bei den sich heute verstärkt entwickelnden sozialstrategisch orientierten Richtungen umfassen die wirtschaftspolitischen Ratschläge für die Entwicklungsländer, basierend auf einer Wiederbelebung neoklassischer Ideen in Gestalt des Monetarismus und der Angebotsökonomie, vor allem drei Elemente:

- die "Schaffung von günstigen Vorraussetzungen...zur Überwindung von Kapitalknappheit und Beschleunigung von Technologietransfer,
- den Abbau von Schutzmaßnahmen für die Entwicklungsländer sowie den Aufbau einer exportorientierten Wirtschaft bei flexibler Strukturanpassung an die Erfordernisse des kapitalistischen Weltmarktes...und
- Verminderung staatlicher Aktivitäten in der Wirtschaft, einschließlich der Reduzierung des staatlichen Wirtschaftssektors" /KRÜGER S.144/ .

Insgesamt wird aus einer Analyse der Grundaussagen von modernisierungstheoretisch geprägten "Unterentwicklungs- und Entwicklungsmodellen" sowie der Ergebnisse ihrer Realisierungsversuche deutlich, daß es, diesem Ansatz folgend, bisher noch nicht gelungen ist, eine umfassende und komplexe Erklärung der Unterentwicklung und ihrer Ursachen sowie langfristig sozial effektiv funktionierende "Überwindungsmodelle" zu entwickeln. Sie stellen - so WEHLER -"kein geschlossenes System", sondern einen "Bereich von Problemen und Lösungsvorschlägen" dar, "zu dem die verschiedenen Sozialwissenschaften beitragen" /WEHLER S.5/. Obwohl die Autorin vielen Grundaussagen der Modernisierungstheoretiker nicht zustimmen kann, ist sie der Meinung, daß eine Reihe der gewonnenen Ansätze wertvolle Anregungen sowohl für die Entwicklungspolitik als auch für die Entwicklungsländerforschung enthalten.

Bei einer kritischen Sondierung der Analysen gelingt es, interessante Schlußfolgerungen aus empirisch und wissenschaftszweigspezifisch gewonnenen theoretischen Erkenntnissen zu ziehen, insbesondere betrifft dies das sozialpsychologische und soziokulturelle Umfeld der entsprechenden Länder sowie die auf eine Effektivierung und Demokratisierung des Wirtschafts- und politischen Mechanismus zielenden konzeptionellen Vorstellungen.
Darauf verweisen neben den bürgerlich- konservativen Wissenschaftlern besonders auch Vertreter der bürgerlich-demokratischen und linksradikalen Richtungen, deren Ansichten im folgenden Abschnitt näher untersucht werden sollen.

1.3. Dependencia Ansätze, ökonomische Anthropologie und World-System-Analysis

Mit der Zurückdrängung des Einflusses modernisierungstheoretischer und strukturfunktionalistischer Auffassungen Ende der 60er/Anfang der 70er Jahre vollzog sich eine weitergehende ideologisch- theoretische Differenzierung innerhalb der bürgerlichen Entwicklungsforschung. Gleichzeitig prägten sich auf dem linken Flügel des theoretisch-ideologischen Spektrums in den kapitalistischen Industrieländern, vor allem aber auch in den Entwicklungsländern selbst, antiimperialistische, teilweise auch antikapitalistische Tendenzen und Positionen aus /Spiegel 1986a, S.396/. Dies gilt insbesondere für die verschiedenen Ansätze der Dependenztheorie, der ökonomischen Anthropologie, aber auch für die unzähligen, unter dem Begriff "World-System-Analysis" zusammengefaßten Schulen.

Die theoretischen Erkenntnisse dieser Richtungen nutzend, wurden entwicklungspolitische Intentionen - einschließlich der Erarbeitung von Konzeptionen und Strategien - auf internationaler Ebene verstärkt. Dies kam unter anderem in den Bestrebungen der Entwicklungsländer für die Errichtung einer neuen internationalen Wirtschaftsordnung, in entwicklungspolitischen Vorstellungen und Aktivitäten der Sozialistischen Internationale, in der Tätigkeit verschiedener internationaler, sozialdemokratisch geprägter Kommissionen und Stiftungen sowie der Arbeit internationaler Spezialorganisationen zum Ausdruck.

An der Erarbeitung der Dependenztheorie oder Theorie der Abhängigkeit, die seinerzeit als die einflußreichste Alternative zur Modernisierungstheorie galt, waren und sind neben Ökonomen und Soziologen der entwickelten Industrieländer auch Theoretiker der Entwicklungsländer, besonders aus Lateinamerika, maßgeblich beteiligt.(11)
Diese Theorierichtung vereint Auffassungen, die die "Dritte Welt" und die sie kennzeichnenden **Probleme der Unterentwicklung in einen internationalen Wertungszusammenhang einordnen** und somit die Wechselwirkung zwischen internationaler kapitalistischer Expansion und Unterentwicklung in den Mittelpunkt der Analyse stellen.
In weiterentwickelten Versionen wird diese Wechselwirkung im Sinne eines Zentrum-Peripherie-Modells abgebildet, wobei sich als Grundkategorie zunächst "strukturelle Abhängigkeit" sowie "strukturelle Heterogenität" herauskristallisierten und seit den 80er Jahren unter anderem mit Theoremen, wie "Semiperipherie", "Entwicklung der Unterentwicklung" oder "Entwicklung mit Unterentwicklung" operiert wird /STRAHM/.

Die sich durch interdisziplinäre Herangehensweise auszeichnende ökonomische Anthropologie oder "anthropologisch-ökonomische" Soziologie (12) versucht, die **Entwicklungsländergesellschaften von kulturwissenschaftlicher, ökonomischer und soziologischer Seite her von innen heraus zu analysieren.**

Dabei wird von einem Verflechtungsansatz ausgegangen, der besagt, "daß die Gesellschaften der Entwicklungsländer als selbständige Formation jeweils ein Ensemble von Produktionsweisen darstellen"/KUNZE S.44/. In Abwendung von Modernisierungstheorien, bei Wahrung wohlwollenden Abstandes zur Dependenztheorie, dabei anerkennend, "daß die Prozesse der Unterentwicklung im Rahmen einer Weltökonomie zu sehen sind" /ELWERT;FETT S.10/, wird im Zusammenhang mit der Unterentwicklungsproblematik die Frage verfolgt, "wie die weltökonomischen Strukturen der Unterentwicklung in den Lebensverhältnissen des einzelnen Haushaltes und seiner Glieder verankert sind und wie sie auf diese zurückwirken" /ELWERT;FETT S.12/.

Die Vertreter der unter dem Begriff "World-System-Analysis" zusammengefaßten Richtungen **versuchen**, die **traditionelle bürgerliche Wirtschafts- und Sozialgeschichte mit neueren Theorien der Entwicklungsforschung** (insbesondere der Dependenztheorie) **zu verschmelzen**, um so ein Denkmodell über Entstehung und Struktur sowie Entwicklungsbedingungen des Kapitalismus mit seinen entwickelten und unterentwickelten Komponenten zu entwerfen.[(13)]

Ihrem Ansatz folgend, sehen die **Dependenztheoretiker** die Ursachen und Wurzeln der Unterentwicklung allgemein in der **Asymmetrie der internationalen Beziehungen**. Anknüpfend an BARAN, der in diesem Kontext die "Entwicklung der Unterentwicklung" hauptsächlich aus der Distributions- und Zirkulationssphäre heraus erklärt, hebt FRANK hervor, daß die Erzeugung der Unterentwicklung als direktes Produkt der weltweiten kapitalistischen Verhältnisse anzusehen sei, die von Anfang an die Form von Metropolen und Satelliten angenommen hätten /FRANK 1968, S.7-10/ und daß die "Durchsetzung des Weltkapitalismus mit Hilfe der Metropolen...das Produktions- und gesellschaftliche Fundament für einen sich selbst erhaltenden Prozeß der Entwicklung von Unterentwicklung legte"/FRANK 1980, S.39/.

Letztere wird somit nicht länger als Resultat traditioneller Rückständigkeit und einer mangelhaften Integration in die moderne Welt betrachtet, "sondern vielmehr als Folge einer sehr effektiven Integration in die von den Industrienationen dominierten Weltmarktbeziehungen" /BOECK S.135/. In Weiterentwicklung dieses Ansatzes, durch Konkretisierung der Abhängigkeitsverhältnisse und Analyse ihrer Wirkungen auf die gesellschaftlichen Strukturen in den Entwicklungsländern, arbeiteten einige Dependenztheoretiker das Konzept der strukturellen Abhängikeit und Heterogenität heraus, in welchem unter anderem die These entwickelt wird, daß die Unterentwicklung "nicht das Ergebnis einer mangelnden Mobilisierung wirtschaftlicher Kräfte" sei, "sondern einer falsch angelegten Mobilisierung der tatsächlichen oder potentiell verfügbaren Wirtschaftskräfte" als Ergebnis der Eingliederung der Entwicklungsländer in eine ungleiche internationale Arbeitsteilung, wodurch Wachstum ohne Entwicklung erfolge /SENGHAAS 1982, S.363/.
Dabei schließe strukturelle Abhängigkeit die "Vermittlung der Bedürfnisstruktur und Reproduktionsdynamik der dominanten kapitalistischen Metropole in den Innenbereich der Gesellschaften der 'Dritten Welt' ein" /SENGHAAS 1974, S.14/. Es komme somit zu einer Verankerung der Fremdbestimmung und Außenorientierung in der Wirtschafts- und Sozialstruktur sowie im innenpolitischen und gesellschaftlichen Überbau /NOHLEN; NUSCHELER S.44/, was in Wechselwirkung mit den vorhandenen Strukturen zur strukturellen Heterogenität in den Entwicklungsländern führe.

Nach Ursachen und Wurzeln der Unterentwicklung fragen auch die Vertreter der **ökonomischen Anthropologie**, indem sie analysieren, "wie der Kapitalismus auf verschiedenen gesellschaftlichen Ebenen die ehemals traditionellen Systeme durchdringen und auf dem Boden vorkapitalistischer Rückständigkeit Unterentwicklung entstehen lassen konnte" /SPIEGEL 1986b, S.594/. Dabei kommen sie u.a. zu dem Schluß, daß "die traditionellen

Strukturen... **durch einen Prozeß kapitalistischer Expansion und Integration** verändert, ausgehöhlt und zum Teil funktionalisiert worden sind"/ELWERT S.47/, **die in den Gesellschaften angelegten Entwicklungspotenzen nicht zum Tragen kommen konnten** und somit eine deformierte Entwicklung hin zur Unterentwicklung die Folge war.

Was die Bestimmung des Wesens der Unterentwicklung betrifft, so konnte die Autorin nur bei den **Dependenztheoretikern** explizite Definitionsversuche finden. In diesem Zusammenhang wird von ihnen dabei völlig zu Recht auf folgenden Sachverhalt verwiesen: "Um das Zustandekommen, den Zustand und Prozeß sowie die Überwindungsmöglichkeiten der Unterentwicklung zu begreifen, müßte ein interdisziplinär erarbeiteter, multidimensionaler Begriff gefunden werden, der die historischen, natürlichen und ökonomischen, gesellschaftlichen, politischen, kulturellen und anthropologischen Faktoren in sich kombinieren und in eine kausale Wechselbeziehung bringen könnte. Diesen allumfassenden und alles erklärenden Begriff gibt es nicht und kann es nicht geben. Möglich ist allenfalls der Versuch, die durch Empirie und Theorie als wesentlich erkannten Faktoren in einen Erklärungszusammenhang zu bringen" /NOHLEN;NUSCHELER S.47/.

Solch ein Versuch findet sich z.B. bei SENGHAAS, der Unterentwicklung definiert "als die im Rahmen internationaler Arbeitsteilung durch die dominierte kapitalistische Produktion induzierte **strukturelle Heterogenität peripherer Gesellschaften und die daraus folgende Verhinderung einer autozentrierten Entwicklung der Produktionsverhältnisse**" /SENGHAAS 1974, S.24/.

Ausgehend von ihren Auffassungen zu Wurzeln und Reproduktionsursachen der Unterentwicklung kamen die **Dependenztheoretiker** allgemein zu dem Schluß, daß "der Schlüssel der Überwindung der Unterentwicklung...**nicht mehr** in **Wachstum und Expansion des modernen Sektors**" liege, **sondern** "analytisch im Konzept

der strukturellen Heterogenität, in den inneren und externen Faktoren, die strukturelle Heterogenität verursachen und aufrechterhalten, **entwicklungsstrategisch** in - strukturalistisch gesehen **homogenisierenden Reformen der Produktionsstruktur der Ökonomie der Entwicklungsländer und** -dependenztheoretisch gesehen - in **Reformen der Weltmarktbeziehungen** der Entwicklungsländer und der von ihnen abhängenden internen Reproduktionsdynamik" /NOHLEN;STURM S.102/.
Diesem allgemeinen Lösungsansatz folgend, kommen die einzelnen Vertreter o.g. Richtung jedoch, unter anderem ausgehend von ihren - bestimmte Themenkreise umfassende - länderspezifischen Studien zu unterschiedlichen Schlußfolgerungen bezüglich der Voraussetzungen, Möglichkeiten und konkreten Verwirklichungsmechanismen für diesen Ansatz.

Für die Überwindung der Unterentwicklung durch Massenproduktion für den Massenbedarf plädiert z.B. ELSENHANS, und zwar durch "Umverteilung von Einkommenszuwächsen und ... Produktivitätsfortschritten auf die Masse der Bevölkerung" /ELSENHANS 1982, S.154/ bei gleichzeitiger Umstrukturierung des Produktionsapparates und Nutzung der internationalen Arbeitsteilung /ELSENHANS 1982, S.160,161/.
Eine Reihe von Autoren setzt sich für sogenannte arbeitsorientierte Entwicklungswege - als einzig "konkrete Utopie" für die Masse der Bevölkerung in den Entwicklungsländern - ein. Nach NEUHOFF müßte z.B.die lebendige Arbeit als entscheidende Variable im Entwicklungsprozeß und als der eigentliche Reichtum der Entwicklungsländer betrachtet werden, durch deren Anwendung "das eigentliche Ziel der Ökonomie - nämlich eine auf Dauer gesicherte Produktion und Reproduktion von Leben, also Möglichkeiten der allgemeinen Befriedigung physischer und psychischer Bedürfnisse durch Arbeit - wieder erreicht werden soll" /NEUHOFF S.212/.
Für eine Dissoziation der Entwicklungsländer aus dem kapitalistisch dominierten Weltmarkt setzt sich z.B. SENGHAAS ein, wobei er allerdings nicht totale Dissoziation meint, sondern

eine Dissoziation, welche einhergeht mit einem "Rearrangement mit den Monopolen unter neuen, autozentrierte Entwicklung fördernden Bedingungen." Dazu wäre, nach seiner Meinung, auch eine Rekonstruktion der peripheren Gesellschaften dahingehend notwendig, daß sich das Produktionspotential durch strukturelle Kohärenz auszeichnen und zu einer Homogenisierung der strukturell heterogenen Gesellschaften beitragen müßte. Als Voraussetzung dafür nennt SENGHAAS die Kombination von lokaler Ausrüstungsindustrie mit forcierter Produktion von einfachen Massenkonsumtionsgütern, einschließlich einer Dynamisierung der Landwirtschaft /SENGHAAS 1974, S.32,33 ;1977, S.266/.
Auch einige internationale entwicklungspolitische Gremien und Institutionen sowie von den Entwicklungsländern selbst gegründete Organisationen verfolgen Strategien zur Überwindung der Unterentwicklung, die in ihren Ansätzen auf Analysen und Forschungsergebnisse der Dependenztheoretiker zurückgehen. Dies äußert sich unter anderem in den Bestrebungen der Entwicklungsländer zur Errichtung einer Neuen Internationalen Wirtschaftsordnung, in der Propagierung der - während der II. Entwicklungsdekade zum Schlüsselbegriff der Entwicklungsdebatten gewordenen Strategie der Grundbedürfnisbefriedigung(14) sowie in Versuchen zur Realisierung der Konzeptionen der collective-self-reliance, verstanden als "Potential für eine zumindest in Grenzen und in längeren Fristen aktualisierbare und operativ umsetzbare Entwicklungsstrategie" /MATTHIES S.394/.

Obwohl die Vertreter der **ökonomischen Anthropologie generelle Entwicklungsschemata ablehnen**, beschäftigen sie sich im Zusammenhang mit der **Frage nach dem Modernisierungspotential traditioneller Kulturen** ebenfalls ausführlich mit den Möglichkeiten für die Überwindung der Unterentwicklung in den einzelnen Ländern und auch Ländergruppen.
Zum einen gelangen sie zu einer "Neubewertung des traditionellen Moments bezüglich seiner Funktion für die Entwicklung bzw. Unterentwicklung in den Ländern der Dritten Welt"

/SPIEGEL 1986b, S.593/ dahingehend, daß dieses nicht als Entwicklungshemmnis betrachtet wird, sondern, wie z.B. RIEGEL ausführt, als "notwendige entwicklungsstimulierende Voraussetzung für einen selbsttragenden kulturellen Wandel" und daß "kulturelle Tatsachen eine Wirklichkeit darstellen, die selbst Sachzwänge und Entwicklungsimpulse setzt und freigibt" /RIEGEL S.74/.

Zweitens wird versucht, die für die Strategieentwicklung wichtige Frage zu beantworten, in welchen konkreten Formen die naturalwirtschaftlich (traditionell) produzierenden Bereiche mit denen der Warenproduktion verknüpft sind /SPIEGEL 1986b, S.594/. Schlußfolgerung aus einer so angelegten Analyse ist allgemein der Vorschlag, als Alternative zu den Widersprüchen der entstandenen Produktionsweise in historisch frühere, einfachere und scheinbar glücklichere Verhältnisse auszuweichen, also zur gebrauchswertorientierten Produktionsweise und den auf ihnen beruhenden gemeinschaftlichen Systemen des Lebens und Arbeitens zurückzukehren /SCHIEL S.40/.

Drittens, gibt es in letzter Zeit auch globalere Ansätze, die davon ausgehen, "daß alle Kulturen der'Dritten Welt' eine gemeinsame Grundlage von Werten" besitzen, "aus der sich ein allgemeines Entwicklungsmodell ableiten läßt" /HARRISON S.40/. Dazu sollten traditionelle Vorstellungen "durch Führer, die die Dritte Welt selbst hervorgebracht hat, zu moderner Theorie und Praxis ausgearbeitet, als Fundament für eine neue Form der Entwicklung dienen können, die imstande" sei,"materiellen Wohlstand zu verbreiten, ohne das gesellschaftliche und geistige Wohlergehen zu opfern" /HARRISON S.23/. Diesem Ansatz folgend, wäre der Schlüssel für ein "gesundes Wirtschaftswachstum" eine angepaßte Technologie oder endogene Industrialisierung, d.h."der Aufbau der Produktivität in allen Bereichen vor allem auch in ländlichen Gebieten, in Form von überwiegender Kleinindustrie" /HARRISON S.124,153/.

Die sich auf die Richtungen der **"World-System-Analysis"** stützenden Vorstellungen zur Überwindung der Unterentwicklung sind im allgemeinen durch **globales Herangehen** charakterisiert. Dieser Ansatz umfaßt Soforthilfsprogramme (betreffend: Ernährung, Energie, Finanzen, Welthandel, Industrialisierung), die langfristige Verbesserung des Ost-West-Verhältnisses durch systemübergreifende Zusammenarbeit, die Beachtung des Zusammenhangs von Abrüstung und Entwicklung als Hauptnotwendigkeit sowie das Streben nach Interessenzusammenführung aller betroffenen Seiten.(15)

Zusammenfassend kann man feststellen, daß der wissenschaftliche und entwicklungspolitische Wert der hier skizzierten Ansätze sicher nicht darin liegt, allgemeine Theorien der Unterentwicklung und Entwicklungsstrategien vorgelegt zu haben, die andere Erklärungsansätze überflüssig machen.
Bei den Dependencia Ansätzen liegt dieser Wert vor allem darin, "den lange vernachlässigten internationalen Kontext von Entwicklung und Unterentwicklung deutlich herausgestellt und für die konkrete Erforschung der Strukturen der Unterentwicklung und ihrer historischen Herausbildung sehr brauchbare Entwürfe verfügbar gemacht zu habe" /BOECK S.146/. Auch die daraus abgeleiteten Vorstellungen bezüglich der Überwindung der Unterentwicklung sind - abgesehen von ihrer Illusion über die "freiwillige" Regulierung der Weltmarktbeziehungen - vor allem wegen ihres globalen, auf Interessenausgleich zielenden Ansatzes bei gleichzeitiger Beachtung der konkreten gesellschaftlichen Strukturen und Potenzen in den Entwicklungsländern selbst, als konstruktiv und den entwicklungspolitischen Dialog fördernd einzuschätzen.

Letzteres trifft natürlich gleichermaßen auf die ökonomisch-anthropologischen Ansätze zu, die dabei eine Vielzahl von Anregungen zur tiefergehenden Untersuchung der inneren Strukturen der Entwicklungsländer geben, welchen nach Meinung der Autorin bei der Ausarbeitung von "Überwindungsstrategien" noch mehr Aufmerksamkeit zukommen müßte. Konzentriert man sich dabei nicht vorrangig auf die zweifellos vorhandene Idealisierung der traditionellen vorkapitalistischen Produktionsverhältnisse und die Verharmlosung der Rückständigkeit /SPIEGEL 1986b, S.598/, so könnte man unter anderem folgende Ansätze stärker nutzen:

- die mit theoretischem und empirischem Gewinn untersuchte "Verflechtung zwischen den gebrauchswertorientierten Wirtschaftsformen und den verschiedenen warenproduzierenden Sektoren",
- den "ausführlich beschriebenen Prozeß der Zerstörung und gleichzeitigen Konservierung der traditionellen Gesellschaft durch die kapitalistische Penetration",
- die systematische Analyse der den traditionellen Systemen inhärenten ökonomischen, sozialen und kulturellen Eigenschaften sowie der Voraussetzungen, die "ihrerseits dazu beitragen, daß sich der Prozeß der kapitalistischen Penetration durchsetzen konnte" /SPIEGEL 1986b, S.598/.

Der für die Richtungen der "World-System-Analysis" charakteristische globale, auf langfristigen Interessenausgleich zielende Ansatz kann ebenfalls konstruktiv in den entwicklungspolitischen Debatten wirksam werden und zu komplexeren Forschungen anregen, wobei gerade die Verschmelzung von unterschiedlichen methodologischen Herangehensweisen neue Denkanstöße fördern kann.

1.4. Die Thematisierung der Unterentwicklungsproblematik in der DDR und der Sowjetunion

Diesem Abschnitt möchte die Autorin zwei Vorbemerkungen vorausschicken:

1. Im folgenden Abschnitt wird die Forschung in den bisherigen sogenannten Ländern des "realen Sozialismus" zur Dritte-Welt-Problematik durchgehend als marxistische Entwicklungsländerforschung bezeichnet, obwohl sich die Autorin darüber im Klaren ist, daß einerseits, der marxistische Ansatz nicht nur

in der Forschung dieser Länder verfolgt wurde und andererseits, gerade in diesen Ländern o.g. Ansatz oftmals verkümmerte und voluntaristisch ausgebaut wurde, bzw. Wissenschaft objektiv nicht dazu diente, entwicklungspolitische Richtlinien zu begründen, sondern im Nachhinein zu bestätigen, womit die offizielle Wissenschaft teilweise unwissenschaftlich wurde.(16)

2. Die Autorin ist dennoch der Meinung, daß in diesem Rahmen wichtige, entwicklungspolitisch relevante Erkenntnisse gewonnen werden konnten, die auch die Basis für weitere Forschungen bilden.

3. Auch wenn mit dem Scheitern der als Realsozialismus bezeichneten Versuche des Aufbaus sozialistischer Alternativen zum Kapitalismus der unmittelbare Einfluß marxistischen Gedankenguts auf die Entwicklungspolitik vorerst zurückgehen wird, ist gerade die marxistische Forschung - will sie ihrem Anspruch gerecht werden, für die Befreiung der "Verdammten dieser Erde" nicht nur Utopien, sondern auch zivilisationserhaltende Strategien zu entwickeln - gefordert, einen wirksamen Beitrag in den Debatten zur Überwindung der Unterentwicklung zu leisten. Daß sie dabei wichtige Gedanken einzubringen vermag, soll durch die folgende kurze Bestandsaufnahme sowie durch die damit verbundenen Schlußfolgerungen belegt werden.

Seit Mitte der 80er Jahre wurde von Regionalwissenschaftlern, Politökonomen, Wirtschaftswissenschaftlern und Historikern der damaligen sozialistischen Länder verstärkt auf vorhandene Theoriedefizite in der marxistischen Entwicklungsländerforschung hingewiesen und unterstrichen, daß es neben der Nutzung eigener Forschungsergebnisse notwendig sei, sowohl die Erkenntnisse der nichtmarxistischen Entwicklungsländerforschung stärker zu beachten(17), als auch die schon von den Klassikern des Marxismus herausgearbeitete Grundidee des Unterentwicklungsphänomens dialektisch weiterzuentwickeln und zwar dahingehend, daß eine eindeutige Begriffsbestimmung der Kategorie

Unterentwicklung erfolgt, ihre historische Grundsituation und Entwicklungsztendenzen aufgezeigt und Überwindungsansätze herausgearbeitet werden.

Die erwähnte Grundidee der Klassiker - kurz zusammengefaßt, die Erkenntnisse über den polarisierenden Inhalt der Schaffung des Systems der kapitalistischen internationalen Arbeitsteilung, über die internationalisierende Wirksamkeit des kapitalistischen Akkumulationsgesetzes und über die kausale Beziehung zwischen dem hohen Entwicklungsniveau der kapitalistischen Zentren und der Verelendung der Peripherie(18), wurde durch die marxistische Forschung sowohl wissenschaftlich-theoretisch, als auch praktisch-politisch nur unzureichend ausgebaut, und lief auf Ansätze hinaus, die unterschiedliches Entwicklungsniveau konstatierten, jedoch den unterschiedlichen Qualitäten dieser Entwicklung wenig Beachtung schenkten.
Damit wurde fälschlicherweise lange Zeit explizit die Orientierung auf den Sozialismus als einzige Entwicklungsalternative für die rückständigen Länder postuliert.
Die vor dem Hintergrund der globalen Bedrohung aus der "Dritten Welt" erfolgte Vitalisierung der Unterentwicklungsproblematik in der marxistischen Gesellschaftswissenschaft, die sich seit den 80er Jahren auch in offiziellen Dokumenten der damaligen sozialistischen Gemeinschaft sowie in "Dialogdokumenten"(19) niederschlug, zeigt jedoch deutlich, daß innerhalb der marxistischen Forschung nicht nur zur Bedeutung der Unterentwicklungsproblematik, also ihrer praktisch-politischen und ökonomisch-theoretischen Wertigkeit, sondern auch über ihr kategoriales Verständnis und demzufolge über theoretische und praktische Konsequenzen, unterschiedliche Standpunkte existieren.(20)
Diese Ansichtsvielfalt ist in der gegenwärtigen Phase der "Theorieentwicklung" nur natürlich, zumal sich Nachzuholendes sehr stark mit neu aufzuwerfenden Problemstellungen vermischt. Da in der Zwischenzeit eine Fülle, die Diskussion widerspiegelndes Material veröffentlicht wurde(21), möchte die

Autorin auf eine umfangreiche zusammenfassende Darstellung der verschiedenen Positionen an dieser Stelle verzichten, jedoch einige, für die vorliegende Arbeit relevante Diskussionsschwerpunkte herausgreifen.

Bei der Analyse von Wurzeln, Reproduktionsursachen und Bewegungstendenzen der Unterentwicklung deutet sich in den letzten Jahren eine differenziertere, ausgewogenere Problematisierung solcher Themenkomplexe an, wie:

- das Verhältnis exogener und endogener Faktoren und die widerspruchsvolle Rolle von Kolonialismus und Neokolonialismus bei Genesis und Reproduktion der Unterentwicklung,
- Wirkungen und Potenzen traditioneller (einschließlich bestimmter soziokultureller, politisch-ideologischer) Faktoren,
- Möglichkeiten und Grenzen kapitalistischer Transformation in Bezug auf die Überwindung bzw. Milderung der Folgen der Unterentwicklung.

Ein auf dieser Basis gewonnenes, komplexer anwendbares methodologisch-theoretisches Instrumentarium könnte es erlauben, tiefgründiger auf die den Entwicklungsländergesellschaften selbst immanenten Triebkräfte für die Überwindung der Unterentwicklung einzugehen sowie davon abgeleitet und auf Grundlage erkannter allgemeiner Entwicklungslogik, differenziertere Strategieansätze für einzelne Länder, Ländergruppen und Regionen auszuarbeiten.

Die Diskussionen um diese Problemkreise verfolgend, geht die Autorin in vorliegender Arbeit, die ja vorwiegend inneren Triebkräften und Faktoren für die Überwindung der Unterentwicklung in einem bestimmten Land gewidmet ist, **erstens** davon aus, daß es für die Entstehung und den Reproduktionsmechanismus der Unterentwicklung auch begünstigende innergesellschaftliche Bedingungen gab und gibt, daß es innerhalb der Entwicklungsländergesellschaften zu einer spontanen Selbstreproduktion der Unterentwicklungsstrukturen kommt /HOPFMANN;SCHILLING

S.776/ und daß die Unterentwicklung auch dem Gesetz der kapitalistischen Akkumulation in seiner nationalen Wirkungsweise entspringt /Ergebnisse und Perspektiven/. **Zweitens** ist die Autorin jedoch der Ansicht, daß die Zählebigkeit und partielle Renaissance traditioneller ökonomischer, sozialer und politischer Strukturen sowie Denk- und Verhaltensweisen in Wechselwirkung mit den modernen Strukturen, nicht nur zur vertieften Reproduktion von Unterentwicklung beitragen, sondern durchaus Potenzen für deren Überwindung in sich bergen(22) und sei es auch vorerst nur in Bezug auf die Abschwächung ihrer Folgen, ohne die jedoch jede weitere Entwicklung indiskutabel wird.

So kann z.B. die abhängige Mehrsektorenwirtschaft(23) dem Wesen nach als Entwicklungsmechanismus dienen, der es erlaubt, bei Bewahrung einer Masse von billigen Arbeitskräften im "traditionellen Sektor", den modernen Sektor beschleunigt zu entwickeln. Die Umverteilungsprozesse, die integrales Element dieses Mechanismus sind, könnten also durch das partielle Abfangen des - bei schneller Produktivkraftentwicklung unter den spezifischen Bedingungen der unterentwickelten Länder unvermeidlich entstehenden - hohen sozialen Konfliktpotentials, die notwendige Hebung des Produktivkraftniveaus und die damit verbundenen Veränderungen der Produktionsverhältnisse sowie neue Denk- und Verhaltensweisen fördern. Welch widerspruchsvolle Rolle in diesem Kontext religiöse Vorstellungen und davon abgeleitete Konzeptionen spielen können, soll durch diese Arbeit angedeutet werden.
Drittens schließt sich die Autorin der These an, daß der "Kapitalismus in der 'Dritten Welt' keine spezifischen Grenzen in dem Sinne aufweist, daß er nicht zur Formationsbildung und zu bestimmten Fortschritten in Richtung auf die Reduzierung der Unterentwicklung fähig" wäre, er aber spezifischen Beschränkungen, die unter anderem aus seinem abhängigen und deformierten Charakter sowie aus dem Bremsmechanismus der neokolonialen Ausplünderung herrührt, unterliegt" /HOPFMANN; SCHILLING S.786/.

Letzterer wird in der neueren marxistischen Forschung ebenfalls differenzierter betrachtet, d.h. die **Rolle von Kolonialismus und Neokolonialismus** bei der Entstehung und Reproduktion der Unterentwicklung wird partiell neu bewertet. Diese **Neubewertung** erfolgt erstens dahingehend, daß die Unterentwicklung von den meisten Autoren als kolonialkapitalistisch verursacht bzw. bedingt charakterisiert wird(24), aber gleichzeitig die Widersprüchlichkeit der dialektischen Wirkung von Kolonialismus und Neokolonialismus auf die unterentwickelten Länder hervorgehoben wird. Dies geschieht mit Verweis auf Abbruch bestimmter Entwicklungsrichtungen und Konservieren bestimmter Strukturen auf der einen Seite sowie auf Stimulierung anderer Entwicklungslinien, Beschleunigung der Produktivkraftentwicklung und teilweisem Aufbrechen von "unzeitgemäßen" gesellschaftlichen Strukturen andererseits.(25)

Dabei kommt es zu **unterschiedlichen Meinungen über die heutigen "Reproduktionsmechanismen" und Bewegungstendenzen der Unterentwicklung**. Eine Anzahl von Wissenschaftlern geht davon aus, daß heute noch ein Prozeß der Verschärfung der Unterentwicklungsproblematik zu beobachten sei, die darin begründet liege, daß gegenwärtig allgemein die Tendenzen der Reproduktion und Vertiefung der Unterentwicklung, getragen vom konsolidierten System des Neokolonialismus und begünstigt durch innergesellschaftliche Faktoren des Entkolonialisierungsprozesses (Tendenz der kapitalistischen Integration, starke nationale und soziale Befreiungstendenz) dominierten /SCHILLING 1988, S.1-3/, was jedoch eine differenzierte Betrachtung dieser Tendenz bezüglich verschiedener Länder nicht ausschließe.
Andere Wissenschaftler sind der Meinung, daß die Unterentwicklung heute nicht mehr durch den Neokolonialismus reproduziert werde, da die Entwicklung in eine nachneokoloniale Periode eingetreten sei, in welcher durch wachsende Interdependenz der Weltglieder der Prozeß der Vertiefung der Unterentwicklung gestoppt werde, die Unterentwicklung somit als Spezifik der

sozialökonomischen Situation der Entwicklungsländer tendenziell in allgemeine kapitalistische Verelendung übergehe und sich sozusagen im Zuge des spontanen Wirkens der ökonomischen Gesetze des Kapitalismus selbst löse /Ergebnisse und Perspektiven/.
Die Unterschiedlichkeit dieser Ansichten rührt vor allem aus einer unterschiedlichen kategorialen Bestimmung der Unterentwicklung und daraus, daß die neuen Tendenzen in einigen Entwicklungsländern (z.B. NIC) in Bezug auf ihre Relevanz für die Gesamtheit der Entwicklungsländer unterschiedlich gewertet werden. Die Autorin geht in ihren weiteren Betrachtungen von erstgenannter These aus.

Spätestens an dieser Stelle wird jedoch deutlich, daß eine genaue inhaltliche Bestimmung der Kategorie Unterentwicklung nötig ist, um ihre Abgrenzung und Einordnung in den gesellschaftlichen Gesamtzusammenhang zu präzisieren, den unterschiedlichen Grad ihrer Ausprägung und/oder ihrer Verminderung in den einzelnen Entwicklungsländern zu werten, Möglichkeiten sowie Voraussetzungen für ihre Überwindung herauszuarbeiten und zu beschreiben, welcher Zustand gemeint ist, der es erlaubt, von überwundener Unterentwicklung zu sprechen /HOPFMANN;SCHILLING S.775/.
Die Schwierigkeit, eine einheitliche Wesensbestimmung vorzunehmen, liegt unter anderem darin, über quantitative Charakteristika hinausgehend, das Phänomen Unterentwicklung in seiner Komplexität qualitativ zu erfassen, seine historisch-logischen Ursachen und Perspektiven innerhalb unserer ganzheitlichen Welt aufzuzeigen. Die bisher existierende Vielzahl von Definitionsversuchen(26), die sowohl Unterschieden im fachspezifisch-methodologischen Herangehen, als auch in der Erfassung der Komplexität des Phänomens geschuldet ist, widerspiegelt diese Schwierigkeit.
Dieser Vielfalt noch einen Definitionsversuch hinzufügend, arbeitet die Autorin im Weiteren mit folgender These:
Der Begriff Unterentwicklung beinhaltet, die in einem großen

Teil der Welt wirkende, im Prozeß kolonialkapitalistischer Expansion - durch endogene Faktoren ermöglicht - hervorgebrachte und neokolonial modifiziert reproduzierte wechselwirkende Einheit von:

- **ökonomisch-technischer, sozialökonomischer und Überbauelemente sowie das gesellschaftliche Bewußtsein erfassender Rückständigkeit,**
- **deformiertem Wirtschaftswachstum,**
- **untergeordneter Stellung im wechselseitigen Abhängigkeitsverhältnis der weltwirtschaftlichen Beziehungen und**
- **neokolonialer Ausplünderung.**

Die Unterentwicklung bildet somit das Grundproblem der Entwicklungsländer und gleichzeitig durch ihre Folgen ein globales Problem der weiteren Menschheitsentwicklung, welches als ein solches nur durch ein neues Denken und Handeln von globaler Dimension, also durch eine weltweite komplexe Kooperation sozialökonomisch differenzierter und politisch organisierter Subjekte gelöst werden kann und muß.

Das so gefaßte Verständnis von Unterentwicklung impliziert unter anderem, "daß die Subjekte, die ihre Reproduktion in ihrem massenweisen Verhalten realisieren, nicht alternativlos einseitig ökonomisch vorbestimmt, sondern zunehmend politisch denkende und handelnde Subjekte sind bzw. werden müssen" /BERNDT;WÖHLERT S.7/, womit der Überwindungsansatz nicht nur auf das Aufbrechen der o.g. wechselwirkenden Einheit reduziert, sondern um den wachsenden Einfluß des subjektiven Faktors erweitert werden soll.

1.5. Einordnung der konkreten Thematik in den Gesamtzusammenhang

Ausgehend von dem so gefaßten Wesen der Unterentwicklung möchte die Autorin folgende Vorstellungen und Überlegungen bei der Einschätzung islamisch geprägter Entwicklungsmodelle bezüglich der Überwindung der Unterentwicklung zugrunde legen:

1.
Die **Unterentwicklung** als das **Grundproblem der Entwicklungsländer** und **gleichzeitig** als **globales Problem**, welches mit den anderen globalen Menscheitsproblemen in engster Wechselwirkung steht, kann nur unter Beachtung der Rolle und Interessenlage der an ihrer modifizierten Reproduktion beteiligten und bei ihrer Überwindung zu beteiligenden Subjekte durch komplexes und gleichzeitiges differenziertes Herangehen überwunden werden. Das impliziert, für das Erkennen von Überwindungsstrategien die Behandlung der Problematik auf **mehrere Ebenen** zu stellen: die Ebene der Entwicklungsländer selbst, die Ebene der entwickelten Industriestaaten und das System ihrer intra- wie interökonomischen und politischen Beziehungen /BERNDT; WÖHLERT S.7/.
Gleichzeitig muß von einem historisch langfristigen und äußerst komplizierten Prozeß der Überwindung der Unterentwicklung ausgegangen werden, der sich nur über **mehrere Stufen (Etappen)** vollziehen kann, wobei in jeder Etappe die Möglichkeiten und Voraussetzungen in den o.g. Ebenen zu analysieren und Strategien zu entwickeln wären.
In der ersten Etappe geht es dabei um die "Entschärfung" /SCHILLING 1988, S.7/ bzw. "Eindämmung" /Ergebnisse und Perspektiven S.2/ der Unterentwicklung als globales Problem und zwar im "Sinne der Eingrenzung und Milderung ihrer extremsten, krassesten, tödlichen Folgen...in der näheren absehbaren Zukunft" /SCHILLING 1988, S.7/ . In der zweiten Etappe müßte eine "Reduzierung" /SCHILLING 1988, S.7/ bzw. "Zurückdrängung" /Ergebnisse und Perspektiven S.2/ der Unterentwicklung in einem längeren Zeitraum erfolgen, während die dritte Stufe die "endgültige und vollständige Überwindung der Unterentwicklung in ihrer Komplexität " beinhaltet[(27)].

2.
Die Autorin beschränkt sich in ihrer **Analyse** auf die **jeweils**

erste Ebene und Stufe und orientiert dabei auf gegenwärtige und potentiell mögliche Entwicklungen im Spannungsfeld dominant kapitalistischer Transformation verschiedener Varianten und wachsender Internationalisierung des Kapitalverhältnisses unter dem Blickwinkel der daraus resultierenden Potenzen für sozialen Fortschritt in Entwicklungsländern.
Bei der Orientierung auf die Potenzen der kapitalistischen Entwicklung geht die Autorin davon aus, daß in der kapitalistischen Produktionsweise als solcher sowohl eine objektive Tendenz zur Induzierung, Aufrechterhaltung und Vertiefung der Unterentwicklung angelegt ist, als auch eine solche zur Zurückdrängung und Minimierung.

3.

Bei der entscheidenden **Bedeutung verstärkter Eigenbemühungen** eines jeden Entwicklungslandes zur intensiveren Mobilisierung seiner materiellen und menschlichen Ressourcen, ihrer maximalen Nutzung im eigenen Interesse auf der Grundlage nationaler sozialökonomischer Entwicklungsprogramme, die von den Prioritäten, den Erfordernissen und konkreten Möglichkeiten eines jeden Landes ausgehen, sind nach Meinung der Autorin für jedes Entwicklungsland eine Reihe **allgemeiner Aspekte** zu beachten, die sich aus den Realitäten der heutigen Weltentwicklung ergeben:

Erstens geht es bei einer beschleunigten Produktivkraftentwicklung in Industrie und Landwirtschaft darum, globale Entwicklungstendenzen und den Charakter des weltweiten wissenschaftlich-technischen Fortschritts zu beachten, um sowohl die inneren Ressourcen dieser Länder, als auch die Vorteile der internationalen Arbeitsteilung jeweils spezifisch zu nutzen und durch selektives Herangehen an die Auswahl und Realisierung von Hauptzielen der Entwicklung, ein flexibles Wirtschaftssytem mit hoher Adaptionsfähigkeit an sich verändernde innere und äußere Bedingungen zu schaffen.

Zweitens müßten bei der Schaffung der dafür notwendigen gesellschaftlichen Bewegungsformen und Voraussetzungen, im Zuge von Veränderungen in der Sphäre traditioneller und wenig effektiver Wirtschafts- und Überbaumechanismen ausgewogene Formen ökonomisch-technischer und sozialer Entwicklung geschaffen werden, die jeweils landesspezifisch rationelle Kombinationen moderner und traditioneller organisatorisch-technischer Produktionsformen, politischer Institutionen und sozialer Sicherung ergeben, welche sich gegenseitig stimulieren und ergänzen.

Drittens ist auch durch die Entwicklungsländer - trotz der Notwendigkeit schnellstmöglicher positiver Veränderungen - ein breiteres Herangehen an die Bewertung des wissenschaftlich-technischen Fortschritts erforderlich, d.h. nicht nur die ökonomisch-technische Seite, sondern auch ökologische, soziale und andere Aspekte der gesellschaftlichen Entwicklung müssen verstärkt perspektivisch genutzt werden, so daß z.B. ressourcensparende, sozial verträgliche Wachstumsprozesse realisiert werden können.

Viertens ergibt sich unter anderem aus den ersten drei Aspekten - also der anzustrebenden gesamtgesellschaftlichen Rationalität, der Berücksichtigung langfristiger internationaler Entwicklungstrends, dem richtigen Setzen landesspezifischer Prioritäten, der besonderen Schärfe der sozialen, ökologischen und soziokulturellen Problematik - die besondere Rolle des Staates in den Entwicklungsländern sowohl in Bezug auf seine wirtschaftspolitische Tätigkeit, als auch bei der Schaffung gesamtstaatlich wirkender geistig-kultureller Integrationspotentiale und der Ausarbeitung demokratisch-kultureller Entwicklungskonzeptionen als Mitvoraussetzung sozialökonomischer Entwicklung. Bezüglich der wirtschaftspolitischen Tätigkeit ist anzumerken, daß der Staat die wirtschaftliche Entwicklung nur unter der Bedingung führen kann, daß er nicht als ihr einziger "Agent" fungiert, sondern auch die anderen Sektoren einbezieht, so daß entsprechend der erreichten Stufe des sozialökonomischen Entwicklungsprozesses und entsprechend den gesellschaftspolitischen Zielen der Führungskräfte ein optimales Verhältnis zwischen staatlichen, genossenschaftlichen und privaten Sektoren der Wirtschaft angestrebt wird.(28)

Desweiteren wird der Staat keine wirtschaftlichen Entwicklungskonzeptionen durchsetzen können, die vordergründig gegen das vorherrschende soziokulturelle Umfeld des jeweiligen Landes gerichtet sind. Dieses Umfeld müßte für seine Politik sogar nutzbar gemacht werden, wobei es darauf ankommt, es gleichzeitig mit der Entwicklung zu verändern und zwar dahingehend, daß Demokratie, Pluralismus und Rechtsstaatlichkeit als soziale Werte anerkannt und angestrebt werden.

Die Etablierung und Entwicklung eines im o. g. Sinne funktionierenden Staates stellt für die Entwicklungsländer jedoch eine widerspruchsvolle, äußerst schwer zu lösende Aufgabe dar, impliziert dies doch auch die Beseitigung seiner irrational und parasitär wirkenden Komponenten und erlegt ihm eine Bürde auf, die er ob der vorhandenen schwachen und unterentwickelten nichtstaatlichen und gesellschaftlichen Strukturen oftmals noch gar nicht effektiv tragen kann.(29) Nach Meinung der Autorin stellt jedoch die Lösung dieses Widerspruchs eine Grundbedingung für weiteren langfristigen sozialökonomischen Fortschritt und damit für die Lösung der Unterentwicklungsproblematik dar.

Fünftens wäre auch zu beachten, daß für die Akzeptanz von demokratisch-kulturellen Entwicklungskonzeptionen sowie für die Mitwirkung der Massen an ihrer Umsetzung, eine Erhöhung der allgemeinen kulturellen und politischen Bildung aller Mitglieder der Gesellschaft notwendig wird.

Es gibt sicher noch eine Reihe allgemeiner Aspekte, die für die Mobilisierung der den Entwicklungsländergesellschaften immanenten Potenzen relevant sind und von der Autorin hier nicht erfaßt wurden, da sie entsprechend der Thematik der Arbeit nur auf bestimmte Aspekte besonders hinweisen wollte.

4.
Da letztendlich keine Entwicklungsstrategie die landesspezifischen historischen, geographischen, kulturellen und ideologischen Gegebenheiten sowie die heutige jeweilige Stellung im internationalen Gefüge ignorieren bzw. verbal gegen sie gerichtet sein kann, müssen die "Überwindungsstrategien" neben der Beachtung der allgemeinen Aspekte immer spezifisch auf den konkreten Anwendungsbereich ausgearbeitet werden, so daß sich für jedes Land unterschiedliche "optimale" Entwicklungskonzeptionen ergeben.

1.6. Zusammenfassung

Das im ersten Kapitel Dargestellte zusammenfassend, kann bei der Analyse von Potenzen einer islamisch geprägten Kapitalismusentwicklung in Bezug auf die Überwindung der Unterentwicklung von folgenden allgemeinen und konkreten Ansätzen ausgegangen werden:

Erstens stellt **Unterentwicklung** heute ein **globales Menschheitsproblem** dar(30), welches nur durch globales Herangehen, also durch Interaktion aller bedrohten Glieder der Weltgemeinschaft in Verknüpfung mit der Regulierung der anderen globalen Menscheitsprobleme (Frieden, Ökologie), zu lösen ist, wofür zivilisationserhaltende Konzeptionen erarbeitet und umgesetzt werden müssen.
Grundbedingungen für eine Lösung der Problematik sind nach Meinung der Autorin: Erhaltung des Weltfriedens(31), Schaffung eines Systems der internationalen ökonomischen Sicherheit, verstärkte Eigenbemühungen der Entwicklungsländer, einschließlich der Ausarbeitung nationaler und regionaler Entwicklungsstrategien. Diese Bedingungen sind nicht nacheinander, sondern zeitgleich und in enger Wechselbeziehung zueinander durchzusetzen. Daraus ergibt sich, daß regionalspezifische Aussagen,

wie z.B. in der vorliegenden Arbeit letztendlich immer in diesen Gesamtzusammenhang gestellt werden müssen, um einen anwendbaren Aussagewert zu erreichen.

Zweitens, ist die **Überwindung der Unterentwicklung als komplexes** - sozialökonomische, politische, kulturelle, ideologische und ethnische Aspekte umfassendes - **Problem** nur in langfristiger, heute noch nicht überschaubarer Perspektive zu lösen. Dies erfordert angesichts ihres heutigen menschheitsbedrohenden Potentials einen stufenweisen Lösungsansatz, wobei es in einer überschaubaren ersten Etappe zunächst darum gehen muß, unter anderem den Symptomen und Folgen der Unterentwicklung ihre Destruktivität zu nehmen bzw. sie zu mildern. Vorliegende Analyse konzentriert sich nur auf diese erste Etappe.

Drittens sind Möglichkeiten für entscheidende soziale Fortschritte in den Entwicklungländern im Rahmen kapitalistischer Entwicklung in erster Linie dann gegeben,"wenn sich **friedens- und** möglichst **reformorientierte Varianten** staatsmonopolistischer Entwicklung in den kapitalistischen Industrieländern" /KLEIN S.9/ und **nationalkapitalistisch-demokratische Entwicklungsvarianten** in den Ländern der "Dritten Welt" durchsetzen. Daraus ergibt sich für die vorliegende Analyse die Aufgabe, auch die Entwicklungsvariante des Iran diesbezüglich zu beurteilen.

Viertens geht die Autorin davon aus, daß der **Kapitalismus heute friedens- und reformfähig sowie reformbedürftig** ist, und zwar sowohl als Gesamtsystem, als auch in den einzelnen entwickelten Industrieländern und in den Entwicklungsländern. In diesem Zusammenhang kann man von einem objektiv bestehenden Eigeninteresse der entwickelten Industriestaaten (insgesamt sowie im Einzelnen) an der Entschärfung der Unterentwicklungsproblematik ausgehen, wobei allerdings entscheidend sein wird, inwiefern dieses objektive Interesse heute subjektiv erfaßt wird und zu entsprechenden Aktivitäten mobilisiert. Daher konzentriert sich die vorliegende Arbeit besonders auch auf die subjektiven Faktoren, die dem angestrebten Prozeß der Überwindung der Unterentwicklung in islamischen Ländern zugrunde liegen.

Fünftens geht es heute bei Anerkennung einer **Vielzahl von historischen Entwicklungsvarianten** für die Länder der "Dritten Welt" um die Benennung der progressiven Elemente dieser Varianten in Bezug auf gesellschaftlichen Fortschritt. Letzterer ist nach Meinung der Autorin heute zuallererst daran zu messen, inwieweit die Grundbedürfnisse breitester Volksmassen(33) befriedigt werden, um ihr Überleben zu sichern und inwieweit Potential für eine souveräne dauerhafte Entwicklung der Gesellschaften - in Beachtung der dialektischen Wechselwirkung von Produktivkräften (einschließlich der Produktivkräfte Mensch und Natur) und Produktionsverhältnissen - entsteht bzw. erweitert wird.
In diesem Kontext geht die Autorin davon aus, daß der Islam auf die gesellschaftliche Praxis einer Reihe von Entwicklungsländern heute immer noch eine historisch gegebene reale Erscheinung ist und daß es den Schöpfern und Verfechtern islamischer Entwicklungsvarianten - unabhängig davon ob diese von ihnen als Varianten kapitalistischer Entwicklung oder als "Dritter Weg" gesehen werden - auch darum geht, unter den spezifischen, historisch gewachsenen Bedingungen ihrer Länder sowie entsprechend ihrer Stellung in der Weltwirtschaft real erscheinende Alternativen durchzusetzen /HETSCH S.183/.

Sechstens, lassen sich **Potenzen und** auch **hemmende Faktoren** solcher Alternativen **hinsichtlich der Milderung der schlimmsten Folgen der Unterentwicklung** nicht vorrangig aus den bisher größtenteils nur verbal formulierten Zielen und teilweise utopischen Mitteln zu ihrer Durchsetzung ableiten. Um zu klären, inwieweit zum Beispiel die Modelle der "islamischen Wirtschaft" lebensfähig und effektiv sind, ist vielmehr auch eine Analyse dessen, was hinter der islamischen Phraseologie steckt, unbedingt erforderlich /Islam v poiskach S.23/, kommen doch ihre möglichen entwicklungsfördernden Inhalte oftmals durch die reaktionäre, undemokratische oder auch voluntaristische Politik der jeweiligen Führungskräfte nicht zum Tragen bzw. verkehren sich in ihr Gegenteil.

Eine Untersuchung der o.g. Aspekte soll im Nachfolgenden vorerst allgemein auf den islamischen Raum bezogen und danach anhand des iranischen Beispiels erfolgen, um die Frage zu beantworten, ob und inwieweit der Islam als heute praktizierte Religion zur Milderung der Folgen der Unterentwicklung beitragen kann, welche Faktoren sich dafür als Hemmnisse erweisen und welche Schlußfolgerungen sich daraus für den weiteren entwicklungspolitischen Dialog, für die Entwicklungsforschung sowie die Entwicklungspolitik ergeben.

2. DIE REFLEXION DER UNTERENTWICKLUNGSPROBLEMATIK IN ISLAMISCHEN WIRTSCHAFTSKONZEPTIONEN

2.1. Problemstellung

Seit Ende der 60er Jahre erfolgt in einer Reihe von Entwicklungsländern eine spürbare innen- und außenpolitische Aktivierung islamischer Bewegungen, was sich unter anderem in Versuchen niederschlägt, Religion und Politik bzw. Religion und Staatsmacht enger zu verbinden, die Scharia(1) als Staatsrecht wiederzubeleben, islamische Normen zur Regulierung des Wirtschaftslebens durchzusetzen und die politische und wirtschaftliche Zusammenarbeit auf internationaler Ebene zu verstärken.
Gleichzeitig beteiligen sich die geistigen und politischen Führer dieser Bewegungen zunehmend an den theoretischen Debatten über gesellschaftlichen Fortschritt und Überwindung der Unterentwicklung. Dies zeigt sich unter anderem in Bestrebungen, eine islamische Theorie des wissenschaftlichen Fortschritts sowie islamische Wirtschaftslehren auszuarbeiten, wobei in diesem Zusammenhang verstärkt Konzeptionen eines "Dritten, islamischen Weges" der gesellschaftlichen Entwicklung(2) propagiert werden.
Für diese qualitative sowie die quantitative Reaktivierung des Islam(3) in weiten Gebieten seiner Verbreitung (4) hat sich heute weithin der Begriff Reislamisierung eingebürgert.

Der Islam - für die Moslems ein bestimmtes religiöses und philosophisches System, Lebensweise, Vorschriften sozialökonomischen und politischen Charakters, Moralkodex sowie Vorstellungen über Gerechtigkeit und Gleichheit aller vor Gott -(5) soll dabei seinen heutigen Anhängern "einen Aufbruch ins zwanzigste Jahrhundert unter Wahrung ihrer Identität gestatten" /REISSNER 1981, S.69/. Insofern wird damit **nicht**, wie oft angedeutet, die "**Rückkehr zum Mittelalter**" angestrebt, **sondern** angesichts der Tatsache, daß sich andere Wege in die Zukunft in den Augen der Moslems bisher als Irrwege erwiesen haben, **wird versucht, "in Rückgriff auf das Überkommene und Altbewährte und damit in Besinnung auf die eigene Authentizität"** /ROBBE 1989a, S.82/, **eine gesellschaftliche Krisensituation zu artikulieren und zu überwinden** /ROBBE 1984, S.8/.

Die Reislamisierung trifft sich hier "mit analogen Bemühungen um Authentizität in anderen Teilen der 'Dritten Welt', etwa mit der Négritude in Afrika oder der Herausbildung präkolumbianischer Indio- Identität "/ROBBE 1989a, S.82/ sowie der Theologie der Befreiung in Mittel- und Südamerika.(6)
Ohne auf die Entstehungszusammenhänge des ökonomisch-theoretischen Denkens in islamischen Ländern unter den Bedingungen der Unterentwicklung näher einzugehen(7), soll im folgenden untersucht werden, ob und - wenn ja - wie die Unterentwicklungsproblematik in islamischen Wirtschaftskonzeptionen heute reflektiert wird, d.h. welche Vorstellungen über Ursachen, Reproduktionsmechanismen sowie Überwindungsmöglichkeiten bestehen und wie realisierbar letztere unter konkreten Bedingungen sind.
Damit geht es auch um die Beantwortung solcher Fragen, wie: Welchen historischen Platz nehmen die Ideologien eines "Dritten Weges" ein? Kann ihre Realisierung sozialen Fortschritt befördern? Werden die Rolle religiöser Traditionen für das Leben der Moslems sowie die Spezifika der islamischen Welt überbewertet oder hat man mit dem Eingehen auf traditionelle Denk- und Verhaltensweisen eine den Realitäten besser entsprechende Ausdrucksweise gefunden, die Massen für die Lösung anstehender Probleme über Emotionen und Denken zu aktivieren? Wirkt die islamische Religion als breites soziokulturelles Milieu hemmend auf den Entwicklungsprozeß oder sind Islam und Entwicklung miteinander vereinbar?

Beim Versuch, diese Fragen zu beantworten, ist sich die Auto-

rin bewußt, daß es nicht genügt, illusionär-utopische Formen des Massenbewußtseins(8) nur hinsichtlich ihrer inneren Logik, Komplexität, Harmonie und theoretischen Richtigkeit zu analysieren, sondern daß es vor allem darauf ankommt, die wirtschaftlichen, sozialen und kulturellen Sachzwänge zu betrachten, die in diesen Ideen ihre Widerspiegelung gefunden haben, mag uns diese Widerspiegelung auch noch so wunderlich, falsch und verzerrt erscheinen.
Daher scheint es der Autorin wichtig, sowohl die Ursachen der Reislamisierung zu hinterfragen als auch differenziert an die Analyse der verschiedenen Vorstellungen heranzugehen.

Letzteres vor allem deshalb, weil die Tatsache, daß sich diese Bewegung vorrangig in Bahnen des - nach außen hin -gemeinsamen Kampfes um die Wiedergeburt fundamentaler Werte des Koran entfaltete, inneres Auseinandergehen und wachsende Konfrontation nicht ausschloß /IONOVA 1985, S.45/. Die für den Islam auch schon früher typischen theoretischen Auseinandersetzungen wurden im vergangenen Jahrzehnt, da es zunehmend um die Erörterung sozialökonomischer Fragen ging, schärfer geführt /IONOVA 1985, S.45/. So ist heute zu konstatieren, daß neben der allgemeinen Tendenz zur geistigen, politischen und ökonomischen Abgrenzung der "islamischen Welt", neben dem allgemeinen Bestreben, die Progressivität und Dynamik des Islam zu betonen, sich die islamischen ideologischen Strömungen dem sozialen Inhalt und der politischen Ausrichtung nach zunehmend voneinander unterscheiden und nationale Spezifika sowie Besonderheiten der politischen Situation in den einzelnen Ländern dieser Region stärker widerspiegeln./POLONSKAJA S.8-13/

Zum Abschluß der Einführung in dieses Kapitel sei noch angemerkt, daß die Theorieentwicklung bezüglich der "islamischen Wirtschaft", des "islamischen Staates" und der "internationalen islamischen Solidarität" in erster Linie von Ideologen und Theologen der Al-Azhara Universität in Kairo, den Führern der Moslembrüderschaft in Ägypten und Syrien, moslemischen

Theoretikern Indiens, Pakistans, Saudi- Arabiens, Jordaniens, Marokkos und einiger anderer arabischer Staaten[9] sowie den Theoretikern der islamischen Revolution im Iran erfolgte und erfolgt.

2.2. Hintergründe der Reislamisierungstendenzen in der islamischen Welt

Fragt man nach den Ursachen für die verstärkte Ausarbeitung und massenmobilisierende Verbreitung alternativer islamischer Entwicklungskonzeptionen (einschließlich im Wirtschaftsbereich), so stößt man auf einen Komplex innerer und äußerer Faktoren, die im folgenden kurz näher erläutert werden sollen.

1.) Die **sozialökonomischen Symptome und Folgen der Unterentwicklung** (siehe Kapitel I) sind auch für die islamischen Länder charakteristisch.[10] Die bisherigen Versuche, durch kapitalistisch bzw. sozialistisch orientierte Modernisierung die gesellschaftliche Krisensituation zu beseitigen, scheiterten im wesentlichen, so daß entsprechende Alternativen gefunden werden mußten.
Probleme waren vor allem dadurch entstanden, daß die traditionellen Strukturen kaum in die modernen integriert wurden, die orientalische Spezifik bei der Mobilisierung innerer Ressourcen wenig berücksichtigt wurde sowie dadurch, daß die Bemühungen zur Durchsetzung einer neuen internationalen Wirtschaftsordnung im wesentlichen gescheitert waren. "Die Dynamik des Islamismus, sosehr er als verselbständigtes ideologisches Phänomen erscheint, beruht" also in erster Linie "auf sozialökonomischen Entwicklungen, die in unterschiedlich starkem Maße und in variierenden Formen in allen von ihm betroffenen Ländern stattfinden"/OSTROWSKI S.9/.

2.) Eng mit der o.g. Komponente zusammenhängend, sind **soziokulturelle und sozialpsychologische Faktoren** zu benennen. Die islamischen Gruppierungen betonen vor allem Gemeinschaftsgefühl, Brüderlichkeit, gegenseitigen Beistand und moralische Unterstützung. Dies wurde und wird angesichts von Über- und Entfremdung, Isolation und Entwurzelung vor allem für die neuen Migranten aus den Dörfern zum "funktionellen Äquivalent der patriarchalischen Familie"/IBRAHIM S.423/, "zur hoffnungsvollen geistigen Nahrung und zum psychologischen Anker" /DEKMEDIJAN S.9/, zum integrierenden ethischen Element, zum Mittel, die eigene Identität zu bewahren bzw. zu finden /Ideenkämpfe S.286/.

3.) Daß gerade mit dem Islam ein Ausweg aus der sozialökonomischen und "Identitätskrise"/TIBI 1981, S.69/ gefunden werden soll, liegt nicht zuletzt auch an seinem heute noch **fast ungebrochenen Masseneinfluß** in den Ländern seiner Verbreitung. Die mit der Modernisierung einhergehenden Säkularisierungsbestrebungen fanden bis dato "noch keine adäquate soziale und ökonomische Massenbasis", so daß sich die Mehrheit der Bevölkerung die traditionelle Lebensweise und religiöse Psychologie bewahrt hat, die Religion "in vielen Entwicklungsländern nach wie vor die gesellschaftliche Bewußtseinsform mit dem stärksten Massencharakter ist" /Ideenkämpfe S.269/.(11)
Da die herrschenden bzw. nach Herrschaft strebenden Kräfte im allgemeinen bemüht sind, populistisch zu sein oder zumindest zu scheinen, müssen sie sich äußerst sensibel gegenüber diesem in der Bevölkerung herrschenden Wertesystem verhalten /DAWISHA S.45/. In den islamischen Ländern erweist sich somit die Religion als ein adäquates Mittel, um Klassen- und insbesondere auch Wirtschaftsinteressen gesellschaftswirksam vorzutragen /SCHATTER 1984, S.425/.
Diese gesellschaftliche Wirksamkeit beruht zum einen darauf, daß sich von der Schari'a alle Bevölkerungsschichten gleichermaßen angesprochen fühlen und ihre Rechte verteidigt sehen. Zum anderen ist den Massen, wegen des niedrigen allgemeinen Bildungsniveaus, die "religiöse Sprache" am verständlichsten.

Für die besondere Aktivierung gerade fundamentalistischen Gedankenguts ist ferner von Bedeutung, daß die islamische Soziallehre den frühislamischen Staat nicht so darstellt, wie er war, sondern wie er hätte sein sollen. Dies verfestigte sich im Laufe der Jahrhunderte als gewesene Realität im Massenbewußtsein, so "daß bis heute das frühislamische Gesellschaftsideal zum Orientierungspunkt moslemischen sozialen Denkens wurde, zu einem Modell, an welchem reale politische Gebilde gemessen werden"/KAPUSTIN S.31/.
Auch die besondere gesellschaftlich- politische Lage der islamischen Geistlichkeit - begründet, einerseits in stabilen ökonomischen Positionen(12), Bildungsmöglichkeiten sowie, im Falle Irans, angesichts fehlender demokratischer Institutionen einzig legaler Möglichkeit zur Artikulierung und Sammlung der Opposition und andererseits durch die enge Verbindung mit dem einfachen Volk - trug dazu bei, daß der Islam als beherrschende Ideologie in den Massen wirkte und wirkt.

4.) Die **Möglichkeit einer Politisierung des Islam** liegt dabei **in seinem Wesen begründet.** Von seinem Ursprung her hat er ein ausgesprochen soziales und politisches Profil und ist gleichzeitig durch innere Widersprüchlichkeit charakterisiert, die eine vielschichtige Auslegung im Interesse der verschiedensten Klassen und Schichten erlaubt. "Seinen Anhängern war und ist es geläufig, in ihm nach einer Lösung der sie jeweils bedrängenden Probleme zu suchen"/ROBBE 1989a, S.44/. Selbst islamische Theoretiker verschiedenster Richtungen heben hervor, daß der Islam heute vorrangig als sozialpolitische und weniger als rein religiöse Doktrin empfunden wird.

5.) Zur Politisierung des Islam kam es ferner durch **ideologische Erfordernisse angesichts des konzeptionellen "Vakuums"** in den Entwicklungsländern. Das Fehlen einer Ideologie zur Sicherung der ökonomischen Entwicklung und der dafür notwendigen Massenmobilisierung war Ergebnis "der wachsenden Ablehnung" sowohl "der verfehlten, auf eine prinzipielle Nachah-

mung der 'klassischen' kapitalistischen Entwicklung orientierten neokolonialen Wachstums- und Modernisierungsstrategien" /SCHATTER 1984, S.425/ als auch der - gemessen an ihren Ansprüchen - gescheiterten Versuche beschleunigter sozialökonomischer Entwicklung auf nichtkapitalistischem Wege. Zudem waren scheinbar weder der real existierende entwickelte Kapitalismus noch die bis dato praktizierten Versuche, sozialistische Gesellschaften zu errichten, anziehend genug, als Leitbilder sozialökonomischer Entwicklung der islamischen Länder zu dienen.
Dies war nicht nur der realen Entwicklung beider Systeme geschuldet, sondern in gewissem Maße auch der aktiven islamischen "Konterpropaganda", zu der die Geistlichkeit vor allem gezwungen war, da sie durch forcierte Modernisierung ihre eigenen sozialen und ökonomischen Interessen gefährdet sah.

6.) Schließlich wurde auch der **Widerspruch zwischen dem neu erlangten Selbstbewußtsein** nach Erringung der Eigenstaatlichkeit einerseits **und** den **nur partiell erfüllten Erwartungen**, die daran auf ökonomischem Gebiet geknüpft waren, andererseits, zum Katalysator gemeinsamen konzeptionellen Nachdenkens. Aufgrund der enormen finanziellen Möglichkeiten konservativer Erdölmonarchien, konnte dabei die Konzeptionalisierung islamischer Wirtschaftslehren durch spezielle Institutionen, Organisationen sowie zahlreiche Lehrstühle islamischer Wirtschaftstheorien sowohl in der islamischen als auch in der nichtislamischen Welt gefördert und auf regelmäßigen Konferenzen verbreitet werden.(13)

Insgesamt stimmt die Autorin dem Autor TIBI zu, wenn er von der Reislamisierung als einem überregionalen Phänomen spricht, welches "nur als Moment des Nord- Süd Gefälles im weltgesellschaftlichen Kontext adäquat gedeutet werden kann" /TIBI 1981b, S.24/. In diesem Kontext ist sie sowohl objektiven Realitäten als auch subjektiven Faktoren(14) geschuldet. Der Islam wirkt bis heute als weltanschauliches und integrierendes soziokulturelles System für viele Bevölkerungsgruppen. Viele Staaten unterschiedlicher gesellschaftlicher Entwicklungsrichtung können oder wollen heute noch nicht auf ihn "als Kanal zur politischen Einwirkung auf die Massen verzichten" /EBERT 1988, S.643/.

Insofern und eingedenk der Tatsache, daß politische Protestbewegungen unter religiösen Losungen den Völkern auf einer bestimmten Entwicklungsetappe eigen sind, ist die Autorin der Meinung, daß die Spezifika der islamischen Welt keineswegs - wie teilweise behauptet - überbewertet werden, sondern daß mit dem Eingehen auf vorhandene Denk- und Verhaltensweisen eine den Realitäten besser entsprechende Ausdrucksweise gefunden wurde, die Massen für die Lösung der anstehenden Probleme emotional und geistig zu aktivieren.

Ob dabei die islamische Religion als breites soziokulturelles Milieu hemmend auf den allgemeinen Entwicklungsprozeß wirkt oder Islam und Entwicklung miteinander vereinbar sind, kann nur durch konkret historische Untersuchungen beantwortet werden. Wichtig wird hierbei unter anderem die differenzierte Analyse der unterschiedlichen konzeptionellen Vorstellungen sowie der Ergebnisse ihrer Verwirklichung, da bei der Beurteilung dieser oder jener Bewegung nicht der islamische Charakter ihrer Losungen maßgebend sein kann, sondern nur ihr konkreter Inhalt, die Ziele, die von ihren Protagonisten verfolgt werden sowie die Wirkungen, die damit erreicht werden.

Tatsache ist aber, daß **Entwicklung eine Illusion bleiben wird, "wenn das Volk nicht auf sie vorbereitet ist, wenn sie sich nicht auf eine tiefgreifende Umgestaltung der Traditionen, der kulturell- psychologischen Orientierungen gründet, wenn sie nicht tief in der nationalen Kultur verwurzelt ist"** /Ideenkämpfe S.120/.

2.3. Art und Weise der Reflexion der Unterentwicklungsproblematik in islamischen Gesellschaftskonzepten

Nachdem die Autorin die ihr im gegebenen Zeitraum zugängliche Primär-(15) und Sekundärliteratur analysiert hat, kann sie die Annahme formulieren, daß sich islamische Theoretiker und Ideologen mit der Unterentwicklungsproblematik als Gesamtkomplex - wie es im Kapitel 1 angedeutet wurde - nicht auseinandersetzen und daß diese Problematik in die islamische Literatur namentlich so keinen Eingang gefunden hat. Es figurieren vielmehr Bezeichnungen, wie Rückständigkeit (aġabmāndegi), Krise und Elend.

Desweiteren ist eine starke Abgrenzung islamischer Theologen gegenüber den "westlichen" Theorien über diese Problematik zu verzeichnen, die teilweise bis hin zur völligen Ignorierung der entwicklungstheoretischen Diskussion des "Westens" bzw. "Nordens" reicht.

Die Nichtübereinstimmung in der Bezeichnung der Problematik sowie die subjektiv bewußte Abschottung bedeutet jedoch keinesfalls, daß es objektiv hinsichtlich dieser Thematik keine Berührungspunkte gäbe. Die Realität zwingt im Gegenteil dazu, daß auch viele islamische Theoretiker dieser Frage einen wichtigen Platz einräumen.

Dies geschieht in der Form, daß vor allem die **Symptome und Folgen der Unterentwicklung durch das Prisma islamischer Prinzipien antikolonial interpretiert** werden, daß versucht wird, "sie einer **moralisch- ethischen Wertung vom Standpunkt der herrschenden religiösen Ideologie** zu unterziehen und (dies) **politisch wirksam zu machen**" /SCHATTER 1984, S.423/.

Neben der Interpretation des "Ist-Zustandes" der Unterentwicklung, ging und geht es dabei den islamischen Theoretikern insbesondere auch um die Hinterfragung seiner Ursachen sowie um Schlußfolgerungen für seine Überwindung. Das breite Meinungsspektrum zu den beiden letztgenannten Aspekten soll nachstehend verdeutlicht werden.

Suchte man früher im wesentlichen die Ursachen der Unterentwicklung im Verhältnis zum Islam sowie teilweise in ihm selbst[16], so wird heute darauf verwiesen, daß die Rückständigkeit der islamischen Länder sowohl dem "Niedergang des Islam", der mangelhaften Befolgung seiner Gebote, seiner Verwässerung und Überfremdung[17] als auch der historisch langfristigen **Wirkung** anderer **innerer und äußerer Faktoren** geschuldet ist.

Die Rolle kolonialer bzw. neokolonialer Unterdrückung und Ausbeutung wird dabei besonders hervorgehoben, ohne allerdings zu negieren, daß auch die mit dem Ausland verbundenen Despotien nach innen wesentlich dazu beigetragen haben, die islamischen Völker - wie CHOMEINI schrieb - "in Rückständigkeit zu halten und den Zustand des elenden Lebens zu konservieren, damit sie (Chomeini meint hier die 'Kolonialisten') deren Kapital, Boden und andere Schätze ausbeuten können"/CHOMEINI Chotbehā-je tārichi, S.45/.[18] Nach Meinung des bekannten ägyptischen Theologen Abu Bahtar MUTAWALLI liegen die Gründe für die Rückständigkeit der Länder der traditionellen Verbreitung des Islam vor allem in der "Unterdrückung und Versklavung der Menschen durch den Menschen, in der Beschränktheit der produktiven Kapazitäten, in der ungeordneten Einkommensverteilung und der Zersplitterung der islamischen Länder" /Zit. nach NAKKAŠ S.249/.

Auf innergesellschaftliche Ursachen, welche die koloniale Unterdrückung und Versklavung erst ermöglichten, verweisen nicht wenige Autoren. So, z.B. der Tunesier MARZOUQI, der in der eigenen Rückständigkeit eine Ursache der Kolonialisierung sieht[19] oder der Iraner BĀZARGĀN, der aus der mittelalterlichen Geschichte des Schiismus ableitet, daß "der moderne Moslem gerade wegen seiner Initiativlosigkeit und Unwissenheit zum Werkzeug in den Händen des Westens wird"[20].

Im Unterschied zu der im ersten Kapitel aufgezeigten, zumeist nichtreligiösen Problemsicht, wird in islamischen Konzeptionen auch in dem genannten Zusammenhang hauptsächlich mit ethisch-moralischen Kategorien argumentiert. So sei - wie zum Beispiel M.QUTB schreibt - nicht das Kapital schuld an den Schwächen der bürgerlichen Gesellschaft, sondern es seien die schlechten Menschen, in deren Händen das Kapital im Westen konzentriert sei. Ihr böser Wille hätte Ausbeutung, Kolonialismus und andere soziale Übel hervorgebracht /QUTB S.134-138/.
Diese Art der Argumentation wird verständlich, wenn man davon ausgeht, daß mit dem Islam als Religion eine ideelle Sichtweise der Problematik vorprogrammiert ist und die islamischen Ideologen somit völlig anders an die Beurteilung und Beeinflussung der Lebensweise, -umstände und -ziele der islamischen Bevölkerung herangehen als es uns als Europäern geläufig ist.(21)
Daher ist die Autorin der Meinung: **auch wenn sich die islamischen gesellschaftlichen Kräfte in dem für die Religion charakteristischen Entfremdungszusammenhang bewegen und sie die gesellschaftlichen Prozesse nicht aus sich selbst heraus, sondern als Vollzug von etwas Anderem, Höherem verstehen** und ihnen so - aus unserer Sicht - deren objektive und innere Logik weitgehend verborgen bleibt /HÖPP;ROBBE S.70/, **müssen ihre Ansichten als gegeben akzeptiert und ernst genommen sowie unter Zurücknahme eurozentrischer Wertmaßstäbe auf ihre Fähigkeit hin, historisch Notwendiges durchsetzen zu können analysiert werden.**

Entsprechend ihrer ideellen Sichtweise sind auch die islamischen konzeptionellen Ansätze zur Überwindung der Unterentwicklung angelegt. **Auf der einen Seite** werden Forderungen und Vorstellungen artikuliert, wie nach: "Beseitigung der Fremdherrschaft und deren lokalen Handlanger; Beendigung ihrer politischen, militärischen, kulturellen und wirtschaftlichen

Vorherrschaft; Verdrängung des Kolonialismus und der Ausbeuter...; Rückführung der Reichtümer und Bodenschätze des Landes an die unterdrückte, in Armut und Krankheit dahinsiechende Masse..."(22); Schaffung einer neuen internationalen Wirtschaftsordnung; Errichtung einer eigenen industriellen Basis; Verstärkung interislamischer Zusammenarbeit bis hin zum gemeinsamen islamischen Markt; Entwicklung der eigenen Landwirtschaft zur Beseitigung des Hungers; Schaffung und Ausbau des islamischen Bankwesens zur Finanzierung der Entwicklungsaufgaben usw.

Auf der anderen Seite wird parallel dazu "gefordert, das 'ökonomische Element' zu zügeln und es in die Bahn einer ethischen Regulierung zu lenken" /Ideenkämpfe S.240/. Das ökonomische Denken wird somit der religiösen Ideologie völlig untergeordnet, soziale Prioritäten werden anders formuliert, die Rolle der Persönlichkeit erhält insgesamt einen anderen Stellenwert. Das "Wichtigste im Leben eines Menschen" seien "der Glaube an Gott und eine hohe Moral".(23)

Folgt man der traditionellen islamischen Argumentation, so enthält die Gegenüberstellung von Islam als ein besonderes, "mittleres", soziales, weltanschauliches sowie politisches System und den materialistischen Systemen Kapitalismus sowie Sozialismus keinen inneren Widerspruch. "Diese Gegenüberstellung entspringt dem Grundprinzip des Islam -Touhid - " (Monotheismus bzw. Bekenntnis zur Einheit und Einzigartigkeit Allahs) "und dient sowohl der Begründung der Gleichheit aller Moslems vor Allah und der Einheit der moslemischen Gemeinde - umma - als auch der Anerkennung gegensätzlicher Interessen dieser Gemeinde und aller Nichtmoslems, zwischen denen diesbezüglich nicht differenziert wird" /POLONSKAJA;VAFA S.7/.

Gesellschaftlicher Fortschritt werde vor allem **im Kontext damit bewertet, daß "das wirkliche Ziel der materiellen Tätigkeit die Herausbildung und Entwicklung des eigenen 'Ich' der Moslems"(24) sei.** Unabhängigkeit müsse - so CHOMEINI - vor ökonomischer und politischer vor allem als intellektuelle und kulturelle Unabhängigkeit begriffen werden /CHOMEINI 1980b, S.3/, technologischer Fortschritt und Modernisierung seien nur soweit akzeptabel, wie sie dem Menschen eine bessere Beherrschung seiner unmittelbaren Umwelt ermöglichten /FERDOWS S.133/, dabei aber das traditionelle islamische Wert- und Denksystem nicht bedrohten, die **Lösung der Widersprüche** könne nicht durch ökonomische und politische Auseinandersetzung zwischen verschiedenen sozialen Klassen und Schichten erfolgen, sondern nur **durch** die **Herstellung geistiger Harmonie** unter den Mitgliedern der islamischen Gemeinde.[25]

Den Hauptunterschied zu "materialistischen Lehren" sehen islamische Theologen selbst vor allem darin, daß ihre Konzeptionen, zum einen, auf "außernatürlichen", "göttlichen Ursprung" zurückzuführen seien, auf den Glauben an Allah, "welcher den Menschen mit der Fähigkeit, 'Gut' und 'Böse' zu unterscheiden und Verantwortung für seine Tätigkeit zu tragen ausgezeichnet" hätte und daß die Konzeptionen, zum anderen, auf "ewigen Werten" basieren würden, welche die Menschenrechte schützten und den Menschen ständig an seine Pflicht vor Allah, vor sich selbst und vor der Gesellschaft erinnerten[26].

Die Meinungen über die Rolle des Islam in seiner Gesamtheit als Instrument zur Durchsetzung von Entwicklungsprozessen gehen heute jedoch auseinander.
Die - in der wissenschaftlichen Literatur - als **Islamisten oder Integralisten** bezeichneten, theozentrisch orientierten Theologen betonen, daß der **"Islam ...genügend Anhaltspunkte für die Lösung der Probleme der Gegenwart"** /MÜLLER S.347/ biete und nur ein Festhalten an der Religion im Zeitalter der wissenschaftlich-technischen Revolution zum Denken und Nachdenken befähige /ABDULLAJEV S.21/, Fortschritt nicht anders möglich wäre, als auf islamischem Wege /HUDSON S.23/.
Andere, die vorwiegend säkularistisch eingestellten soge-

nannten **Reformer** verlangen eine - aus der Sicht der Autorin -realistischere Herangehensweise, indem sie betonen, daß der **Islam keine Zauberlösung für alle Probleme** sei und Rückständigkeit nicht mit islamischen Mitteln allein überwunden werden könne /ŠUKAIRI S.18/. **Potenzen** habe der Islam besonders **dahingehend, daß anzustrebende Werte vermittelt, die Menschen orientiert und angeleitet,** also auch **aktiviert werden könnten** /ŠUKAIRI S.77/. Im ökonomischen Bereich bedeute dies, daß der Islam kein Ersatz für eine Wirtschaftsstrategie und -programmatik wäre. Er solle vielmehr Klarheit schaffen, daß die vom Staat ausgearbeitete Wirtschaftspolitik durch die Massen realisiert werden müsse, der Islam hätte also in den Ländern seiner Verbreitung die Verantwortung des Volkes für die Wirtschaftspolitik zu wecken und wahrzunehmen /ŠUKAIRI S.134/.

Nach Kenntnis der Autorin beginnt sich letztere Meinung - nicht zuletzt aufgrund der Erfahrungen in der Praxis - in den theoretischen Diskussionen durchzusetzen, obwohl vielfach noch die erste Variante propagiert und zu realisieren versucht wird.

Wenn im folgenden im Zusammenhang mit konzeptionellen Überlegungen zur Überwindung der Unterentwicklung vor allem auf die Wirtschaftsproblematik eingegangen wird, so ist sich die Autorin bewußt, daß gerade die erstgenannte Gruppe von Theologen bis zu dem Zeitpunkt, da sie selbst unmittelbar politische Macht ausüben konnte, der Ausarbeitung ökonomischer Konzepte weniger Beachtung schenkte. Somit bezieht sich die im folgenden Abschnitt dargestellte Verallgemeinerung vor allem auf diejenigen Theoretiker, die - sich mit sozialen Fragen beschäftigend - auf die Wirtschaftsthematik besonders eingehen.

2.4. Grundzüge und verschiedene Varianten islamischer Wirtschaftslehren

Bei allen Unterschiedlichkeiten zwischen den einzelnen konzeptionellen Ansätzen islamischen Wirtschaftsdenkens weisen diese doch einige gemeinsame Züge auf, die im folgenden kurz dargestellt werden sollen.
Insgesamt gesehen, gehen alle islamischen Wirtschaftskonzeptionen von einheitlichen doktrinären Grundprinzipien aus[(27)], gründen sich auf die Vorstellung, daß islamische Vorschriften für die moralische und Wertorientierung der menschlichen Handlungen (einschließlich im ökonomischen Bereich) Priorität besitzen /POLONSKAJA;IONOVA S.114/ und sind mehr oder weniger von einer korporativen Egalitarismusidee sowie den regulativ-normativen Funktionen des Modells der frühislamischen Gesellschaft geprägt[(28)]. "Das Streben nach Gerechtigkeit, Ausgewogenheit und allgemeiner Harmonie in sozialen und wirtschaftlichen Fragen wird zu einem immanenten Zug muslimischen Denkens und Tuns erklärt" /SCHATTER 1984, S.427/.

Allgemein bestehen die Lehren vom islamischen ökonomischen System aus drei Elementen: den philosophischen Grundlagen, den Hauptprinzipien und den Funktionsregeln des Systems.

Die philosophischen Grundlagen als religiös- weltanschauliche Basis islamischer Wirtschaftslehren manifestieren sich vor allem in deren Bezugnahme auf die drei fundamentalen Glaubenssätze des Islam sowie auf die sogenannte islamische Ethik, d.h. auf die geistigen Werte des Islam.
Die **fundamentalen Glaubenssätze** sind:
Erstens - Gott ist der alleinige Schöpfer und Eigentümer alles Existierenden.
Zweitens - da alle Lebewesen, einschließlich der Mensch, von Gott geschaffen wurden, sind sie ihrer Herkunft nach und vor Allah gleich, die Ungleichheit sozialer Verhältnisse wird zwar

anerkannt, aber als gottgegeben akzeptiert. Die Existenz- und Interessenunterschiede verschiedener Klassen und sozialer Gruppen werden somit auch in Diskussionen um Entwicklungsperspektiven zu unwesentlichen Faktoren.
Drittens - Das Dogma vom Ende der Welt und dem Tag des jüngsten Gerichts beachtend, sollte jeder Moslem bei seinen Aktivitäten (einschließlich den ökonomischen) nicht nur von irdischen Faktoren ausgehen, sondern auch von den Folgen seiner Tätigkeit und davon, welche Beurteilung sie in "jener Welt" erfahren(29).

Als Komponenten der **islamischen geistigen Werte**, werden von den Moslems im allgemeinen
- die islamische Religion,
- ökonomische, politische und ethische Freiheit,
- Gleichheit vor dem Gesetz(30),
- Brüderlichkeit(31) sowie
- das Streben nach Gerechtigkeit(32) und innerer Harmonie

hervorgehoben und ausführlich erläutert.(33)

Die weltanschaulich-idealistische Grundorientierung islamischen Wirtschaftsdenkens wird darüberhinaus ebenfalls durch das sehr breit gefaßte **Touhid- Verständnis** bestimmt /SCHATTER 1984,S.427/. Der iranische Theologe ŠARIA'TI erläutert letzteres folgendermaßen: "Entsprechend der Weltsicht des Touhid ist jede Existenz widerspruchsfrei: Es gibt keinen Widerspruch zwischen dem Menschen und der Natur, Geist und Körper, der jetzigen und der späteren Welt, Gegenstand und Bedeutung. Das Touhid- Verständnis kann auch keine juristischen, klassenmäßigen, sozialen, politischen...oder selbst ökonomischen Widersprüche akzeptieren, es impliziert eine Betrachtungsweise aller Dinge als Einheit"/ŠARI'ATI 1979, S.86/.

Trotz verschiedenartiger Auslegung dieser philosophischen Grundlagen sind im wesentlichen alle islamischen Wirtschaftslehren durch vier gemeinsame Hauptprinzipien charakterisiert.(34)

1.) Aus der Obereigentümerschaft Gottes leitet sich die **Heiligkeit und relative Unantastbarkeit privaten Eigentums** ab. Relativ ist diese Unantastbarkeit insofern, als daß zum einen, bestimmte Menschenrechte im Rahmen der gesamten Gesellschaft vor dem Recht auf Privateigentum Priorität besitzen, was die Schlußfolgerung zuläßt, daß bestimmte Naturreichtümer der gesamten Gesellschaft gehören müßten und zum anderen, die Nutzung sowie Vererbung von Eigentum den im Koran vorgeschriebenen Regeln (siehe Funktionsregeln) entsprechen müssen.
Im Zusammenhang mit diesem ersten Grundprinzip ist vor allem die Verteidigung der Idee vom Arbeitseigentum hervorzuheben, d.h., die Betonung der Legitimität jeglichen Eigentums, welches auf persönlicher Arbeit entsprechend den individuellen Fähigkeiten und nicht entsprechend dem Kapitalvermögen beruht. Der Begriff "persönliche Arbeit" wird dabei sehr breit gefaßt, so daß er sich sowohl auf die Tätigkeit der unmittelbaren Produzenten als auch auf die des Eigentümers der Produktionsmittel beziehen kann.

2.) Aus den islamischen Glaubenssätzen wird das **Prinzip der ökonomischen Freiheit** abgeleitet. In Anerkennung unterschiedlicher potentieller Möglichkeiten der einzelnen Individuen fördere der Islam die Entfaltung der menschlichen Fähigkeiten im Prozess der Konkurrenz, welche als ein Hauptfaktor der Entwicklung von Zivilisation und Produktion angesehen wird. Dabei sollten alle von Gott verfügten Ressourcen so produktiv wie möglich zur Bedürfnisbefriedigung der Menschen ausgebeutet werden. Der Islam fördert somit freies Unternehmertum und schließt über die im Koran festgeschriebene Beschränkungen hinausgehende, Reglementierungen der ökonomischen Freiheit aus.
Neben den nachstehend formulierten Funktionsregeln seien zwei reglementierende Faktoren im Islam wirksam: ein innerer - das Gewissen des Moslems, welches das Individuum daran hindere

seinesgleichen auszubeuten und ein äußerer - die Scharia, wirksam werdend, wenn das Gewissen seine Funktion nicht erfüllt.

3.) Das islamische ökonomische System soll - entsprechend dem Touhid-Prinzip - **Ausgewogenheit** zwischen Verbrauch und Akkumulation, zwischen verschiedenen Eigentumsformen sowie zwischen gesellschaftlichen und persönlichen Interessen fördern. Das **Wohlergehen der Gemeinschaft dürfe nicht der Befriedigung individueller Bedürfnisse geopfert werden**, d.h. der Mensch wird in erster Linie als korporatives Wesen gesehen, welches in all seinen Bestrebungen (einschließlich den ökonomischen) den sozialen Rahmen seiner Aktivitäten zu beachten habe. Die angestrebte Ausgewogenheit oder Harmonie zwischen privatem und gesellschaftlichem Eigentum - letzteres in Form von staatlichem und genossenschaftlichem oder Gruppeneigentum - impliziert in der Regel, daß keine Eigentumsform priorisiert wird, sondern von einer gemischten Wirtschaft als Ideal der islamischen Wirtschaft gesprochen wird. Im Falle der Störung der Ausgewogenheit wird in vielen Interpretationen die Beschlagnahmung eines Teils der Mittel der Reichen zur Umverteilung an die Armen gestattet /AHMAD S.42/ oder auch die Nationalisierung bestimmter Betriebe befürwortet.

4.) Das Prinzip der **Gerechtigkeit erfordere eine sparsame und effektive Produktion**, die Berücksichtigung der Erfordernisse der Produktionsentwicklung sowie eine reale Beurteilung der Arbeitsergebnisse und gerechte Preisbildungsmechanismen(35), kurz gefaßt, "Produktion entsprechend den Fähigkeiten, Konsumtion entsprechend den Notwendigkeiten" /KEDDI 1981a, S.212/. Dieses anzustrebende Ideal bedarf einer bestimmten Einflußnahme des Staates auf die ökonomischen Prozesse(36). Außerdem impliziert dieses Prinzip bestimmte Distributionsformen des volkswirtschaftlichen Endproduktes zur Grundbedürfnisbefriedigung der ärmsten Bevölkerungsschichten sowie die Propagierung der "Bedürfnisbeschränkung". Letzteres vor allem im

Bewußtsein der Tatsache, daß unter dem in den islamischen Ländern durchschnittlich niedrigen Niveau der Produktivkraftentwicklung und des wissenschaftlich-technischen Fortschritts die Durchsetzung der genannten Grundprinzipien allein kaum dazu führen werde , in - für diese Länder annehmbarer - historisch kurzer Frist, Armut breiter Bevölkerungskreise der islamischen Länder sowie ökonomische Ungleichheit in den internationalen Beziehungen zu beseitigen.(37)

Die genannten Hauptprinzipien sollen durch allgemeine, auf der Scharia beruhende Funktionsregeln oder Institutionen, die vor allem die Distributionssphäre betreffen, durchgesetzt werden. Dazu gehören im wesentlichen:

Erstens - ein durch islamische Institutionen organisiertes **Steuersystem**, als Mittel distributiver sozialer Gleichstellung und Versicherung sowie der Stimulierung produktiver Tätigkeit. Entsprechend den islamischen Rechtsvorschriften können unter anderem folgende Steuern erhoben werden: Zakāt(38), Charağ(39), Ušr(40), Ğisija(41) (existiert heute praktisch nicht mehr), Chums(42). Diese kommen heute bei Schiiten und Sunniten unterschiedlich zur Anwendung.

Zweitens - das **Ribaverbot**, d.h., das Verbot der Gewährung beliebiger verzinster Kredite oder Anleihen, da diese als ungerechte Bereicherungsformen gelten, weil der Verleiher das Geschäftsrisiko seinen Kontrahenten allein tragen läßt, während sein Einkommen garantiert ist.(43)

Drittens - durch islamische Rechtsgelehrte sanktionierte Mittel und **Wege, trotz Ribaverbots** spezifische **Kredite** und **Anleihen** zur Sicherung von Investitionen zu gewähren bzw. aufzunehmen sowie Geschäfte zu tätigen. Dies soll durch verschiedene Prinzipien der Risikoteilung zwischen Kreditgeber und Kreditnehmer bzw. Geschäftspartnern gewährleistet werden. Solche Prinzipien sind z.B. Mušaraka, Muzaraba und Murabaha

[44], auf deren Grundlage sich auch das moderne islamische Bankwesen entwickeln konnte[45].

Viertens sollen Stabilität und Sicherheit für Kredite und Anleihen auch dadurch garantiert werden, daß der **Staat** verpflichtet ist, die **Schulden verstorbener Moslems** zu **tilgen**.

Fünftens werden durch den Koran allgemein geltende **Verbote** formuliert oder aus ihm abgeleitet. Diese betreffen unter anderem Hortung, Verschwendung, die unproduktive Nutzung von Eigentum, Glücksspiel, extravagante Lebensweise, Ausbeutung durch Betrug oder Fälschung, Prostitution, Diebstahl sowie die Bildung von Monopolen und Kartellen.

Sechstens sollen durch die Bildung und effiziente Nutzung **religiöser Stiftungen** soziale Interessen bestimmter benachteiligter Bevölkerungsschichten wahrgenommen und die Entwicklung ausgewählter ökonomischer und sozialer Bereiche gefördert werden.

Siebentens sind in der Scharia bestimmte **Erb- und Beuterechtsnormen** festgeschrieben, die einer Zentralisierung des Reichtums entgegenwirken und seine Dezentralisierung bewirken sollen.

Achtens wird, basierend auf die Vorschriften von Koran und Sunna die **spezifische Rolle des islamischen Staates** im ökonomischen Bereich festgeschrieben. Der Staat soll danach sowohl als Produzent als auch als Besitzer von Produktionsmitteln sowie Verteiler von Naturressourcen fungieren und außerdem die harmonische Entwicklung des Wirtschaftslebens durch Ahndungen von Verletzungen der moralischen Normen und Gebote des Islam in diesem Bereich garantieren.

Soviel zu den grundsätzlichen Vorstellungen islamischer Theologen und Wirtschaftstheoretiker über das in ihren Ländern

bzw. in der islamischen Gemeinde insgesamt zu gestaltende ökonomische System.
Diese Vorstellungen, so wird deutlich, stellen weder eine in sich geschlossene Wirtschaftslehre, noch ein Hindernis dafür dar, daß durch verschiedenartige Interpretation sowie unterschiedliche Auswahl von Schwerpunkten des religiös-traditionellen Erbes, eine Vielzahl alternativer ökonomischer Konzeptionen entwickelt und theologisch begründet werden konnte.

So kann es im Grunde genommen keine eindeutige Bestimmung des sozialökonomischen Systems des Islam geben /Ideenkämpfe S.269/. Neben der Hauptursache für diesen Fakt - also der Widerspiegelung unterschiedlicher ökonomischer und sozialer Interessen verschiedener Klassen und Schichten - sind einige weitere **Gründe** zu benennen, die selbst bei Vertretern gleicher sozialer Gruppen, unterschiedliche Konzeptionen in den einzelnen Ländern bzw. auch in einem Land hervorbringen. Dazu zählen, beispielsweise, islamisch geprägte gnoseologische Ursachen, historisch- geographische Faktoren[46], unterschiedliche methodologische Ansätze[47] und auch die Tatsache, daß Religionsbewußtsein nicht nur sozial, sondern auch durch verschiedene Stufen der Evolution traditioneller Glaubenslehren determiniert ist.

Dementsprechend läßt sich eine Vielzahl von islamischen Wirtschaftskonzepten erkennen, deren religiöse, sozialökonomische und politische Inhalte oft weit auseinandergehen.
Gegenwärtig existieren - geht man vom Grundunterschied in der sozialen Basis aus - **vier Hauptrichtungen** islamischer Wirtschaftslehren. "Im wesentlichen sind dies - unter Verzicht auf nationale Akzentuierungen - **1.** eine theokratisch-feudale (oder präziser eine theokratisch-vorkapitalistische - I.H.), **2.** eine bürgerlich-liberale, **3.** eine kleinbürgerlich-radikale sowie **4.** eine theokratisch-populistische Richtung" /SCHATTER 1984, S.422/. In diesem Zusammenhang muß allerdings angemerkt werden, daß die o.g. Schematisierung, ähnlich der im Kapitel I

getroffenen Einteilung, mit Unzulänglichkeiten dahingehend behaftet ist, daß bei vielen islamischen Theoretikern die Grenzen fließend sind und daß es auch erhebliche Abweichungen zwischen verbalen Äußerungen und der von ihnen praktizierten Politik geben kann.
Seit Mitte der 70er Jahre ist eine Dominanz bürgerlich-liberaler Konzepte zu verzeichnen, aber auch das schiitisch geprägte, insbesondere das iranisch-fundamentalistische Wirtschaftsverständnis gewann gegen Ende der 70er Jahre deutlich an Ausstrahlung und Einfluß /SCHATTER 1984, S.426/, der jedoch seit Mitte der 80er Jahre nicht weiter zugenommen hat.
Daß sich auch das iranisch-fundamentalistische Wirtschaftsverständnis in Abhängigkeit von seinem irdischen Sein in einer konkreten gesellschaftlichen Situation keineswegs einheitlich darstellt - gut zu verfolgen anhand der gegenwärtigen Wirtschaftspolitik der Islamischen Republik Iran - soll nach einer kurzen Zusammenfassung des bisher gesagten im folgenden Kapitel gezeigt werden.

2.5. Zusammenfassung

1.) Auch islamische Theoretiker und Ideologen fragen verstärkt nach den Mechanismen der Wechselwirkung zwischen Rückständigkeit und Abhängigkeit, kolonialer und neokolonialer Ausbeutung ihrer Länder und verweisen bei der Suche nach Lösungen für die heutigen Probleme vor allem auf innere Reserven für die Entwicklung der nationalen Wirtschaften -regionale und nationale Spezifika eingeschlossen. Die damit einhergehende bewußte partielle Abschottung vom Weltmarkt läuft den objektiven Tendenzen der zunehmenden Interdependenz weltwirtschaftlicher Beziehungen allerdings entgegen, was perspektivisch gesehen, kontraproduktive Folgen zeitigen könnte.

2.) Zu bemerken ist, daß islamische Theoretiker sowohl für die Einschätzung der heutigen Problemsituation als auch für die

Ziele der Entwicklung ihrer Gesellschaften, abgeleitet von ihrer ideellen Weltsicht und der historischen Entwicklung dieser Länder andere Prioritäten setzen, als sie aus materialistischer Sicht logisch erscheinen. Dies schlägt sich auch in ihren Überlegungen zur Überwindung der - von bürgerlichen und linken Autoren so benannten - Unterentwicklung nieder, wobei in Arbeiten islamischer Theoretiker der Unterentwicklungsbegriff - soweit der Autorin bekannt-nicht benutzt wird und darüber hinaus eine bewußte Abgrenzung gegenüber entwicklungstheoretischen Diskussionen in der nichtislamischen Welt erfolgt.

3.) Die Probleme, mit denen die islamischen Länder konfrontiert sind, können nach Meinung von islamischen Wissenschaftlern nur auf dem Boden des Islam oder sogar nur allein durch ihn gelöst werden. In der theoretischen Diskussion setzt sich seit Mitte der 80er Jahre ersterer Standpunkt - vertreten von den sogenannten Säkularisten - durch, während in der Massenpropaganda meist noch letztere Ansicht - propagiert von den sogenannten Islamisten oder Integralisten - dominiert. Der Islam wird dabei in beiden Fällen als eine heute praktikable Gesellschaftskonzeption verstanden.

4.) Bei einer weitergehenden Analyse der Problematik ist zu beachten, daß islamisch geprägte Wirtschaftskonzepte im Verständnis vieler islamischer Theologen lediglich einen untergeordneten Teilbereich ihrer Vorstellungen zur Lösung der heutigen Probleme ihrer Länder erfassen und somit die **mögliche unterentwicklungsreduzierende Wirkung der diesbezüglich gestalteten Wirtschaftspolitik nur im Zusammenhang mit allen anderen Seiten der Gesellschaftskonzeptionen umfassend bewertet werden kann.**

5.) Weiterhin muß berücksichtigt werden, daß sich das **Streben nach Überwindung der Unterentwicklung in islamischen Wirtschaftskonzepten vor allem als Suche nach Möglichkeiten zur**

Beseitigung bzw. Milderung ihrer Symptome und Folgen darstellt. Die Unterentwicklungsproblematik wird zwar nicht in ihrer Komplexität reflektiert, Teilaussagen zu Potenzen islamisch geprägter Wirtschaftskonzeptionen bezüglich der Milderung von Folgen der Unterentwicklung sind - unter Beachtung des zuvor genannten Punktes - trotzdem möglich.

6.) Insgesamt laufen die wirtschaftstheoretischen Vorstellungen zur Überwindung der in den islamischen Ländern anstehenden Probleme darauf hinaus, auf islamischer Grundlage harmonische solidarische Gesellschaften zu errichten, die aus sich heraus entwicklungsfähig sein sollen. Die grundlegenden Prinzipien und Regeln, nach denen diese Wirtschaften funktionieren sollen, lassen die Schlußfolgerung zu, daß es sich in diesen Ländern im Kern um eine **kapitalistisch orientierte Entwicklung** handeln wird. Dabei existiert ein gewisses **allgemeines wirtschaftspolitisches Problemfeld, welches den Kapitalismus in diesen Ländern prägen wird**, d.h. die Auseinandersetzung der einzelnen Theoretiker und Ideologen dreht sich vor allem um Fragen einer stärkeren oder schwächeren **staatlichen Lenkung**; einer mehr oder weniger strengen Befolgung des **Ribaverbots**; unterschiedlich starker Ausprägung von **Distributionsformen zur Verhinderung extremer Armut** sowie einer mehr oder minder starken **Einschränkung von Privatbesitz im gesamtgesellschaftlichen Interesse** durch spezifische islamische Institutionen, Verbote und Staatsinterventionismus.

7.) Entsprechend den spezifischen Verhältnissen in den einzelnen islamischen Ländern entwickelten sich schon frühzeitig unterschiedliche konzeptionelle Ansätze zur Durchsetzung der allgemeinen Vorstellungen. Dieser Differenzierungsprozeß verstärkte sich seit Mitte der 70er Jahre und wirkt bis heute, so daß **nicht von einer islamischen Wirtschaftslehre** schlechthin gesprochen werden kann, **sondern von vielen unterschiedlichen konzeptionellen Ansätzen**, deren Analyse auch jeweils konkret historisch-geographisch gebunden sein müßte.

3. SCHIITISCH GEPRÄGTE DENKANSÄTZE ZUR WIRTSCHAFTSENTWICKLUNG IM IRAN - ANSPRUCH UND REALITÄT

Die Herausarbeitung und massenmobilisierende Verbreitung der iranischen Varianten einer "islamischen Wirtschaft" erfolgte innerhalb der islamischen Gesellschaftskonzeptionen insgesamt, und zwar besonders intensiv seit Mitte der 70er Jahre. Auffällig ist, daß daran weniger ausgebildete Wirtschaftswissenschaftler, als vielmehr vorwiegend Theologen und religiöse Führer, wie die Ajatollahs R.CHOMEINI[1], K.ŠARI'ATMADĀRI[2], M.TĀLEGĀNI[3] sowie politisch-religiöse Theoretiker der Ši'a, die nicht zur Geistlichkeit gehören, wie M.BĀZARGĀN[4], A.BANISADR[5] oder A.ŠARI'ATI[6] und andere beteiligt waren. Ihre Arbeiten zur Wirtschaft wurden in unterschiedlichem Maße von den Grundaussagen des umfangreichen, systematisierten Werkes des - bis zu seinem Tode 1980 die geistige Führung der irakischen Schiiten repräsentierenden - Theologen BAQER SADR[7] beeinflußt. Ihre Popularisierung erfolgte vor allem in kleineren Flugschriften, Zeitungsartikeln, aufgezeichneten Freitagspredigten und theologischen Lehrveranstaltungen. Gleichzeitig finden sich nur wenige Versuche einer systematischeren, komplexeren und zusammenhängenden Darstellung iranisch-fundamentalistischen Wirtschaftsverständnisses. Ein Beispiel dafür ist BANISADRS Arbeit "Die monotheistische Wirtschaft"[8].

Ausgehend davon, daß der "islamische Staat und die islamische politische Ökonomie bis auf die kurzen Zeiten unter Mohammads und später Alis Herrschaft keine Vorläufer in der Geschichte gehabt haben und in der heutigen Welt bisher nirgends verwirklicht worden sind"/KATOUZIAN 1981b, S.137/, wird die Errichtung einer durch Ausgewogenheit und Gerechtigkeit gekennzeichneten, monotheistischen Wirtschaft als anzustrebendes Ziel im ökonomischen Bereich propagiert. Auch nach Meinung der iranischen Theologen kann diese Vision nur verwirklicht werden,

wenn die wirtschaftliche Tätigkeit mit den Prinzipien des Koran in Übereinstimmung gebracht wird.
Die dabei auch im Iran vorhandene Unterschiedlichkeit der konzeptionellen Ansätze widerspiegelt sich sowohl in der verschiedenartigen Interpretation der o.g. Zielstellung sowie "solcher konstitutiver Kernelemente wie Eigentumsverhältnisse, Koordinationssysteme ökonomischer Prozesse (freie Märkte, Koordination der Pläne), allokativer und distributiver Elemente (islamische Aspekte der Produktion, des Verbrauchs, der Verteilung und Verwendung)..."/Kolloquium S.488/ als auch in den differierenden Vorstellungen zur Umsetzung dieses Ideals.

Zieht man zur Unterscheidung der wichtigsten im Iran existierenden Konzeptionen ihren sozialökonomischen Inhalt als Bewertungsmaßstab heran, so lassen sich für den ökonomischen Bereich **vier Ansätze** unterscheiden: ein kleinbürgerlich-linksradikaler, ein kleinbürgerlich-demokratischer , ein bürgerlich-liberaler sowie ein populistisch-konservativer.
Diese vier Ansätze sowie die Versuche ihrer Praktizierung im Iran (anhand ausgewählter Beispiele) sollen im folgenden analysiert und charakterisiert werden, um im abschließenden Teil zu Schlußfolgerungen sowohl bezüglich der Berührungspunkte zu weltlichen Vorstellungen als auch bezüglich ihrer Potenzen zur Milderung der akuten Folgen der Unterentwicklung zu gelangen.

3.1. TĀLEGĀNIS und ŠARI'ATIS linksradikaler Ansatz

Kleinbürgerlich-linksradikale Vorstellungen zur Schaffung einer islamischen Wirtschaft wurden vor allem von ŠARI'ATI und TĀLEGĀNI entwickelt.
Radikal sind ihre Ansätze vor allem in ihrer starken Forderung nach Beseitigung sozialer Mißstände; in ihrem betonten Antiklerikalismus, gerichtet vor allem gegen die Teile der Geistlichkeit, die aus ihrer Stellung Privilegien erheischen /ŠARI'ATI 1982, S.142-145/; in ihrer scharfen Kritik an Kolo-

nialismus, Imperialismus und Vorherrschaft des Westens sowie in ihrer kategorischen Ablehnung des theoretischen Fundaments des bis dato "real existierenden Sozialismus", als nicht anwendbar auf die Probleme der Entwicklungsländer.(9)

Ihr religiös-politisches Denken eng mit dem Befreiungskampf und der Überwindung der Unterentwicklung in der "Dritten Welt" verbindend, sehen sie in Klassen- und sozialen Widersprüchen die Grundlagen für gesellschaftliche Entwicklung. Das Volk ist nach ihren Auffassungen Hauptsubjekt und treibende Kraft in der Geschichte der menschlichen Gesellschaft, für die Befreiung und Entwicklung der "Dritten Welt" sei aber unter heutigen Bedingungen das **Imamat** unumgänglich, d.h. die geistliche und politische Dominanz einer vom Volk gewollten und akzeptierten, aufgeklärt denkenden religiösen "Führung", welche der zum theologischen Prinzip erhobenen Gerechtigkeit verpflichtet sein müsse.

ŠARI'ATI leitet die Notwendigkeit des Imamats für die Entwicklung in der "Dritten Welt",unter anderem aus seiner Sicht auf die Ursachen der Unterentwicklung ab. In diesem Zusammenhang stellt er fest, daß, als mit der maschinellen Großproduktion in Europa der Zwang nach steigender Warenproduktion und Konsumtion entstanden sei, die Konsumtion aber nicht so schnell steigen konnte wie die Produktion, die Suche nach neuen Absatzmärkten im außereuropäischen Raum eingesetzt habe. Da dies notwendigerweise die Veränderung der dortigen Denk- und Lebensweise, Strukturen sowie Konsumtionsmuster zur Voraussetzung gehabt hätte, seien die außereuropäischen Völker ihrer Identität beraubt worden, und zwar vor allem vermittels des Kampfes gegen ihre Religionen, "denn durch die Religion" - so ŠARI'ATI -"empfindet jede Gesellschaft ihre eigenen Identität" /ŠARI'ATI 1980, S.28/. Den **"nicht-europäischen Gesellschaften" sei** - so ŠARI'ATI - **"unter dem Namen der Zivilisation der Modernismus angeboten"** /ŠARI'ATI 1980, S.11-12/ **worden**, womit das ausgewogene Verhältnis von Produktion und Verbrauch, das mit den Traditionen, Bedürfnissen und Geschmacksrichtungen" der betroffenen Gesellschaften übereingestimmt habe, zerstört worden sei /ŠARI'ATI 1980, S.23-25/. "Zivilisation" so schlußfolgert ŠARI'ATI - sei für die Völker der "Dritten Welt" demnach nicht "auf dem Wege des Modernismus...zu erreichen" /ŠARI'ATI 1980, S.11,12/, nur durch das Imamat könne dem Volk die eigene Identität zurückgegeben bzw. bewahrt werden und damit sei auch eine seinen spezifischen Bedingungen entsprechende Entwicklung möglich.

Für den ökonomischen Bereich betonen beide Autoren, daß sich die zu schaffende islamische Wirtschaft nicht an den Islam in der degradierten Form der heutigen moslemischen Gesellschaften anlehnen, sondern den Prinzipien von Mohammads idealer Gesellschaft folgen sollte, wobei sie gleichzeitig auf die Notwendigkeit einer effizienten Wirtschaft verweisen, da "ohne die Lösung der materiellen Probleme keine freie und allseitige Entwicklung von Persönlichkeit und Gesellschaft erfolgen" /TĀLEGĀNI 1965, S.269, 285/ könne.
Allgemein basiert - nach ihren Vorstellungen - die islamische Wirtschaft "weder auf dem Prinzip der unbegrenzten Freiheit privaten Eigentums, dessen Resultat die unaufhaltsame Entstehung des Kapitalismus" sei, "noch auf dem Prinzip des gesellschaftlichen Eigentums, welches die völlige Zerstörung von privatem Eigentum und individueller Freiheit" nach sich zöge, "auch nicht auf dem unverständlichen und verschwommenen Prinzip der gemischten Wirtschaft, sondern auf...dem - der natürlichen Freiheit des Menschen entsprechenden - **Privateigentum und gleichzeitig dem Prinzip der Kollektivität**, welche miteinander kombiniert - der Übereinstimmung von Natur- und Menschheitsinteressen"/TĀLEGĀNI 1965, S.225/ entsprächen.

Zur Begründung und Veranschaulichung von Zielen und Wegen der notwendigen gesellschaftlichen Veränderungen - einschließlich im ökonomischen Bereich - bedienen sich die Anhänger genannter Richtung, einerseits, religiös- traditionsgebundener Quellen,

andererseits, erfolgt auch eine "säkularistische Neuinterpretation zugunsten eines das aktive gesellschaftliche Engagement des Menschen fordernden Islams" /KEISER S.673/.
Ziel soll nach ihrer Auffassung eine "gerechte sozialistische Gesellschaft", basierend auf den Prinzipien der religiösen Moral, sein, in der die Menschen gemeinsam über ihr Eigentum verfügen sollen, Klassenunterschiede beseitigt seien, jeder seinen Fähigkeiten entsprechend tätig sein würde und jeder seine Grundbedürfnisse befriedigen könne. Unter Befriedigung der Grundbedürfnisse des gesellschaftlichen Lebens versteht ŠARI'ATI dabei sowohl den allgemeinen Zugang zu bestimmten Gütern und Dienstleistungen als auch die Schaffung eines angemessenen Niveaus der Gesundheitsfürsorge, der Erziehung und der Wohlfahrt.
Genauer wird das gesellschaftspolitische Ziel jedoch nicht definiert, es bleibt also offen, wie die neuen gesellschaftlichen Strukturen im Einzelnen aussehen sollen.

Wie und durch wen Veränderungen in Richtung auf die Überwindung der Unterentwicklung erfolgen sollen, wird jedoch ausführlich beschrieben und propagiert. Wichtige Vorstellungen in diesem Zusammenhang sind:

- Es sei notwendig, das Volk vermittels der Religion, d.h. des "wahren und ursprünglichen Glaubens", sowie durch Umgestaltung der gesellschaftlichen und individuellen Wertestruktur zu aktivieren, damit die Macht den wahren Interessen der Arbeitenden dienen könne.

- Die "europäischen Prinzipien" bei der Durchführung von Reformen (TĀLEGĀNI verbindet damit "Chaos, Ausplünderung und Raub") in einem islamischen Land seien unannehmbar /TĀLEGĀNI Ǧihad, S.93/, wobei jedoch nicht ausgeschlossen wird, auf einige Erfahrungen sowohl kapitalistischer als auch damals noch "sozialistischer" Länder zurückzugreifen, natürlich ohne sie zu kopieren /LUKOJANOV S.82,83/.

- Die Lösung von der einseitigen Auslandsabhängigkeit sei eine der vordringlichsten Aufgaben.

- Das Prinzip der relativen Freiheit für ökonomische Aktivitäten müsse durchgesetzt werden, wobei erstens, Naturressourcen demjenigen gehören sollen, der sie produktiv macht und zweitens, die Wirtschaft nach dem Prinzip des freiwilligen Zusammenschlusses der Menschen aufgebaut werden soll, welche selbst Ziele, Grenzen und Rechte festlegen, nach denen sie leben wollen /TĀLEGĀNI 1965, S.129/.

- Gleichzeitig gäbe es die Möglichkeit der Einschränkung zuvor genannter Freiheit, welche sich aus dem durch den Islam gesetzten Rahmen ergäbe, dessen Einhaltung durch den Staat kontrolliert werden müsse.

- Der Staat, an dessen Geschäften die Volksmassen beteiligt werden müßten, solle gleichzeitig die allgemeine Wirtschaftsleitung übernehmen, wobei - auf moralisch-ethischen Prinzipien des Islam beruhend - gegenseitige Achtung und Vertrauen zwischen den einfachen Mitgliedern der islamischen Gemeinde und ihren Führern erstrangige Bedingungen für die Schaffung einer islamischen Wirtschaft seien.

- Als Instrumente der Wirtschaftsleitung und Kontrolle sollen Abgaben, Steuern und diverse Verbote dienen(10). Wucherpraktiken seien kritikwürdig /TĀLEGĀNI 1965, S.177;ŠARI'ĀTI Hağğ S.139/.

- Privateigentum an Grund und Boden in der Landwirtschaft müßte bewahrt werden. TĀLEGĀNI schlug in diesem Zusammenhang vor, daß nur verödeter Boden von Grundbesitzern an landlose Bauern vergeben werden solle, wobei die Bedingungen, zu denen die Bauern die Böden bearbeiten sollten, von TĀLEGĀNI nicht näher erläutert werden./DOROŠENKO 1985, S.173/

Die hier skizzierten Vorstellungen über Wege zur islamischen Wirtschaftsordnung sind, soweit der Autorin bekannt, in keinem der Werke TĀLEGĀNIS und ŠARI'ATIS komplex und systematisiert beschrieben, sondern finden sich lediglich als Einzelvorstellungen im Zusammenhang mit der Erörterung bestimmter Sachfragen bzw. in Disputen über das Verständnis verschiedener Kategorien, so daß in Wirklichkeit nur von Denkansätzen und nicht von Konzeptionen gesprochen werden kann.

Da die Unterschiede in den konzeptionellen Ansätzen der verschiedenen iranischen Ideologen und Theoretiker besonders in den Erörterungen eingangs erwähnter konstitutiver Kernelemente der Wirtschaft sichtbar werden, möchte die Autorin die Auseinandersetzung um das Verständnis eines dieser Elemente herausgreifen, und zwar die <u>Diskussion um Eigentumsfragen</u>.(11) Das Herausgreifen gerade dieser Kategorie scheint der Autorin aus folgenden Gründen sinnvoll: Erstens, die Fragen des Eigentumsrechts werden von Vertretern aller Richtungen in verschiedener Weise zur Begründung der Leitlinien islamischer Konzepte herangezogen. Zweitens können - nach Meinung der Autorin - anhand der Stellung zu verschiedenen Eigentumsverhältnissen und -formen, nicht nur Aussagen für die ökonomischen Beziehungen innerhalb der Gesellschaft, sondern auch Schlußfolgerungen in Bezug auf Demokratisierungstendenzen im Bereich der Wirtschaft, Bestrebungen zur Stimulierung effektiverer Nutzung innerer Ressourcen durch die Bewahrung bzw. Belebung von Eigenverantwortung und Eigentümerbewußtsein, bestimmte Mechanismen der Verteilung des volkswirtschaftlichen Endproduktes, die Einbindung in die internationale Arbeitsteilung usw. abgeleitet werden. Diese Schlußfolgerungen spielen für die Beantwortung der Frage nach den unterentwicklungsreduzierenden Potenzen islamischer Wirtschaftskonzeptionen eine wichtige Rolle.

In ŠARI'ATIS und TĀLEGĀNIS Auseinandersetzung über das Verständnis verschiedener Kategorien wird die Eigentumsfrage besonders hervorgehoben, da beide Theoretiker der Meinung sind, daß die ökonomischen Beziehungen von Eigentumsverhältnissen abhängen. Deutlich wird dies unter anderem in TĀLEGĀNIS Werk "Islam und Eigentum", in welchem der Autor ausführlich auf das historisch gewachsene Verhältnis des Islams zum Eigentum eingeht. ŠARI'ATI seinerseits behandelt diese Thematik in mehreren seiner Schriften, wobei er von der These ausgeht, daß "das Eigentum Gottes Eigentum des Volkes" sei. Diese Aussage belegt er mit mehreren Zitaten aus dem Koran. /ŠARI'ATI Din aleih-e, S. 34,35/ Er bezeichnet das gesellschaftliche Eigentum als "Basis der gerechten sozialistischen Gesellschaft, welche nur im Ergebnis von Revolution, Krieg oder innerem Umsturz" /ŠARI'ATI Eslāmšenāsi S.90/ entstehen könne, schließt allerdings die Möglichkeit nicht aus, die Gesellschaft mit friedlichen Mitteln, d.h. durch Reformen, zu verbessern. Insgesamt plädiert er in diesem Zusammenhang für eine Konzeption, die sowohl die Forderung nach radikaler Umgestaltung der Gesellschaft als auch das Prinzip der Gewaltlosigkeit in den Beziehungen zwischen den einzelnen sozialen Schichten der Gesellschaft beinhaltet /Iranskaja revoljucija S.88/.

Daß beide Theoretiker dem gesellschaftlichen Eigentum den Vorrang geben, bedeutet jedoch keinesfalls die Ablehnung des Privateigentums insgesamt. Aus dem allgemeinen Kontext ihrer Ansichten wird deutlich, daß sie die Bewahrung des Kleineigentums für möglich und notwendig halten, die Einhaltung bestimmter Eigentumsgrenzen durch Steuerfreiheit fördern wollen und auch großes Privatkapital als der Gesellschaft dienlich erachten. So müsse z.B. - TĀLEGĀNI zufolge - bis zu einer bestimmten Eigentumsgrenze im Geldäqivalent (Nisāb) Steuerfreiheit gewährt werden. Dieses steuerfreie Minimum an materiellen Mitteln, welches im Laufe eines Jahres zur Sicherung des Lebensunterhalts einer Familie notwendig wäre, müsse von einem

"Moǧtahed der Zeit" bestimmt werden, stelle also eine den gesellschaftlichen Veränderungen anzupassende Größe dar. Direkte und stabile Steuern in Form von Chums und Zakāt sollten dann gezahlt werden, wenn die Eigentumsgrößen die Norm des Nisāb überschreiten würden /TĀLEGĀNI 1965, S.147,188/. Somit habe auch der Staat Interesse an der Förderung großen privaten Kapitals, welches demzufolge keinen sozialen Makel einer islamischen Gesellschaft darstelle, sondern ihren Interessen diene /TĀLEGĀNI 1965, S.81/.
Das sogenannte "Arbeitseigentum" wird von beiden Theoretikern als durch den Islam erlaubt und für die Schaffung eines gerechten islamischen ökonomischen Systems für notwendig angesehen, unter der Bedingung, daß es der Entwicklung des gesellschaftlichen, kollektiven Eigentums nicht schadet. Diese Voraussetzung solle auch für die anderen Eigentumsformen gelten.

Obwohl ŠARI'ATIS und TĀLEGĀNIS theoretische Denkansätze zur Schaffung einer islamischen Wirtschaftsordnung teilweise - bei beiden in jeweils unterschiedlichem Maße - fundamentalistische Züge tragen, sehen sie die Rolle des Islam anders, als die Mehrzahl der klerikalen Fundamentalisten. Während letztere den Islam als Ziel des Kampfes auffassen /KEISER S.673/, soll er - so ŠARI'ATI - ein "**Mittel, ein Weg , kein Ziel**" sein /ŠARI'ATI 1979, S.73/. ŠARI'ATI ging im Gegensatz zu TĀLEGĀNI sogar soweit, zu äußern, daß die weitere Existenz eines offiziellen Standes der schiitischen Geistlichkeit nicht notwendig wäre und seine Rolle von der Intelligenz übernommen werden müsse /LUKOJANOV S.83,84/, da die progressive Intelligenz die einzige Kraft sei, die den Islam in der heutigen Zeit richtig interpretieren könne und somit nur durch sie eine Rückkehr zum "wahrhaften Islam" erreicht werden könne /Iranskaja revoljucija, S.86/. Dabei geht ŠARI'ATI ebenso, wie BĀZARGĀN und BANISADR "davon aus, daß der Islam nicht fortschrittsfeindlich sei und wegen seiner positiven Haltung zur modernen Wissenschaft und Technologie eine Antwort auf materialistische

Ideologien bereithalte" /YANN S.127/.

Obwohl die Ideen von ŠARI'ATI und TĀLEGĀNI in ihrer Gesamtheit entscheidend zur Mobilisierung der iranischen Massen gegen das Schahregime beigetragen hatten - dies betraf insbesondere die Anhänger linker islamischer Bewegungen und Vertreter nichtproletarischer werktätiger Schichten sowie eine Reihe iranischer Geistlicher vor allem niedrigeren Ranges - hatten und haben ihre Grundaussagen kaum Relevanz für die Wirtschaftspolitik der Islamischen Republik Iran. Das mag vorrangig daran liegen, daß die meisten, die religiöse und politische Landschaft des Iran entscheidend prägenden klerikalen Führungskräfte diese Mischung aus tief religiösem, stark mystisch gefärbtem Humanismus, antiimperialistischen Positionen und Lehrsätzen westeuropäischer Soziologen /PREIßLER 1986, S.158/ - letzteres vor allem bei ŠARI'ATI -, wegen ihres teilweise scharf antiklerikalen und theologisch oft unexakten Gehalts nie anerkannten /FISHER S.83/.
Einzelne ihrer Ideen fanden jedoch, vor allem durch radikale Vertreter der (wirtschafts)politischen Führungsriege, **Eingang in die Wirtschaftspolitik der Islamischen Republik Iran**, so z.B. in den anfänglichen Projekten zur Agrarreform, im ersten Entwurf zum Arbeitsgesetz, in den Vorstellungen zur Verstaatlichung des Außenhandels sowie im 1984 eingebrachten Steuergesetzentwurf(11).

Da solcherart angelegte egalitäre, sozialutopische Vorstellungen, wie sie von ŠARI'ATI und TĀLEGĀNI entworfen wurden, den Befindlichkeiten und Hoffnungen breiter Bevölkerungskreise in Ländern mit Massenarmut und -elend nach wie vor sehr nahe sind, werden auch künftige iranische Regierungen - wollen sie sich eine breite soziale Basis als Machtgrundlage erhalten in der einen oder anderen Form (und sei es auch nur unbewußt) daran anknüpfen müssen.

3.2. Bürgerlich-liberale Vorstellungen und Versuche ihrer Realisierung unter der Regierung Bāzargān

Für ein liberales ökonomisches System, nach islamischen Grundsätzen funktionierend, und auf Zusammenarbeit eines relativ starken staatlichen Sektors mit dem Privatunternehmertum basierend /AGAEV 1984a, S.150/, plädieren vor allem Ajatollah ŠARI'ATMADĀRI, M.BĀZARGĀN und seit 1981 auch A.BANISADR.
Sie entwickelten ihre theoretischen Vorstellungen in erster Linie in kritischer Reflexion auf die gesellschaftlichen Zustände unter den Bedingungen forcierter Modernisierung des Iran in den 60er und 70er Jahren. BĀZARGĀN legte seine Gedanken in einer Reihe von Schriften nieder[13], während ŠARI'ATMADĀRIS Ideen vorrangig durch Interviews und auf religiösen Veranstaltungen verbreitet wurden. Ihre Kritik an den iranischen Verhältnissen verbanden sie mit der Suche nach den Ursachen der Entstehung und Vertiefung der Unterentwicklung im islamischen Raum.
Sie verweisen in diesem Zusammenhang **sowohl** auf **"Defekte"** der bisher **in der Welt herrschenden Gesellschaftssysteme** und der daraus resultierenden weltwirtschaftlichen Beziehungen **als auch** auf **endogene Ursachen**, die es dem Westen erst ermöglicht hätten, seine Position als Maßstab der Weltentwicklung durchzusetzen und somit Unterentwicklung zu konservieren. BĀZARGĀN bezieht sich hier vor allem auf den Bereich des moralischen Zustandes einer Gesellschaft. Für den Iran konstatiert er, daß durch den Einfluß der westlichen Lebensweise - der wesentlich durch die innere Despotie gefördert wurde - die moralischen Qualitäten, die einst der Entwicklung des Iran gedient hätten, verkommen seien und daß sich die Iraner passiv und fatalistisch in ihr von anderen aufgezwungenes Schicksal ergeben hätten /BĀZĀRGAN The Inevitable, S.50-59/, womit sie zu einer eigenständigen, den spezifischen iranischen Bedingungen entsprechenden Entwicklung nicht mehr fähig gewesen wären.

Im Unterschied zu CHOMEINI und seinen Anhängern beschränken

sich o.g. Autoren jedoch nicht nur auf ethische Aspekte, sondern messen auch den Fragen der Wirtschaftsentwicklung und der Rolle der Wirtschaft in Bezug auf den allgemeinen Fortschritt des Landes und die Überwindung der Folgen der Unterentwicklung vorrangige Bedeutung zu, betrachten ökonomische Weiterentwicklung als Basis gesellschaftspolitischer Veränderungen. Gleichzeitig verweisen sie darauf, daß die ökonomische Entwicklung des Iran von den weltwirtschaftlichen Beziehungen nicht abgekoppelt werden dürfe. Im Gegensatz zu Bestrebungen einer Selbstisolation Irans bzw. der islamischen Welt insgesamt sei es wichtig, im Bereich der Wirtschaft mit allen Ländern, besonders aber mit entwickelten Industrieländern zu kooperieren, da man nur so an den Entwicklungsprozessen der Welt insgesamt partizipieren könne /LUKOJANOV S.82 ; NOROUZI; ITSCHERENSKA 1982, S.1037/.

Theologisch begründen die Liberalen ihr Plädoyer für eine islamisch reformierte kapitalistische Gesellschaft mit der Argumentation, daß "im Grunde genommen Kapitalismus und die Anlage von Kapital - wenn auch mit Einschränkungen und bedingt - im Islam vorgesehen seien" /Zit. NOROUZI;ITSCHERENSKA 1987, S.195/ und nur durch die islamische Ethik und Moral sowie praktische Wohlfahrtstätigkeit die dabei entstehenden sozialen Konflikte beseitigt werden könnten. Die Entwicklungsfähigkeit der Gesellschaft bedürfe keiner Veränderung der Struktur der gesellschaftlichen Produktion, sondern einer Veränderung des moralischen Zustandes der Mitglieder der Gesellschaft. Dafür brauche die Gesellschaft die Religion - im Falle Irans, den Islam -, denn nur sie könne den gesunden moralischen Geist der Menschen bewahren und entwickeln helfen. Die Massen müßten durch die Geistlichkeit zur Arbeitsliebe und zum Geist sozialer Partnerschaft erzogen werden, damit ihre sozialökonomische Tätigkeit - als Voraussetzung für Entwicklungsprozesse wieder aktiviert werde /BĀZARGĀN Work and, S.50-52/.

Entsprechend diesem Ansatz stehen in der theologischen Diskussion über ökonomische Probleme keine grundlegenden Veränderungen der Produktionsverhältnisse zur Debatte, sondern ihre Reformierung im Hinblick auf die Stimulierung und Aktivierung der wirtschaftlichen und sozialen Tätigkeit breiter Bevölkerungsmassen, was unter anderem anhand der vorrangigen Erörterung der Eigentumsproblematik sichtbar wird. Hier stehen vor allem Fragen des islamisch sanktionierten Eigentums im allgemeinen und des "Arbeitseigentums" im Besonderen im Mittelpunkt.

Das im islamischen Sinne "rechtmäßige Eigentum" müsse sich auf rechtmäßige Arbeit gründen, worunter die o.g. Theoretiker jede gesellschaftlich nützliche Arbeit verstehen, die der Entwicklung des Landes dient. Im Gegensatz zu anderen schiitischen Theologen sehen sie die Arbeit der Geistlichkeit jedoch nicht als die sozial bedeutungsvollste an.

Während CHOMEINI und seine Anhänger in ihren Theorien dafür eintreten, daß unter bestimmten Umständen das "heilige Prinzip" der Unantastbarkeit des Privateigentums verletzt werden könne, treten ŠARI'ATMADĀRI und BĀZARGĀN gegen jegliche Form der Verletzung dieses Prinzips auf. ŠARI'ATMADĀRI führt in diesem Zusammenhang aus, daß der Kapitalbesitzer in der islamischen Gesellschaft das Recht haben müsse, seine Unternehmertätigkeit "für das Wohl der Gesellschaft fortzusetzen". Die islamische Regierung werde "rechtmäßiges Kapital achten, und auch Großeigentümer nicht ihrer Finanzmittel berauben... Objektiv erfolge jedoch eine Verhinderung weiterer Kapitalkonzentration, und zwar durch die Erhebung der zur staatlichen Steuer umzuwandelnden Chums..."/Ettelā'āt 20.1.1979, S.2/. Die Liberalen gehen also davon aus, daß das Kapital durch islamische Institutionen in die Lage versetzt werde, sich im Endeffekt zum Wohle der gesamten Gesellschaft zu entwickeln und sich gleichzeitig selbst zu beschränken.

BĀZARGĀN schließt auch Wucher in die Kategorie "rechtmäßiger Arbeit" ein, verurteilt aber die Form des Wuchers, die "es dem Menschen erlaube, von übergroßen Einnahmen aus verliehenem

Reichtum zu leben, ohne dafür zu arbeiten oder sich physisch anzustrengen" /BĀZARGĀN Work and, S.22/.
Für die Liberalen gehören staatliches und kooperatives Eigentum gleichfalls zum "rechtmäßigen Eigentum", diese Formen sollten neben dem Privateigentum in der islamischen Wirtschaft fungieren. Im Unterschied zu CHOMEINI und seinen Anhängern sind für sie jedoch die Waqf-Böden keine Form des "Arbeitseigentums" und schon gar nicht staatliches Eigentum. Im Bereich der Landwirtschaft plädiert BĀZARGĀN für eine ausgewogene Landverteilung, welche die Produktion nicht negativ beeinflussen dürfe. Große agro-industrielle Komplexe und mechanisierte Farmen sollten in mehrere verschiedene Besitztümer aufgeteilt werden, wobei deren maximalen Größen von den regionalen Bedingungen ahängen würden. Zur Stimulierung einer Dezentralisierung der Böden und Beschränkung der Konzentration von Landbesitz sollten bei der Kreditierung vorrangig kleinere Farmer favorisiert werden. /AFSHAR,H. S.71/
Hinsichtlich staatlichen Eigentums im Bereich der Schlüsselindustrien befinden sich die Liberalen mit anderen schiitischen Theologen im Einklang, sind aber gegen eine Einmischung der Geistlichkeit sowohl in Wirtschaftsangelegenheiten als auch in Politik auf höchster staatlicher Ebene.
Die Wirtschaftsentwicklung solle nach Meinung BĀZARGĀNS und ŠARI'ATMADĀRIS nur durch Spezialisten, d.h. sogenannte professionelle Technokraten mit moderner Bildung und entsprechender Qualifikation kontrolliert sowie allgemein gesteuert werden, wobei die Einflußnahme im wesentlichen dem staatlichen Sektor gelten solle. Die Tätigkeit der Geistlichkeit müsse sich vor allem auf religiöse und moralische Beratung der Regierung und des Volkes beschränken.

Insgesamt hat der Islam für den bürgerlich-liberalen Flügel der iranischen Geistlichkeit vor allem eine **soziale** Funktion und soll als **moralisch-ethisches Kriterium, Korrektiv und stimulierendes Element der Gesellschaftsentwicklung** fungieren. Eine der wichtigsten Funktionen des Islam in der Gesellschaft sei die Mobilisierung der Energie aller Mitglieder der Gesellschaft zur Aufbauarbeit und schöpferischer Aktivität /BĀZARGĀN Work and, S.61-62/. Dem Iran solle, so BĀZARGĀN, "durch den Islam und auf islamische Weise gedient werden, während Herr CHOMEINI ...dem Islam durch den Iran dienen wolle" /BĀZARGĀN 1984, S.111/.

Die soziale Basis der oben skizzierten Ideen setzt sich vorrangig aus großen Teilen der liberalen Intelligenz, der Masse kleinerer Händler und Unternehmer sowie staatlichen und privaten Angestellten zusammen.

Mit dem Sturz des Schahregimes und der Übernahme konkreter Regierungsverantwortung im Verlaufe der islamischen Revolution durch BĀZARGĀN ergab sich theoretisch die Chance des Versuchs, diese Ideen in die Praxis umzusetzen. Wie diese Chance in der Realität - unter den spezifischen Bedingungen der Existenz mehrerer Machtzentren - genutzt wurde bzw. genutzt werden konnte, soll anhand der folgenden Darstellung verdeutlicht werden.

BĀZARGĀN wurde am 5.2.1979 von CHOMEINI zum Chef der Provisorischen Revolutionären Regierung ernannt. Als er am 9.2. sein Regierungsprogramm verkündete standen vor allem politische Maßnahmen zur Debatte, was nicht verwunderte, ließ sich doch aus den oben veranschaulichten Ideen für die konkrete Wirtschaftspolitik ableiten, daß BĀZARGĀN für eine Beibehaltung der wirtschaftlichen Grundstrukturen plädieren würde.
Angesichts der tiefen wirtschaftlichen und sozialen Krise, in der sich der Iran zum Zeitpunkt des Machtantritts BĀZARGĀNS befand(14), waren jedoch schnelle wirtschaftspolitische Maßnahmen gefragt. In Anlehnung an seine liberalen Vorstellungen standen für BĀZARGĀN folgende Aufgaben im Vordergrund:

- der Abbau der gravierendsten volkswirtschaftlichen Disproportionen bei Stärkung der nationalen Industrie,
- die Etablierung eines staatlichen Sektors in den Schlüssel-

industrien,

- die Schaffung eines sozialen Netzes zur Minderung entwicklungsbedingter sozialer Spannungen.

Die Regierung BĀZARGĀN konnte zwar kein klares wirtschaftspolitisches Konzept vorlegen, Bemühungen zur Durchsetzung der genannten Ziele waren aber dennoch erkennbar. So wurden während BĀZARGĀNS kurzer Amtszeit (d.h. bis November 1979) eine Reihe wichtiger wirtschaftspolitischer Maßnahmen initiiert, die - so paradox dies in Bezug auf einen liberalen Politiker klingen mag - in der Geschichte der IRI bis heute an Radikalität und Einfluß nicht übertroffen wurden. Die wichtigsten dieser Maßnahmen waren:

- Stornierung aller Projekte mit Luxus- und Prestigecharakter,
- Aufschiebung von Entwicklungsprojekten, die die Finanzkraft des Landes überstiegen,
- vollständige Nationalisierung und Verstaatlichung der Erdöl- und Erdgasindustrie,
- Konfiszierung des Eigentums des Schahs und seiner Familie (Dieses Eigentum wurde jedoch nicht unter direkte Kontrolle der Regierung bzw. einer staatlichen Organisation gestellt, sondern in Form der Bildung des "Fonds der Entrechteten"(15) gelangte es in die Hände der Geistlichkeit),
- Nationalisierung des Bankwesens und der Versicherungsgesellschaften auf Entschädigungsbasis als Voraussetzung für die spätere Schaffung eines islamischen Bankwesens,
- Annahme eines "Gesetzes zur Verteidigung und Entwicklung der Industrie", was nicht nur die Nationalisierung von großen Unternehmen in Schlüsselbereichen der iranischen Wirtschaft, sondern auch eine faktische Enteignung der 51 größten iranischen Privatunternehmer bedeutete. Unterschiedlichen Angaben zufolge wurden bis Anfang 1980 im Zusammenhang mit der Verwirklichung dieses Gesetzes 70-75% des Industriepotentials Irans verstaatlicht.
- vorrangige Kreditierung kleinerer und mittlerer Betriebe in Industrie und Landwirtschaft,
- Verkündung eines Hilfsprogramms für die Bauern, um will-

kürliche Besetzungen großen privaten Landbesitzes zu vermeiden. Dafür wurde eine weitere islamische Stiftung ins Leben gerufen, die dem Wiederaufbau der ländlichen Gebiete und der Schaffung einer effektiveren Infrastruktur dienen sollte[16],

- Initiierung eines breitangelegten Programmes zur Bekämpfung der Arbeitslosigkeit[17] sowie Schaffung eines Arbeitslosenfonds,
- Besetzung unbebauter Ländereien in Stadtrandgebieten zur Versorgung Wohnungssuchender mit Wohnraum,
- Lohnerhöhungen für Industriearbeiter und niedrigbezahlte Angestellte,
- Vorbereitung eines Projektes zur kostenlosen medizinischen Betreuung.

Diese Maßnahmen zeitigten jedoch keine positiven Ergebnisse in Bezug auf die Verbesserung der wirtschaftlichen und sozialen Situation im Iran, im Gegenteil, die Industrieproduktion sank weiter, Arbeitslosigkeit und Inflationsrate stiegen.[19] Die Möglichkeiten für eine schnelle Verbesserung der Situation waren - angesichts des ökonomischen Erbes und der Unterlaufung vieler Maßnahmen der Regierung durch ökonomisch noch weniger abgesicherte Maßnahmen seitens anderer Machtzentren[18] sowie angesichts der fehlenden Gesamtkonzeption - auch kaum gegeben.

Nach seinem Rücktritt als Regierungschef war BĀZARGĀN jedoch noch weiter politisch tätig und engagiert sich bis heute vor allem im Parlament. Seine sowie ŠARI'ATMADĀRIS und BANISADRS bürgerlich-liberale Positionen im Wirtschaftsbereich werden vorrangig von den Anhängern und Mitgliedern der inoffiziellen religiös-politischen Bewegung "Hoǧatije" in die offizielle Regierungspolitik miteingebracht, wobei BĀZARGĀN die bürgerlich-liberale Fraktion im Parlament anführt. Diese setzt sich nicht nur für eine ökonomische Liberalisierung, sondern vor allem auch für eine Demokratisierung des gesellschaftlichen Lebens und die Einhaltung der Menschenrechte im Iran ein.

Bei all seiner Kritik am jetzigen Regime verläßt BĀZARGĀN jedoch nie den Rahmen einer "islamischen Republik", ist aber nach wie vor der Meinung, daß die religiösen Führer nicht unmittelbare politische Macht ausüben sollten und setzt sich dafür ein, daß die Leitung von Wirtschaft und Staat durch eine "technokratische Elite" erfolgen müsse.
Die Aussichten für eine Liberalisierung des Wirtschaftslebens sind nach dem Tod Chomeinis und mit der Wahl H.Rafsanǧānis zum Präsidenten der IRI gestiegen, obwohl der Gegendruck der Fundamentalisten weiter stark bleiben wird.

3.3. Die kleinbürgerlich-demokratische Variante

3.3.1. Banisadrs Konzept der "monotheistischen Wirtschaft"

Als der Klerus im Verlaufe der islamischen Revolution im Iran vor der Aufgabe stand, aus den allgemein- revolutionären Losungen einen konkreten ökonomischen Inhalt sowie wirtschaftspolitische Entscheidungen bestimmende Grundsätze abzuleiten, stützte er sich zunächst im Grunde genommen auf wirtschaftstheoretische Aussagen des Soziologen und Ökonomen A.BANISADR.
Sein Konzept der "monotheistischen Wirtschaft ", das er vor seiner Wahl zum Präsidenten der IRI entwickelt und propagiert hatte, kam im wesentlichen den Intentionen der Masse kleiner und teilweise mittlerer Handwerker und Unternehmer entgegen und fand somit im Iran eine breite soziale Basis.

Ausgehend von der <u>Kritik an der orientalisch-despotisch geführten Modernisierungspolitik</u> des Schahregimes und an der "Ausbeutung des Volkes durch aus- und inländische Kapitalisten" /BANISADR Maǧmu'e-je, S.170/, die im Iran die rückständigen Verhältnisse nicht beseitigt, sondern vertieft hätten sowie aus der Überzeugung heraus, daß eine Revolutionierung im ökonomischen und sozialen Bereich nur auf Basis "revolutio-

närer Umgestaltung der moralischen und menschlichen Beziehungen nach islamischen Normen" /zit. AGAEV 1984a, S.152/ erfolgen könne, versucht BANISADR eine "monotheistische Wirtschafts- und Gesellschaftsordnung" aus islamischer Sicht zu begründen und seine Vorstellungen zur Überwindung der Unterentwicklung in der "Dritten Welt" darzulegen. Für die Entwicklungsländer verwendet BANISADR in seinen Arbeiten verschiedene Termini, wie zum Beispiel "hinsichtlich des Wachstums zurückgebliebene Länder" (Kešwarhā-je as rošd mānde) oder "Länder auf dem Weg zum Wachstum" (Kešwarhā-je dar rāh-e rošd) /BANISADR Maǧmu'e-je, S.13,188/.
Für den Iran sieht er zum damaligen Zeitpunkt einen Lösungsweg aus der "Sackgasse" durch den Sturz des Schahregimes und die Errichtung einer - auf die islamisch vermittelte Einheit des Volkes gestützten - republikanischen Ordnung, in welcher durch Entwicklungsprogramme und Beseitigung der Abhängigkeiten eine nahezu völlige Unabhängigkeit des Landes verwirklicht werden müßte. /BANISADR Maǧmu'e-je, S.170/.
Im ökonomischen Bereich strebt BANISADR - anknüpfend an ŠARI'ATIS monotheistische Weltanschauung und an dessen Ideal von einer gerechten Islamischen Gesellschaft - eine **monotheistische "Wirtschaft göttlicher Harmonie" auf islamischer Grundlage an, die weder kapitalistisch noch sozialistisch funktionierend, dem fatalen Schicksal einer Konsumgesellschaft entgehen müsse** /zit. AGAEV 1984a, S.151/, in welcher sich der konsumierende Mensch durch die islamische Ethik in einen produzierenden Menschen wandeln würde /BANISADR Sad maġale, S.221/ und welche - auf innere Ressourcen sowie beschränkte innere Bedürfnisse basierend - sich selbst versorgen könne. /Enġelāb-e Eslāmi 19.8.1979, S.2/.

Interessant sind in diesem Zusammenhang - vor allem ob der globalen Sicht - BANISADRS Aussagen zur **Umbewertung der Prioritäten von Wirtschaftswachstum** im Landes- und Weltmaßstab. In seinen "Hundert Aufsätzen" /BANISADR Sad maġāle, S.218,219/ schreibt er - die Folgen der vorwiegend auf Wachstum orientierenden Modernisierungsstrategien kritisierend - unter anderem, Wirtschaftswachstum erfolge real nur dann:

- wenn alle Arbeit und Handlungen unter der Berücksichtigung der Zukunft stattfinden, d.h. auch künftige Generationen die Möglichkeiten haben werden, von den Ressourcen der Erde und des Landes zu leben;
- wenn die zerstörerischen Wirkungen der Wirtschaftstätigkeit auf Natur und Menschen so gering wie möglich gehalten werden;
- wenn zuerst die realen Bedürfnisse aller Menschen nach Essen, Kleidung und Wohnung befriedigt werden und dann auf die Befriedigung der geistigen Bedürfnisse der Menschen orientiert wird;
- wenn Möglichkeiten zur Veränderung der Arbeitsstruktur für jeden Menschen geschaffen werden, d.h. jeder die Chance bekomme, nicht nur ausführende Arbeiten zu verrichten, sondern auch Initiativen und Kreativität zu entwickeln und sich an der Leitung der Gesellschaft zu beteiligen.

Eine andere Form des Wirtschaftswachstums bringe die Menschheit um. Nur unter dem Islam - so BANISADR - seien Veränderungen in die angedeutete Richtung möglich /BANISADR Sad maġāle, S.220/.

Die Antwort auf die Frage, wie er sein - insgesamt von "kleinbürgerlich-demokratischen und egalitaristischen Zügen geprägtes - Gesellschaftsideal" /ITSCHERENSKA;NOROUZI S.923/ erreichen will, bleibt BANISADR zwar nicht schuldig, offeriert aber wiederum auf verschiedene Aufsätze, Interwievs und Reden verteilt, nur "**Einzelmaßnahmen**" und kein komplexes und in sich geschlossenes Entwicklungsmodell. In dieser Hinsicht kann auch hier **nicht** von einer **langfristigen Wirtschaftskonzeption** bzw. Veränderungsstrategie zur Überwindung der Unterentwicklung die Rede sein.

Einige seiner diesbezüglichen Vorstellungen(20) sollten dennoch an dieser Stelle hervorgehoben werden, da er unter den religiösen Führungskräften der IRI anfänglich der Einzige war, der überhaupt konkrete, mehr oder weniger realistische Vorstellungen von einer ökonomischen Programmatik besaß, die dem Iran die Überwindung der Folgen der Unterentwicklung ermöglichen sollten. Außerdem gehörte BANISADR als Wirtschaftsberater zu den engen Vertrauten Chomeinis schon während der letzten Jahre seines Exils in Frankreich und hatte somit auch entscheidenden Einfluß auf die anfängliche Wirtschaftspolitik der IRI.

Zum Hauptprinzip der neuen Wirtschaft erklärt BANISADR die **"Islamisierung und Iranisierung der Konsumenten"**, einschließlich der Beschränkung der Bedürfnisse durch vernünftige Normen und Verschwendungsverbot.
Als vordringlich sieht er in dieser Beziehung die **Veränderung der Beziehungen Irans zum Ausland** an. Diese Veränderung solle zur Liqudierung der einseitigen Auslandsabhängigkeit und zur Umgestaltung der dem Iran vom Westen aufgezwungenen Produktions- und Konsumtionsmuster führen. Dazu sei es notwendig, die stoffliche und geographische Außenhandelsstruktur zu ändern, und zwar dahingehend, daß die nahezu völlige Abhängigkeit der Devisenerwirtschaftung durch Kohlenwasserstoffexport reduziert, die Konsumgüter- (einschließlich Nahrungsmittel-) importe drastisch gesenkt werden müßten sowie eine Ausrichtung der Außenwirtschaftsbeziehungen von einigen großen Hauptländern auf mehrere kleinere Länder erfolgen müßte.
Grundlagen für eine wirklich unabhängige Wirtschaftsentwicklung sollten geschaffen werden, durch die stärkere Integration des Erdölsektors in die gesamte Volkswirtschaft, die Bindung des Erdöls an die Entwicklungspolitik, die vorrangige Entwicklung der Petrochemie, so daß ein **auf Erdöl basierender industrieller Komplex** entstünde. Dieser Prozeß müsse einhergehen, mit einer Diversifizierung der gesamten Volkswirtschaft, mit ihrer zweigstrukturellen und wirtschaftsgeographischen Restrukturierung(21), mit einer Iranisierung der Industrie, d.h. der Ablösung der Montagewirtschaft durch die Entwicklung vorwiegend kleiner und mittlerer einheimischer Betriebe, die

auf eigener Rohstoffbasis arbeiten und Arbeitsplätze schaffen könnten.
Die **Inlandsproduktion** solle **durch erhöhte Kaufkraft der einheimischen Bevölkerung angekurbelt** werden, wozu unter anderem der Abbau von Unterschieden in der Einkommensstruktur der Bevölkerung(22) und die Verminderung der Arbeitslosigkeit notwendig seien.
BANISADR selbst gesteht ein, daß eine dergestaltige Wirtschaftsentwicklung einen schwer und nur langfristig zu verwirklichenden Idealfall darstelle, der möglicherweise überhaupt nicht zu realisieren sei.

Auch für die Entwicklung der **Landwirtschaft** sieht BANISADR Handlungsbedarf, und zwar dahingehend, daß eine **Modernisierung** dieses Bereiches mit der Schaffung bzw. der **Belebung dörflicher Industrie** einhergehen müsse. Er hält in diesem Zusammenhang die Durchführung einer Agrarreform für notwendig, in deren Verlauf, z.B. eine Verteilung des Bodens von Großgrundbesitzern an landlose Bauern erfolgen müsse, wobei er gleichzeitig dafür plädiert, daß diesen Grundbesitzern gleichwertige Neulandböden für produktive Investitionen zur Verfügung gestellt werden müßten.
Die Autorin konnte leider keinen Hinweis darauf finden, von welchen Besitzgrößen BANISADR ausgeht, wenn er von Großgrundbesitz spricht, so wie er sich auch nicht zur juristischen Seite dieses Prozesses äußerte.

Ferner ist BANISADR der Meinung, daß die **Finanzoperationen des Landes durch den Staat kontrolliert** werden müßten, weshalb er sich für die Nationalisierung der Banken ausspricht und für die Gründung von Kreditgenossenschaften eintritt. Er plädiert in diesem Zusammenhang zwar für ein Ribaverbot, ist aber der Ansicht, daß durch die islamischen Gesetze genügend Möglichkeiten einer Prämierung bestünden, die faktisch das Fehlen von Bankzins auf effektive Weise kompensieren und damit Kreditoperationen stimulieren würden.

BANISADR verurteilt die Zentralisierung und Konzentration von privatem Kapital, ist also gegen die Bildung privater Monopole. Gleichzeitig votiert er für die Übernahme der für den Iran lebenswichtigen Industrien durch den Staat, damit der **islamische** aber gleichzeitig **moderne, technokratische Staat vermittels seiner ökonomischen Macht** in die Lage versetzt werde, **Rahmenbedingungen für die o.g. Wirtschaftsprogrammatik** zu **schaffen und soziale Gerechtigkeit materiell abzusichern.** Dazu solle auch die Entlastung des Staatshaushaltes durch Ausgabenkürzungen im militärischen und Verwaltungsbereich dienen.

Für BANISADR liegt die **Wurzel sozialen Übels in ungerechter Verteilung und Konsumtion** /AGAEV 1984a, S.151/, er plädiert aber gleichzeitig für **demokratische Veränderungen im Produktionsprozess**, und zwar dahingehend, daß die "Leitung des Kapitals und die Wirtschaftsleitung" vermittels sogenannter "Leitungskommissionen in den Betrieben" (Mischung aus Betriebsrat und Betriebsgewerkschaftsleitung) getrennt werden müßten. Durch diese demokratische Mitbestimmung der Werktätigen solle nach seinen Vorstellungen, die schrittweise Abschaffung der Ausbeutung möglich werden. In seiner 1978 erschienenen Schrift "Ökonomie für ein soziales Gemeinwesen"(23) behandelt BANISADR die durch den Koran verbotenen 46 Arten der Ausbeutung und Beraubung des Menschen und begründet die Notwendigkeit ihrer Beseitigung für das Funktionieren eines intakten islamischen Gemeinwesens.

Einen zentralen Platz in der theologischen Herleitung o.g. Ziele und Wege zur Schaffung eines islamischen ökonomischen Systems im Iran nehmen wiederum die Eigentumsfragen ein, insbesondere die Idee des "Arbeitseigentums". Dazu äußert sich BANISADR vor allem in seinen Abhandlungen "Die monotheistische Wirtschaft" sowie "Arbeit und Arbeiter im Islam"(24).
Eigentum werde durch Arbeit begründet und niemand habe demnach

das Recht, sich das Arbeitsprodukt anderer anzueignen(25). Eigentum und Besitz würden im Islam nur dann als rechtmäßig anerkannt, wenn sie durch eigene Arbeit entstünden, d.h. - so BANISADR - "der **Islam erkennt nur das relative (nicht absolute) Recht auf Eigentum, basierend auf Arbeit und ihren Erträgen an,**...das Prinzip der Stärke wird als im islamischen Sinne unrechtmäßig angesehen" /BANISADR 1979b, S.4,5/.
Der Autor hebt die unterschiedlichen Arten von Arbeit hervor, so neben der körperlichen vor allem Führungsarbeit und menschliche Initiative. Bei der Produktion von Waren sei - nach seinen Worten - sowohl die Arbeit des Menschen als auch die der Natur notwendig, wobei menschliche Arbeit auch die direkte und indirekte Arbeit der Gesellschaft - sprich öffentliche Leistungen des Staates - impliziere /BANISADR 1979b, S.148,175; Kār wa, S.2/. Gleichzeitig fordere das gesellschaftliche Eigentum, welches gleichberechtigt neben dem auf individueller Arbeit beruhendenden Privateigentum existieren müsse, "einen Teil der Arbeitsergebnisse des einzelnen Individuums und ist somit ein Faktor der Beschränkung von Privateigentum" /BANISADR 1979b, S.5/.
Auch BANISADR sieht somit in den **islamischen Steuern** ein **universelles Mittel**, einerseits die **materielle Sicherstellung des Gemeinwesens zu organisieren sowie die Produktion zu stimulieren** und andererseits die **Eigentumsgrößen zu beschränken**, Monopolisierungsbestrebungen im privaten Bereich entgegenzuwirken. Die durch den Islam zugelassenen Größen privaten Eigentums werden von BANISADR jedoch nur sehr vage benannt. Nach seinen Worten beläuft sich dieses Maximum auf "kleine Handwerksbetriebe" und "kleine Gruben" /BANISADR 1979b, S.169/, was immer man auch unter klein verstehen mag.

Insgesamt strebte BANISADR bis zu seiner Wahl als Präsident der IRI ein - wie MÜLLER schreibt - "seinem Wesen nach reformkapitalistisches, pluralistisches Gesellschaftsmodell mit stark egalitären Zügen an, das er mittels **religiöser Aufklärung** zu erreichen hoffte" /MÜLLER S.347/.

Die Rolle des Islam sieht BANISADR weiterhin darin, daß dieser als **"Transmitter" der Einheit des Volkes** fungieren müsse, einer Einheit, die er für notwendig hält, damit das Volk gegen in- und ausländische Despoten sowie Ausbeuter siegreich sein könne /BANISADR Maǧmu'e-je, S.170/.

In Verantwortung genommen, seine Vorstellungen auch umzusetzen tendierte BANISADR als Präsident der IRI (1980-1981) sowie auch später im Exil in Frankreich[26] eher zu bürgerlich-liberalen Positionen, die er - als Politiker vor allem pragmatisch denkend - unter dem sich im Iran zu jener Zeit entwickelnden politischen Kräfteverhältnis und angesichts bestimmter ökonomischer und sozialer Sachzwänge für die einzig resalisierbaren hielt.

Viele seiner hier dargelegten Grundgedanken kamen aber in der anfänglichen Entwicklung der IRI bei der Formulierung wirtschaftsrechtlicher und -politischer Vorsätze zum Tragen, so zum Beispiel in der Verfassung des Landes, in den ersten Gesetzentwürfen zur Agrarreform[27] und zum Arbeitsrecht[28] sowie auch noch später im Entwurf des ersten Entwicklungsplanes der IRI.
Die Autorin möchte im folgenden einzelne Abschnitte der Verfassung und Grundlinien des Entwicklungsplanes 1983/84-1987/88 herausgreifen, um dies zu verdeutlichen.

3.3.2. Die Wirtschaftsproblematik in der Verfassung der IRI

Die durch ein im Dezember 1979 durchgeführtes Referendum angenommene neue Verfassung der IRI[29] enthält spezielle Aussagen zur Wirtschafts- und Sozialordnung, worin sich, wie schon erwähnt wesentliche Züge von BANISADRS ökonomischen Modell wiederfinden.
Neben allgemeinen in der Verfassung enthaltenen Grundsätzen für die zu schaffende Wirtschaftsordnung beschäftigt sich das

Kapitel 4 (Artikel 43-55) ausschließlich mit Fragen der Wirtschaft und Finanzen(30), und zwar werden Ziele, Aufgaben und Methoden der islamischen Wirtschaft spezifiziert.
Als wichtige Ziele werden das **Streben nach Unabhängigkeit der nationalen Wirtschaft, die Ausrottung der Armut und die breite Befriedigung von Grundbedürfnissen** betont.
Letztere sollen laut Verfassung beinhalten: Wohnung, Kleidung, Nahrung, Hygiene, Gesundheitsfürsorge, Allgemein- und Berufsbildung, entsprechende Bedingungen für die Gründung einer Familie.
Es wird festgeschrieben, daß Arbeitsmöglichkeiten für alle arbeitsfähigen Mitglieder der Gesellschaft geschaffen werden sollten, um Vollbeschäftigung zu sichern, wobei der Schwerpunkt auf Arbeitsbeschaffungsprogramme im kooperativen Sektor der kleinen und mittleren Industrie und in Zweigen, die den wichtigsten Bedürfnissen der Entwicklung der nationalen Industrie in jeder ihrer Wachstumsphase entsprechen, gelegt wird.
Gleichzeitig wird betont, daß die Wirtschaftsstruktur so entwickelt werden soll, daß nicht nur das Bedürfnis nach körperlicher Arbeit, sondern auch die Bedürfnisse nach intellektueller Entwicklung sowie demokratischer Mitwirkung im politischen Leben befriedigt werden können. Neben freier Arbeitsplatzwahl werden die Verhinderung von Ausbeutung, Monopolisierung, Spekulation und anderer ungesetzlicher Geschäfte festgeschrieben, desweiteren das Verbot von Extravaganz und Verschwendung in allen Abschnitten des Reproduktionsprozesses.
An mehreren Stellen wird das Prinzip der Selbstversorgung erwähnt, wobei die Notwendigkeit sowohl einer Erhöhung der Produktion in den Bereichen Agrar-, Tier- und Industrieproduktion als auch der Aneignung wissenschaftlich-technischen und fachlichen Expertenwissens unterstrichen wird.

Das **Wirtschaftssystem soll aus drei Sektoren bestehen:** dem **staatlichen**(31), dem **genossenschaftlichen**(32) und dem **priva-**

ten[33], die durch **systematische und ausgewogene Planung** miteinander verbunden werden sollen.
Alle drei Eigentumsformen werden laut Verfassung gesetzlich geschützt, solange sie der Verfassung nicht zuwiderlaufen, den islamischen Normen nicht widersprechen, ökonomisches Wachstum befördern und der Gesellschaft nicht schaden.
Hervorgehoben wird durch die Verfassung ebenfalls die Gleichberechtigung der einzelnen Provinzen bei der Nutzung der Naturressourcen und öffentlichen Gelder.
Der Staat wird verpflichtet, die Einhaltung der Gesetze bei der Konfiszierung unrechtmäßig erworbenen Besitzes zu überprüfen und Rechtmäßigkeit herzustellen.
Bemerkenswert ist, daß als Verfassungsgrundsatz außerdem die **gesellschaftliche Verantwortung für den Umweltschutz verankert** ist. In diesem Zusammenhang werden solche Aktivitäten im Industriebereich und in anderen Bereichen verboten, die die Umwelt verschmutzen oder ihr irreversible Schäden zufügen.
Die jährlichen Haushaltsvorgaben durch die Regierung werden laut Verfassung zum Gesetz erhoben, die Einnahmen des Staates zentral verwaltet und Effektivität der staatlichen Ausgaben wird angemahnt.

3.3.3. Schwerpunkte des iranischen Entwicklungsplanes 1983/84-1987/88[34]

Während die Verfassung vor allem BANISADRS Grundideen einer islamischen "monotheistischen Wirtschaft" widerspiegelt, finden sich in den im Gesetzentwurf des ersten Entwicklungsplanes der IRI dargelegten Prioritäten vor allem von BANISADR beeinflußte konkrete Vorstellungen über die Entwicklung des gesamtgesellschaftlichen Reproduktionsprozesses im Iran unter Berücksichtigung der spezifischen Bedingungen des Landes.
Im Vordergrund der Planung stehen kurz zusammengefaßt folgende strategische Ziele:
- weitgehende ökonomische Unabhängigkeit,

- ein größtmögliches Maß an Selbstversorgung,
- effektive Nutzung eigener Ressourcen und Kapazitäten,
- Sicherung der Grundbedürfnisse der Menschen,
- Beseitigung der Arbeitslosigkeit.

Für die Verwirklichung dieser, im wesentlichen "**autozentriert**" **angelegten Entwicklung**, die aufgrund der bis dato gewonnenen Erfahrungen bewußt auf die möglichen komparativen Kostenvorteile aus der internationalen Arbeitsteilung verzichtet, wird insgesamt auf die nachstehenden Schwerpunkte orientiert:
- Propagierung der Bedürfnisbeschränkung und Erhöhung der Investitionstätigkeit;
- beschleunigte ländliche Entwicklung durch schwerpunktmäßige Investitionstätigkeit im Agrarbereich und den damit zusammenhängenden Industriezweigen;
- Verlagerung der Produktion hin zu einfachen Konsumgütern, die auf einheimischer Materialgrundlage in kleineren und mittleren Betrieben ländlicher Gebiete und kleiner Städte hergestellt werden können, um damit gleichzeitig Arbeitskräfte zu binden, Mindesteinkommen für breite Bevölkerungskreise zu sichern, die Migration in die Städte zu stoppen, einheimische Kapazitätan sowie materielle und menschliche Ressourcen effektiver zu nutzen;
- Diversivizierung der Industriezweigstruktur zur Schaffung eines vollständigen Reproduktionsprozesses auf einheimischer Grundlage, wobei hier die Hauptanstrengungen der Schwerindustrie und der vertikalen Integration der Zweige der gesamten gewerblichen Produktion gelten;
- Schaffung von Voraussetzungen für eine langfristige Liquidierung der doppelten Abhängigkeit der Industrie vom Erdölsektor durch effektive Nutzung der aus dem Kohlenwasserstoffexport erzielten Gewinne bei gleichzeitiger stärkerer Nutzung dieser Rohstoffe im Inneren des Landes durch den Ausbau der Petrochemie;
- Steigerung der Nichterdölexporte (Die beiden letztgenannten Punkte verweisen darauf, daß die IRI keineswegs eine völlige

weltwirtschaftliche Isolation anstrebt.);
- verstärkte Anstrengungen zur Entwicklung der Forschungskapazitäten und der Heranbildung von fachlich qualifizierten Kadern;
- Erweiterung und Vertiefung ökonomisch fundierter Planung, sowohl des gesamten Reproduktionsprozesses als auch im Bereich der Territorialplanung (einschließlich einer effektiven Siedlungspolitik);
- verstärkte Aufmerksamkeit für den Schutz der natürlichen Grundlagen künftiger Generationen.

Insgesamt reflektieren der Wirtschaftsteil der Verfassung, die ersten Gesetzentwürfe für den Agrarbereich und das Arbeitsrecht sowie der Fünfjahrplanentwurf die Tatsache, daß in der Diskussion um wirtschaftspolitische Fragen anfangs noch kleinbürgerlich-demokratische Kräfte ihre Positionen behaupten konnten. Dies war sicherlich nicht zuletzt auch dem Umstand geschuldet, daß diese Kräfte in Form von BANISADRS Ideen und auch in Form der Visionen der radikaleren Theoretiker, wie ŠARI'ATI und TĀLEGĀNI als einzige über mehr oder weniger konkrete wirtschaftspolitische Vorstellungen verfügten, die von den sich politisch durchsetzenden fundamentalistischen Geistlichen akzeptiert werden konnten, zumal letztere sich bis dahin kaum der Ausarbeitung ökonomischer Konzepte gewidmet hatten.

Ausgehend davon, daß die Ökonomie einen sehr unwesentlichen Platz in der Wertehierarchie eines Moslems habe, wurden bis zu dem Zeitpunkt, zu dem es galt, auch konkrete wirtschaftspolitische Verantwortung zu übernehmen, da man ja auch diesen Bereich in den Händen der Geistlichkeit am günstigsten aufgehoben sah, von den iranischen Fundamentalisten nur sehr allgemeine Vorstellungen über eine islamische Wirtschaft entworfen. Dies wird deutlich, wenn man die Denkansätze CHOMEINIS und seiner Anhänger in diesem Bereich betrachtet.

3.4. Chomeini und seine Anhänger zu Wirtschaftsfragen

3.4.1. Der theokratisch-populistische Ansatz in der Theorie

CHOMEINI und seine Anhänger gehen in ökonomischen Fragen von kleinbürgerlich-konservativen, theokratisch-populistischen Positionen aus und lehnen sich in besonders starkem Maße an das von BAQER SADR ausgearbeitete Werk zur islamischen Wirtschaftslehre(35) an.

Ausgehend von der festen Überzeugung, daß sich die Moslems in ihrem Denken und Handeln vor allem von den im Koran festgeschriebenen moralischen Grundsätzen leiten lassen(36), soll das Funktionieren der islamischen Wirtschaft auf drei Prinzipien basieren: dem gemischten Eigentum, ökonomischer Freiheit in begrenztem Rahmen und sozialer Gerechtigkeit(37).

Das **gemischte Eigentum** setzt sich danach aus drei Formen zusammen: dem Privateigentum, dem gesellschaftlichen Eigentum (omumi) und dem staatlichen Eigentum (doulati), wobei alle drei Formen gleichberechtigt nebeneinander existieren und für jede dieser Formen besondere Handlungsspielräume und Aufgaben gelten sollen.
Die **Grenzen des Rahmens ökonomischer Freiheiten** ergäben sich unmittelbar aus dem Islam selbst, d.h. es werden eine innere Selbstbeschränkung (durch Gewissen und Moral) und eine äußere Beschränkung (durch Ribaverbot und staatliche Kontrolle) als existent angenommen.
Die **islamische Gerechtigkeit** soll auf zwei Prinzipien - der Zusammenarbeit innerhalb der Gesellschaft und dem sozialen Gleichgewicht - beruhen und durch islamische Distributionsformen verwirklicht werden.

Das ökonomische System wird durch SADR als einheitliches

Ganzes und gleichzeitig als Teil der gesamten islamischen Gesellschaft betrachtet. Aus dem Kontext von CHOMEINIS Arbeiten sowie aus vielen seiner Äußerungen zu Wirtschaftsfragen geht demgegenüber hervor, daß die **Wirtschaft** einen sehr **untergeordneten Teil der islamischen Gesellschaft** darstellt und Fragen der Wirtschaftsentwicklung für die gesamtgesellschaftliche Entwicklung, so auch für die Überwindung der aus "Abhängigkeit und Ausbeutung durch fremde Mächte resultierenden Probleme in den moslemischen Ländern" /CHOMEINI 1979a, S.16/ eine sekundäre Rolle spielen. Das belegen auch die folgenden Worte einer Rede CHOMEINIS aus dem Jahre 1964, mit der er das iranische Volk gegen das "Kapitulationsgesetz" mobilisieren wollte und in welcher seine Überlegungen sowohl zu den Ursachen der Unterentwicklung als auch zur Rolle des Islam bei ihrer Überwindung deutlich werden. "Das Elend der islamischen Völker - so CHOMEINI - beruht auf die Einmischung Fremder in ihre Angelegenheiten. Es sind Fremde, die unsere wertvollen Bodenschätze ausgeplündert haben und immer noch ausplündern... Alle Schichten der Bevölkerung werden aufgefordert, ihre kleinen Querelen untereinander zu überwinden und sich auf den heiligen Weg zur nationalen Souveränität und Beseitigung der Unterdrückung zu machen... Da Islam und der Koran sich in unmittelbarer Gefahr befinden, gibt es für das Volk keine Zeit mehr, sich mit anderen Dingen zu beschäftigen. Die Bedeutung dieser Frage rückt alle anderen Probleme in den Hintergrund... Anstatt Maßnahmen zur wirtschaftlichen Entwicklung des Iran zu treffen, anstatt den Bankrott der Kaufmannsschicht zu verhindern, anstatt die Armen wenigstens mit Wasser und Brot zu versorgen,...sich um die Obdachlosen zu kümmern,... Arbeitsplätze zu schaffen,...verfolgen die Regierenden die ... destruktiven Ziele. Sie stellen zum Beispiel Frauen für Jungenschulen oder Männer für Mädchenschulen ein. Sie drängen darauf, daß Frauen Positionen in Regierungsämtern übernehmen sollen, was einen sittlichen Verfall ohnegleichen bedeutet... Und es gibt niemanden, der sich die Probleme des armen Landes zu Herzen nimmt... Ich sage Hunger, Leid und den Tod vieler

Armen voraus... Von jetzt an (muß) etwas für die Armen getan werden... Es ist notwendig, daß die (islamischen I.H.) Gelehrten das Volk zu dieser unerläßlichen Maßnahme motivieren" /Zit. RIYAHI S.32-35/.
Als CHOMEINI 15 Jahre später eine Grußbotschaft des Papstes erwidert, werden seine Prioritäten noch deutlicher. Er schreibt dort unter anderem: "Was die Wirtschaft betrifft, so muß erwähnt werden, daß wir ein Volk sind, das sich an den Hunger gewöhnt hat... Wir werden fasten, falls sie gegen uns eine Wirtschaftsblockade verhängen... dann würden wir Gerste und Weizen in unserem Lande anbauen, ernten und verarbeiten... In der Woche würden wir uns mit einem Fleischtag begnügen -jeden Tag Fleisch essen, ist ja auch nicht unbedingt etwas Schönes. Wir werden am Tag nur einmal essen... Wenn wir vor der Alternative stehen, unsere Würde zu bewahren oder die Bäuche zu füllen, dann werden wir es vorziehen, unsere Würde aufrechtzuerhalten" /Zit. OPPERSKALSKI S.117/.

Ziel der gesellschaftlichen Umgestaltung auf Grundlage eines in seiner ursprünglichen Reinheit wiederhergestellten Islam soll die "**Annäherung der Menschen an Gott**" sein, was impliziert, daß dem Fortschritt im Bereich der gesellschaftlichen Moral Priorität vor wirtschaftlichem Fortschritt eingeräumt wird /DOROŠENKO 1980, S.65/. Es gelte, eine **harmonische, monotheistische (touhide) Gesellschaft für das Wohlergehen der "Elenden" zu errichten, mit einer sich selbst versorgenden Wirtschaft, die bescheidene und vernünftige Bedürfnisse der Menschen sichern könne.**(38)
CHOMEINI geht in seinen Arbeiten davon aus, daß diese, im Ganzen sehr allgemein formulierten Ziele, erst erreicht werden können, wenn der verborgene Imam erscheine /Zit. DOROŠENKO 1985, S.209/, vertagt sie also auf unbestimmte Zeit und gibt zu verstehen, daß sie nicht allein von der aktuellen Politik abhängen würden.

Einige vage Vorstellungen CHOMEINIS zur Annäherung an diese

Ziele finden sich dennoch in seinen Reden vor verschiedenen Auditorien. Seine Ansätze laufen insbesondere hinaus auf:

- begrenzten Staatsinterventionismus,
- weitgehende weltwirtschaftliche Isolation des Landes,
- Beschränkung von Eigentumsgrößen und Kapitalkonzentration,
- karitative Unterstützung der "Entrechteten" durch islamische Institutionen und Stiftungen,
- Islamisierung des Bankwesens und des Steuersystems,
- prioritäre Entwicklung der Landwirtschaft und Kleinindustrie bei gleichzeitiger Dezentralisation industrieller Produktion.

In Anlehnung an SADR , der davon ausgeht, daß "**die Einmischung des Staates in die Wirtschaftsangelegenheiten** eines der Hauptprinzipien im Islam" /SADR Bd.2, S.343/ sei und der Staat durch weitreichende Kompetenzen für Kontrolle und Aufsicht wirtschaftlicher Aktivitäten /SADR Bd.2, S.328-331/ das Funktionieren der Gesellschaft sowie soziale Gleichheit sichern könne, betonen auch CHOMEINI und seine Anhänger, daß der Staat in Stellvertretung Gottes faktisch absolutes Verfügungsrecht über Eigentum und Recht auf Kontrolle der Eigentumsverhältnisse habe.(39) Anfang der 80er Jahre erfolgt in diesem Zusammenhang auch der Versuch, die unmittelbare Einflußnahme der Geistlichkeit auf das Wirtschaftsleben durch die Theorie des "Welājat-e faġih in der Wirtschaft"(40) zu begründen.

Weitgehende Isolation sollte nach CHOMEINIS Vorstellungen vor allem das Eindringen anderer Ideen, Wertvorstellungen und Lebensweisen verhindern(41) sowie der moralischen Vervollkommnung und der Entwicklung des eigenen Schöpfertums dienen /nach LUKOJANOV S.82/. Auch hier spielen demnach die Wirtschaft beeinflussende Faktoren eine untergeordnete Rolle.

Die **Beschränkung der Kapitalkonzentration und -zentralisation** machen CHOMEINI und seine Anhänger insbesondere von der - mehrdeutig auslegbaren - Rechtmäßigkeit seines Erwerbs abhängig und meinen, die Kapitalkonzentration durch das spezifische islamische Steuersystem verhindern zu können, wobei Chums als die wichtigere Steuerform im Vergleich zu anderen Abgaben, wie z.B. Zakāt gilt. /FERHACHI S.103; LUKOJANOV S.85/

Der Entwicklung eines effektiven **islamischen Banksystems** schenkte CHOMEINI vergleichsweise große Aufmerksamkeit. /AMIN 1986, S.87/ Wenn er in diesem Zusammenhang "Riba als die schlimmste Form der Ausbeutung" /CHOMEINI Maǧmu'e-je, S.244/ anprangert, so meint er damit offensichtlich nur Wucherzins und tritt nicht für ein völliges Zinsverbot ein. Er erwägt die Möglichkeit der Einführung eines Zinssatzes von einem Prozent und erachtet es für sinnvoll, die Klienten der Banken und anderer Kredit- und Leihunternehmen durch verschiedene im Islam vorgesehene Prämien zu stimulieren. /CHOMEINI Tousih-e, S.340,341,345,470/

Ausführliche Erläuterungen zu einzelnen islamischen Kategorien finden sich in diesem Ansatz besonders zum Eigentum allgemein, zum Arbeitseigentum, zur Arbeit, zu den Produktionsfaktoren(42), zum Zinsverbot, zu amoralischem Unternehmertum usw. Da besonders auch hier die Fragen des Eigentumsrechts zur Begründung der konzeptionellen Leitlinien für die Wirtschaftsordnung herangezogen werden, möchte die Autorin die Interpretation dieser Kategorie im vorliegenden Abschnitt ebenfalls herausheben.

Auch in dieser Frage erfolgt eine starke Anlehnung an SADRS Ausführungen zur Eigentumsproblematik. Letzterer verweist z.B. wiederholt darauf, daß nur **"Arbeit die Quelle privater Rechte und Verfügung über natürliche Reichtümer"** sei(43). Die Säule der islamischen ökonomischen Methode ist nach SADRS Auffassungen das sogenannte gemischte (siehe oben) und zweiseitige Eigentum /SADR Bd.2, S.142,143/.
Letzteren Ansatz nutzt CHOMEINI in seinem 1981 erschienenen

Aufsatz zu "Fragen der Ökonomie" um die Distributionsprinzipien für die in der Produktion geschaffenen Werte zu erläutern. Der Arbeitslohn werde danach unmittelbar durch die Arbeitsergebnisse bestimmt. Dies solle durch die Wiedereinführung der frühislamischen Partnerschaftsverträge Mozaraba(44), Mozare'e(45) und Mosaġat(46) möglich werden, und zwar in der Form, daß bei einer bestimmten Tätigkeit "die Beteiligung von Kapital und Arbeit vorgesehen ist und die Einnahmen aus dieser Beteiligung unter beiden Seiten entsprechend einer Vereinbarung aufgeteilt werden - die Hälfte oder $^1/_3$ bekommt derjenige, der seine Arbeitskraft investiert" /CHOMEINI Masā'el-e 1981-82, S.29/. Dadurch werde der Arbeiter an qualitativ guter und effektiver Arbeit interessiert, da im Falle von Verlusten, sowohl der Arbeiter als auch der Unternehmer je einen Anteil des Verlustes trügen /CHOMEINI 1981-82, S.29/.

Als **rechtmäßig** gelten sowohl **private**, als auch staatliche sowie in einigen Fällen auch gesellschaftliche und genossenschaftliche Eigentumsformen.

Die Anhänger CHOMEINIS plädieren für eine Beschränkung der Ausmaße des Großkapitals und für das Verbot von Monopolvereinigungen. In der Regel erfolgt jedoch keine Nennung einer maximalen Obergrenze. Daß jeder Mensch das Recht habe, soviel zu besitzen, wie er für die Befriedigung der vernünftigen Bedürfnisse seiner Familie benötige /Zit. LUKOJANOV S.84/ oder daß Eigentum generell nur akzeptabel sei, wenn es ohne Wucher und ohne Ausbeutung - ohne nähere Definition des letzteren Begriffes - erworben worden sei /CHOMEINI 1979a, S.20/, deutet lediglich eine moralische Selbstbeschränkung an.

Im Rahmen des **staatlichen Eigentums** stellt CHOMEINI das Eigentum "**anfal**" (geschenktes) und das Eigentum "**achmās**" (Plural von Chums) heraus. Zur ersten Kategorie rechnet er Naturreichtümer (Boden, Gewässer, Wälder, Berge usw.), welche sich nicht in Privatbesitz befinden; Boden und Besitz von Nichtmoslems, die auf friedlichem Wege zum Islam übergetreten sind; Eigentum der Schahfamilie, welches im Kampf erobert wurde; alles, was

durch den "kämpferischen Islam" von Ungläubigen erobert wurde; Eigentum von verstorbenen, die keine Erben hinterließen u.a. Zur zweiten Kategorie gehören, nach CHOMEINI, Einnahmen aus der Steuerart Chums, die auf Kriegsbeute, Einnahmen aus der Ausbeutung von Naturreichtümern, Einkünfte aus dem Handwerk usw. erhoben werden soll /CHOMEINI 1983, S.37,38/.
Daneben stellt CHOMEINI noch das sogenannte **gesellschaftliche oder nationale Eigentum** heraus. Darunter versteht er die Mittel, die unter anderem durch Zakāt auf landwirtschaftliche Produkte und auf Besitz "einflußreicher Leute", durch freiwillige Steuern, Einnahmen aus eroberten Gebieten, aus Eigentum der Moscheen und durch Loskaufen von verschiedenen religiösen Vergehen eingenommen werden /CHOMEINI 1983, S.38/. Dieses Eigentum soll zur Entwicklung des Bildungswesens, für die Finanzierung des Baus von Industriebetrieben, die Entwicklung der Energiewirtschaft und der Infrastruktur, die Schaffung einer modernen Armee usw. eingesetzt werden. Für die genannten Zwecke sollen auch staatliche Mittel genutzt werden /CHOMEINI 1983, S.39/.

Insgesamt lassen sich die Verfechter von CHOMEINIS Ansichten davon leiten, daß für die gegenwärtige sowie künftige Wirtschaftspolitik der <u>Islam alle Regeln und Lösungen bereithält</u> /FERDOWS S.128-130/ und das islamische Wirtschaftssystem perfekt und für alle Zeiten gültig ist...bislang nur noch nicht verwirklicht worden sei /CHOMEINI 1943, S.256-258; FERDOWS S.128-130/.
Im Gegensatz zu den nach Reformierung des Islam strebenden Theoretikern (3.1.-3.3.) bauen CHOMEINI und seine Anhänger auf den **Islam nicht nur** als **mobilisierenden und für die Gesundung der gesellschaftlichen Moral nötigen Faktor, sondern** sehen in ihm auch ein **konkretes sozialökonomisches Modell, das es exakt zu verwirklichen gilt.** Da dieser ökonomische Rahmen aber nur auf einer allgemeingesellschaftlich durchgesetzten islamischen Moral basierend funktionieren kann, liegt der Schluß nahe, daß es den islamischen Fundamentalisten zuallererst um das Errei-

chen eines solchen moralischen Zustandes der Gesellschaft geht, "die Organisation der Volkswirtschaft erfolge dann im Selbstlauf, einfach aus der Anwendung der islamischen Wirtschaftsvorschriften heraus" /FERDOWS S.130/.

Diese, in Fragen der Ökonomie - aus der Sicht der Autorin - äußerst simplistische, naive und illusorische Position mußte von CHOMEINI und seinen Anhängern, angesichts der ökonomischen und sozialen Sachzwänge, schon bald nach dem Sturz des Schahregimes aufgegeben werden. Wollten die Theokraten ihren Machtanspruch in allen Bereichen wirklich durchsetzen, waren sie notwendigerweise gezwungen, sich intensiver mit wirtschaftspolitischen und -strategischen Fragen zu beschäftigen und ihre Positionen in einigen Fällen auch zu relativieren.
So fanden einzelne Aspekte des oben dargestellten theokratisch-populistischen Denkansatzes zur Schaffung einer "islamischen Wirtschaft" ihren Niederschlag in einer Reihe von Konzeptionen, Gesetzentwürfen und in der praktischen Wirtschaftspolitik. Als Beispiele seien an dieser Stelle genannt:

- das ökonomische Programm der Islamisch-Republikanischen Partei (IRP),
- die Bemühungen zur Islamisierung des iranischen Bankwesens,
- die Gründung und Tätigkeit verschiedener religiöser Stiftungen und Organisationen,
- Chomeinis Fetwas und andere Stellungnahmen zur Klärung bestimmter strittiger Fragen im ökonomischen Bereich.

Dazu im folgenden einige Ausführungen.(47)

3.4.2. Die ökonomische Programmatik der IRP(48)

Das Programm der IRP wurde im Februar 1981 angenommen, sein ökonomischer Teil kann als offizielles Konzept der Wirtschaftsentwicklung betrachtet werden, da diese Partei zu jener Zeit im Prinzip Staatspartei war.

Neben einer Reihe von Aussagen zu allgemeinen Zielen der wirtschaftlichen und sozialen Entwicklung, die den in der Verfassung dargelegten Grundsätzen entsprechen, gibt es einige konkrete Passagen, die in ihrem Grundanliegen doch andere Akzente setzen.

So wird zum Beispiel davon ausgegangen, daß der **größte Teil** des Besitzes in einer islamischen Wirtschaft **staatliches oder gesellschaftliches Eigentum** sein müsse. **Individuelles Eigentum** in Form von beweglicher und unbeweglicher Habe (Geld, Gegenstände, Autos und Häuser, Geschäfte, Gärten) sowie Produktionsmitteln (landwirtschaftliche Geräte, Werkbänke, medizinische Geräte usw.) **werde geschützt.**
Gleichzeitig weisen die Verfasser des Programms darauf hin, daß "Privateigentum an Produktionsmitteln ein günstiger Nährboden für die Ausbeutung und Unterdrückung der Menschen" sei, welche gezwungen würden, "ihre Arbeitskraft oder die Ergebnisse ihrer Arbeit für Lohn zu verkaufen. Die islamische Gesellschaft" sei demgegenüber "verpflichtet, den Nährboden für Ausbeutung sowohl individueller als auch staatlicher Form zu beseitigen... Eigentum an Produktionsmitteln durch Personen oder Privatfirmen" sei "die Basis der Entstehung von Ungleichheit und um diese abzuwenden" müßten "geeignete Maßnahmen ergriffen werden." Diese Maßnahmen werden mit Verweis auf Paragraph 44 der Verfassung beschrieben, in welchem es um die drei zugelassenen Eigentumsformen geht (siehe Ausführungen zur Verfassung im Abschnitt 3.3. vorliegender Arbeit). Aus diesem Zusammenhang wird deutlich, daß es **keinesfalls um die Abschaffung von Privateigentum, wohl aber um die Beschränkung seiner Größe** in jedem einzelnen Fall geht und daß **mit individuellem Eigentum somit kleines Privateigentum gemeint** ist.

Die Tendenz zur **Orientierung auf Kleinproduktion** in diesem Programm wird auch deutlich in den Formulierungen zur "praktischen Wirtschaftsstruktur".
Diese solle so beschaffen sein, daß sie sich "nur aus kleine-

ren Privatbetrieben, geleitet von einer Person oder einer Gruppe von Personen in Form einer Šerkat(49) zusammensetzt. Die Arbeiter dieser Betriebe seien "entweder unabhängige Werktätige oder selbst die Besitzer." Dem Programm zufolge soll diese Kleinproduktion - als Basis für den privaten und genossenschaftlichen Sektor - eine "konstruktive" Konkurrenz zum staatlichen Sektor bilden, dem offensichtlich alle Großbetriebe gehören sollen. Diese "gesunde und konstruktive Konkurrenz von staatlichem, genossenschaftlichem und Privatsektor" werde - so der Programmtext weiter - "die Entwicklung der Wirtschaft fördern...und die Umwandlung des staatlichen Sektors in einen Großkapitalisten verhindern."

Eine Anpassung islamischer Normen an die heutigen Verhältnisse erfolgt vor allem in Bezug auf die extraktive Industrie und die Erlaubnis von Profit aus kommerzieller und industrieller Tätigkeit.(50)

Im Gegensatz zum Wirtschaftsteil der Verfassung ist der ökonomische Abschnitt des IRP-Programms insgesamt vom starken Einfluß der frühislamischen Auffassungen geprägt und, nach Ansicht der Autorin, in seiner dahingehenden Radikalität noch weiter entfernt von den sozialökonomischen Gegebenheiten und Möglichkeiten des Iran, als die Verfassung. Die zehnjährige Entwicklung der IRI hat außerdem bisher gezeigt, daß dieser ökonomische radikal-fundamentalistische Ansatz von seinen Verfechtern selbst kaum in die praktischen Debatten einfloß, wohl weil ihre Realitätsferne begriffen wird.

3.4.3. Konstituierung und Aktivitäten religiöser Stiftungen

Zur effektiveren Umverteilung der durch die islamische Gesellschaft eingenommenen Mittel für die Armen und "Entrechteten" wurden unter Einbeziehung CHOMEINIS Gedanken zum staatlichen und gesellschaftlichen Eigentum sowie in Anlehnung an schiiti-

sche Traditionen sogenannte islamische Wohltätigkeitsorganisationen ins Leben gerufen - verschiedene "Kommitees", "Stiftungen, "Fronten". Ihnen sollten vor allem soziale und strukturpolitische Aufgaben zukommen.
In erster Linie wären hier die "Stiftung der Entrechteten" (Bonjād-e Mostaz'afin), die "Nationale Aufbauorganisation" (Ǧihād-e Sāzendegi), aber auch die "Märtyrerstiftung" (Bonjād-e Šahid-e enġelāb-e eslāmi), die "Stiftung für Wohnungsbau" (Bonjād-e maskan-e enġelāb-e eslāmi) und die "Stiftung für Flüchtlingsangelegenheiten" (Bonjād-e omur-e mohāǧerin-e ǧang-e tahmili) zu nennen.

Die erstgenannte Stiftung - die **Bonjād-e Mostaz'afin** - ist zugleich die größte ihrer Art im Iran. Sie wurde kurz nach dem Sturz des Schahregimes, am 2.3.1979 gegründet, um, wie es damals hieß, das Eigentum der Schahfamilie und der Kompradorenbourgeoisie so effektiv wie möglich für die Verbesserung des Lebens - besonders der Wohnbedingungen - der "Ärmsten" und "Entrechteten", zu nutzen /Barrasi S.268/.
Das Anfangskapital der Stiftung bestand zunächst aus dem gesamten Vermögen der ehemaligen "Pahlavi Stiftung" sowie einem Großteil nach der Revolution konfiszierter Betriebe und Firmen. Sie war auch Treuhandverwalter der sogenannten bedingt konfiszierten Betriebe, deren Besitzer ins Ausland geflohen waren, denen jedoch die Möglichkeit gegeben wurde, nach Beweis ihrer Loyalität gegenüber der jetzigen Regierung ihren Besitz zurückzuerhalten.
Somit konzentriert die Stiftung ein gewaltiges ökonomisches Potential in ihren Händen, was durch die folgenden Angaben belegt werden soll.
1982-83 kontrollierte die Stiftung bereits 637 verschiedene Betriebe und Einrichtungen, darunter 149 Betriebe der verarbeitenden Industrie, 64 Bergwerke, 238 kommerzielle Einrichtungen, 7 Fluggesellschaften, 60 landwirtschaftliche Betriebe einschließlich einer großen Fläche teilweise sehr fruchtbaren Bodens sowie 419 konfiszierte Gärten./MAMEDOVA 1988, S.161,

162/. Ein Teil der Einnahmen resultiert aus dem Verkauf konfiszierten Vermögens und soll den oben genannten Zwecken zugute kommen. Gleichzeitig kauft die Stiftung aber auch selbst Betriebe auf. So waren 1986 dann schon 1698 Betriebe in ihrem Besitz, womit sie, verschiedenen Angaben zufolge, 10 -15% der iranischen Industrie kontrolliert. Ihr Gesamtkapital wird auf 481 Mrd. Rial ($5,14 Mrd.) geschätzt. /MAMEDOVA 1988, S.162/ Auch im Ausland ist die Stiftung aktiv. So wurde z.B. die Exportniederlassung "Safa" mit einer Zweigniederlassung in der Bundesrepublik gegründet, die sich auf den Export von industriellen und landwirtschaftlichen Produkten sowie mineralischer Rohstoffe spezialisiert hat. /Iranskaja revoljucija, S.360/

Gemessen an ihren ökonomischen Möglichkeiten ist die Stiftung bisher ihrer ursprünglichen Aufgabe, den "Entrechteten" zu helfen, nur in sehr geringem Umfang nachgekommen. Bis 1986 sollen durch sie etwa 20 000 Sozialwohnungen gebaut bzw. deren Bau finanziert worden sein /ROSENKRANZ 1986, S.263/. Desweiteren kommt ein Teil ihrer Einnahmen der Abeitslosenunterstützung zugute.

Konkretere Angaben über die Art der Aktivitäten dieser Stiftung konnte die Autorin nicht finden. Die meisten Berichte über die Stiftung legen die Schlußfolgerung nahe, daß sie sich zu einem ökonomischen und politischen Machtmittel in den Händen des staatstragenden Klerus entwickelt hat, welches nicht zuletzt auch für die eigenen korporativen Interessen der Geistlichkeit genutzt wird.

Dies gilt in gewissem, wenn auch wesentlich geringerem Maße für die zweite der genannten Organisationen - die **Ǧihād-e Sāzendegi**. Ihre innere Struktur wird ebenfalls vom Klerus beherrscht, allerdings handelt es sich hierbei zum großen Teil um jüngere, radikalere Moslems.

Die Ǧihād wurde Anfang 1980 von islamischen Studenten ins Leben gerufen, mit dem Ziel, die Wiederbelebung und Entwicklung der kulturellen, wirtschaftlichen und sozialen Grundlagen des Lebens in den Dörfern zu unterstützen /Barrasi S.271/. Ihre Aktivitäten sollten sich konzentrieren auf:

- die Tier- und Pflanzenproduktion,
- die Schaffung und Wartung gemeinnütziger Dienstleistungseinrichtungen in den Dörfern und Nomadengebieten,
- den Aufbau einer ländlichen Infrastruktur (Verbindungswege, Brücken, Bewässerungs- und Trinkwassernetz, kleine Dämme, Hospitäler usw.),
- Hilfe in der Gesundheitsfürsorge und im kulturellen Bereich,
- später dann auch auf den Wiederaufbau der durch den Krieg zerstörten ländlichen Gebiete /Barrasi S. 271/.

Die Organisation - seit 1983 im Status eines Ministeriums - wird sowohl aus dem Staatshaushalt als auch projektgebunden durch Zuteilungen der jeweiligen Provinzverwaltungen finanziert. Ihre Arbeit soll weiterhin finanziell durch Spenden der Bevölkerung sowie Einnahmen aus der eigenen Tätigkeit abgesichert werden.

Das Hauptaugenmerk der Organisation liegt auch heute noch auf der Entwicklung und Realisierung praktikabler Konzepte für die ländlichen Gebiete. Man konzentriert sich dabei besonders auf solche industriellen Objekte, die eine wachsende Anzahl der arbeitsfähigen Landbevölkerung absorbieren können. Zur Zeit laufen 130 Experimente im Teppichhandwerk, handwerklicher Textilherstellung und ähnlichen Bereichen. In rund 650 ländlichen Gebieten sollen "Entwicklungshilfezentren", wie Schulen, Hospitäler und Traktorenstationen errichtet werden, die von den jeweils umliegenden Dörfern mitgenutzt werden können.

Durch die Ǧihād wurde die Bildung von bisher 40 000 islamischen Räten befördert, die für die Mobilisierung und effektive Kontrolle der Selbsthilfe sowie für die Entwicklungsorganisation verantwortlich zeichnen. 1989 waren etwa 65% der in den Dörfern lebenden Familien in irgendeiner Weise in eines der derzeitigen Programme (Bau und Asphaltierung von 25 000 km Straßen, Versorgung von 11 000 Siedlungen mit Elektrizität und Trinkwasser, Bau von Bädern und Hospitälern) integriert /MEED Special Report, 2.3.1990, S.XVI/.

Vornehmlich durch das idealistische Engagement der jungen Moslems der Ǧihād konnte diese Organisation eine Reihe von Verbesserungen der einfachsten Lebensbedingungen in den ländlichen Gebieten erreichen. Ihrer Wirksamkeit sind aber Grenzen gesetzt, "weil eines der wesentlichsten, das in Bezug auf die soziale Struktur des Landes wohl entscheidenste Problem ausgespart blieb, die Vollendung der Agrarreform" /ROSENKRANZ 1986/.

Letztere ist auch immer wieder Streitpunkt zwischen den beiden Ministerien, die für ländliche Entwicklung zuständig sind. Während das von orthodoxen Bürokraten geleitete Ministerium für Landwirtschaft eine Politik der geringsten Einmischung in die Angelegenheiten der Großgrundbesitzer favorisiert, ist die Ǧihād das dynamische Element in den ländlichen Gebieten und nimmt eine radikalere Haltung zur Agrarreform ein. /MEED Special Report, 2.3.1990, S. XVI/

Insgesamt wird die Effektivität der Arbeit der Ǧihād und das "Überleben" ihres Konzepts von der Entwicklung des Kräfteverhältnisses innerhalb der Regierung abhängen und davon, wie sie selbst in der Lage ist, ihre propagandistischen Ansprüche durch eigene konkrete Arbeit durchzusetzen.

Eine weitere durch den Staat finanzierte Organisation ist die 1980 gegründete **"Märtyrerorganisation"**, deren Betätigungsfeld die Fürsorge und Unterstützung von Familien der Märtyrer und Krüppel der Revolution und des Krieges ist. Ihr obliegt es vor allem, beratend und finanziell unterstützend für die betroffenen Familien zu wirken, spezielle soziale Leistungen für sie zu organisieren und in der ideologischen Arbeit speziell auf ihre Belange einzugehen.

Dazu wurden in Teheran eine Zentrale und in 170 Schahrestans Filialen für verschiedene Ressorts, wie Kultur, gesellschaftliche und internationale Verbindungen, Wohnungsneubau, Ärzteangelegenheiten usw. eingerichtet, durch die die Betreuung der Familien realisiert wird /Barrasi S.277-279/.

Die "Märtyrerstiftung" ist also vor allem eine rein karitative und zum Teil auch Propagandaorganisation, die zwar in gewisser Weise mit dazu beiträgt, bestimmte soziale Härtefälle zu mildern und das Gemeinschaftsgefühl zwischen den Betroffenen zu fördern, gesamtgesellschaftlich gesehen wird sie jedoch uneffektiv, wenn die karitativen Dienste keine ökonomisch begründete Basis haben.

Eine weitere Stiftung mit ähnlich gelagerten Aufgaben ist die **Stiftung für Flüchtlingsangelegenheiten** (Bonjād-e omur-e mohāǧerin-e ǧang-e tahmili), die Mitte 1981 gebildet wurde.
Im Gegensatz zu der zuvor genannten Stiftung orientiert diese jedoch auch auf eigene wirtschaftliche Tätigkeit, durch die den betroffenen Menschen Arbeitsmöglichkeiten geschaffen werden sollen. Das reichte in der Vergangenheit von der Einbeziehung der Flüchtlinge in gemeinnützige Projekte, die Errichtung von kleineren Produktionsstätten in Industrie, Landwirtschaft und dem Dienstleistungssektor bis hin zur Erarbeitung von Vorschlägen und Projekten für den Wiederaufbau geschädigter Gebiete nach Beendigung des Krieges.
Die Tätigkeit der Stiftung wird teilweise aus dem Staatshaushalt finanziert, zum Teil durch die Unterstützung seitens anderer Organisationen und der Bevölkerung sowie aus Einkünften der durch die Stiftung gebildeten Firmen und aus der Beteiligung an anderen Firmen. /Barrasi S.275-277/

Als letztes Beispiel möchte die Autorin kurz auf eine Organisation verweisen, die ebenfalls am Wiederaufbau der Kriegsgebiete beteiligt ist - die "**Stiftung für Wohnungsbau**" (Bonjād-e Maskan-e enġelābe eslāmi-e Iran), die auf Initiative CHOMEINIS schon 1979 gebildet wurde.
Unmittelbar nach der Revolution hatte CHOMEINI das sogenannte "Konto 100" für Spenden der Bevölkerung zur Unterstützung der "Ärmsten" eingerichtet. Diese bildeten das Anfangskapital der Stiftung, die sich vor allem um die Verbesserung der katastrophalen Wohnbedingungen der "Elenden" und "Entrechteten" kümmern sollte. Weitere Finanzquellen waren später Zuweisungen

durch die Bonjād-e Mostaẓ'afin, Mittel aus dem Staatshaushalt, Bankkredite, Einkünfte aus der Produktion und der Verteilung von Baumaterialien sowie aus dem Verkauf von in staatlichen Betrieben hergestellten Teppichen.
Mit Hilfe der Stiftung wurden nicht nur Wohnungsneubau und Reparaturleistungen organisiert, sondern auch Vorzugskredite an ärmere Familien ausgegeben, es wurden Betriebe der Baustoffversorgung errichtet und es sollte auch eine Kontrolle der gerechten Verteilung von Baumaterialien und Krediten sowie eine Preiskontrolle vor allem in entlegenen Gebieten erfolgen. /Barrasi S.273-275/
Die Autorin konnte keine verwertbaren Angaben über die Ergebnisse der Arbeit dieser Stiftung finden, geht aber davon aus, daß sich die Aufgaben der einzelnen Stiftungen gerade auf diesem Gebiet sehr stark überschneiden und so kaum noch voneinander zu unterscheiden sind.

Abschließend möchte die Autorin zu den **Stiftungen insgesamt** noch folgendes bemerken.
Den Ansatz und die ursprünglichen Absichten, die hinter der Gründung solcher Organisationen stehen, bewertet die Autorin positiv. Bei einer strengen Kontrolle ihrer Finanzrechnungen, ihrer Leitung durch fachlich versierte Kräfte, einer effektiven Koordination der Tätigkeit untereinander und dem Einsatz engagierter Mitarbeiter könnten sie viel zur Mobilisierung innerer Resourcen und zur Milderung der schlimmsten Folgen der Unterentwicklung beitragen.
Leider sind aber gerade in solchen Ländern wie dem Iran die genannten Bedingungen nicht gegeben. Auch im Iran entfernten sich diese Organisationen immer mehr von ihren einstigen Zielen.
In Verbindung mit den traditionellen und den aus der Schahzeit ererbten bürgerlich- bürokratischen Strukturen entsteht auch aus diesen Organisationen heraus, ein "islamischer, militär-bürokratischer, diktatorischer Apparat" /Iranskaja revolucija S.309/, der die Einnahmen der Stiftungen zunehmend im

eigenen Interesse nutzt, womit sich die ursprünglichen Absichten in ihr Gegenteil verkehren.
Ein weiterer Faktor in diesem Zusammenhang ist der, daß diese islamischen Organisationen in vielem die Aufgaben der Korpusse der "Weißen Revolution" wiederholen, der "Umfang der Einbeziehung der Bevölkerung in diese Organisationen und die Formen ihrer militärisch-politischen sowie religiös-ideologischen Mobilisierung aber allumfassenderen, totalitäreren Charakter als unter dem Schahregime annehmen, sie im Endeffekt zu einem effektiven System außerökonomischen Zwanges der Bevölkerung werden, zu einer "islamische Arbeitsfront", die leicht zu lenken und zu beaufsichtigen" /Iranskaja revoljucija S.310,311/ ist. Sicherlich trifft letzteres nach Beendigung des Krieges nicht mehr im vollen Maße zu, aber bestimmte Strukturen in dieser Hinsicht bleiben erhalten und können auch seitens des Staates ausgenutzt werden.
Eine dritte Bemerkung: Solange Wohlfahrtsorganisationen finanziell auf die Weise abgesichert werden, daß neues Geld gedruckt wird, diese Leistungen also im gesamtgesellschaftlichen Rahmen gar nicht ökonomisch untersetzt sind, wird sich der Anspruch dieser Stiftungen nicht nur nicht realisieren lassen, sondern langfristig gesehen entgegengesetzte Wirkung haben.

3.4.4. CHOMEINIS Position in den interfraktionellen Auseinandersetzungen um die Wirtschaftspolitik

Die negativen Auswirkungen der Fraktionskämpfe innerhalb der islamischen Regierung wurden besonders im Wirtschafts- und Sozialbereich spürbar, da sich keine konkreten, langfristigen wirtschaftspolitischen und -rechtlichen Rahmenbedingungen der ökonomischen Entwicklung ausmachen ließen.
Wie gezeigt wurde, stellten weder die einzelnen "islamischen Wirtschaftslehren" noch Verfassung oder Programm der IRP wirkliche strategische Konzepte dar, sondern ließen breiten Raum für verschiedene Interpretationsmöglichkeiten. Dies kam

insbesondere im Streit um die Verstaatlichung des Außenhandels(51), die Agrarreform, das Steuergesetz, die Zulassung privater Betriebe, die Erlaubnis ausländischer Investitionen und ähnlichem zum Ausdruck.
Im Grunde genommen ging es um die **Fragen** des **Grades der Einmischung des Staates - speziell auch der Geistlichkeit - in die Wirtschaftsangelegenheiten** und der **Förderung oder Einschränkung privaten Unternehmertums** in der Wirtschaft (einschließlich der Landwirtschaft).
CHOMEINI mischte sich lange Zeit nicht in die Auseinandersetzungen ein, kam aber letztendlich nicht umhin, Stellung zu beziehen. Der Widerspruch zwischen seinen islamischen egalitären Idealen auf der einen Seite sowie den wirtschaftlichen und politischen Realitäten auf der anderen Seite kam dabei in seiner ambivalenten Haltung zu vielen Fragen zum Ausdruck.

So tritt er zum Beispiel einerseits im Dezember 1982 und im August 1984 definitiv für eine Aktivierung des privaten Unternehmertums und seine rechtliche Absicherung ein. In einem sogenannten "8-Punkte-Programm" (Dez. 1982) erklärt er die revolutionäre Etappe für beendet und spricht vom Beginn der Aufbauetappe der IRI. Er fordert in diesem Zusammenhang die Einstellung "ungesetzlicher, nicht durch entsprechende Organe der IRI sanktionierter Konfiskationen von Eigentum und Kapital" /Ettelā'āt 16.12.1982,S.2/ und betont die Unantastbarkeit von Eigentum sowie die Notwendigkeit der Erhöhung privater Initiative im Wirtschaftsbereich. Anderthalb Jahre später versichert er den Privatsektor wiederum seiner Unterstützung, fordert mehr Aktivitäten im industriellen Bereich und spricht sich dafür aus, auch privaten Geschäftsbanken mehr Raum für Initiativen zu geben. Nach Beendigung des Krieges befürwortet CHOMEINI außerdem die Nutzung ausländischer Kredite, unter der Bedingung, daß sie ehrlich seien und an produktive Projekte gebunden würden.
Andererseits spricht er weiterhin von einer relativ starken Einmischung des Staates in die Wirtschaftsangelegenheiten,

unterstreicht, daß die islamische Ökonomie Planökonomie sei /MEED 15.8.1987/, und plädiert unter bestimmten Umständen für staatliche Sanktionen gegen Unternehmer.(Sommer 1987 Erlaß über Bestrafung von Spekulationen und Betrug, Mitte 1988 Beschluß über die Verweigerung kommunaler und anderer Dienste für Privatunternehmer, die sich weigern, Mindestlöhne und Beiträge zur Sozialversicherung für ihre Arbeiter zu zahlen)

Eine eindeutige Stellungnahme erfolgt dann aber von CHOMEINI in Bezug auf die Rolle der Geistlichkeit in staatlichen Angelegenheiten.
Als 1987 offensichtlich wird, daß durch die faktische Beschneidung der Kompetenzen der Regierung durch den Wächterrat(52) jegliche Veränderungen im Bereich der Wirtschaft blockiert werden, gibt CHOMEINI einen Erlaß heraus, mit dem die Gründung eines speziellen, mit weitreichenden Kompetenzen im ökonomischen Bereich ausgestatteten Rates(53) initiiert wird, der die Entscheidungen des islamischen Wächterrates nötigenfalls - wenn es im gesellschaftlichen Interesse liegt - revidieren kann. Zur theologischen Begründung heißt es dazu bei CHOMEINI unter anderem, daß die Autorität des islamischen Staates dieselbe sei, wie die des Propheten Mohammads in seiner Rolle als absoluter Stellvertreter Gottes. Der Staat habe das Recht, jede Maßnahme zu ergreifen, die er zum Nutzen des Islam für notwendig erachte /MEED 16.1.1988, S.10/.
In diesem Falle hat sich CHOMEINI, "um seine Revolution zu retten...gegen die Theokratie für die Technokratie entschieschieden" /ENCKE S.162/.

Soviel zu den unterschiedlichen Vorstellungen über die Errichtung einer "islamischen Wirtschaft" im Iran und zu ersten Versuchen, auf dieser Grundlage wirtschaftspolitische Konzeptionen auszuarbeiten und bestimmte Entwicklungen zu initiieren. Eine Einschätzung dieser Vorstellungen bezüglich unterentwicklungsreduzierender Potenzen, kann jedoch nur auf Grundlage einer Gesamtbetrachtung, also einschließlich vorläufiger Ergebnisse der Umsetzung dieser Vorstellungen getroffen werden. Daher möchte die Autorin im folgenden kurz auf einige Resultate der Wirtschaftspolitik der IRI eingehen.

3.5. Zu einigen Ergebnissen islamisch geprägter Wirtschaftspolitik im Iran

Das wirtschaftliche und soziale Leben im Iran seit 1979 wurde insgesamt wenig beeinflußt von dem Versuch, langfristig angelegte konzeptionelle Vorstellungen einer islamischen Wirtschaft zu verwirklichen. Beeinflussende Faktoren waren vielmehr vorwiegend die zu pragmatischen Maßnahmen zwingenden innen- und außenpolitischen sowie -wirtschaftlichen Realitäten und die Anforderungen des iranisch-irakischen Krieges.
Nach 10 Jahren IRI kann von grundlegenden Veränderungen im wirtschaftlichen und sozialen Bereich kaum die Rede sein.
Die Autorin möchte hier nicht näher auf die erreichten makroökonomischen Kennziffern (BIP, Wertschöpfung in Industrie, Landwirtschaft und anderen Bereichen) eingehen, da sie der Meinung ist, daß dazu in den letzten Jahren ausführliche Veröffentlichungen und Studien vorgelegt wurden / The Middle East 1990, S.423-458/; MEED Special Report Iran 1989,1990; Iranskaja Revoljucija S.356-366; BFAI Iran am Jahreswechsel 1989,1990; BFAI Kurzmerkblatt Iran 1990; ROSENKRANZ 1987; KOOROSHY 1990/. Vielmehr ist es ihr Anliegen, an dieser Stelle vor allem einige Bemerkungen zu Ergebnissen im sozialen Bereich anzubringen, steht doch immer noch die Frage nach Milderung der Folgen der Unterentwicklung durch eine auf islamischen ethischen und sozialökonomischen Grundsätzen beruhenden Wirtschaftspolitik in den betroffenen Ländern.

Betrachtet man die Ergebnisse im Bereich der Grundbedürfnisbefriedigung - eine der unmittelbarsten Zielstellungen einer

islamischen Wirtschaft - so muß man einerseits zwar feststellen, daß es entgegen vielfältiger Bemühungen und Absichtserklärungen kaum Verbesserungen gegenüber der Schahzeit gab. Man kann andererseits aber auch nicht die Tatsache leugnen, daß es trotz eines Unsummen materieller und menschlicher Ressourcen verschlingenden Krieges nicht zu dem von vielen prophezeiten sozialen Kollaps gekommen ist.
Die teilweise Entschärfung sozialer Antagonismen ist dabei jedoch weniger auf die rhetorisch islamisch-populistisch gehaltene Wirtschaftspolitik zurückzuführen, sondern vielmehr, ähnlich wie in der Zeit des Schahregimes, auf die Verfügungsgewalt des Staates über beträchtliche Naturreichtümer, ökonomische und finanzielle Ressourcen des Landes.(Ende 1986 wurden in der IRI 70-80% (54) der ökonomischen Aktivitäten des Landes vom Staat kontrolliert.) In welcher Weise aber diese Verfügungsgewalt genutzt wurde hängt wiederum mit den durch islamische egalitäre Prinzipien beeinflußten Distributionsformen und -prioritäten zusammen.

So ist für die IRI, bei aller berechtigten Kritik an der zurückliegenden Wirtschaftstätigkeit, bemerkenswert, daß trotz einer Arbeitslosenquote von 20-25% der erwerbstätigen Bevölkerung, trotz einer Inflationsrate von 30-50% (offiziell) bzw. 500-700% (Schwarzmarkt), trotz anhaltender Migrationserscheinungen (jährlich 700 000 Menschen bei einer Landbevölkerung von 23,5 Mio), trotz der damit verbundenen Verschärfung der Wohnungsproblematik(55), trotz eines leichten Absinkens der pro Kopf Produktion von Nahrungsmitteln (der jährliche Bevölkerungszuwachs beträgt 3,9%, die Zuwachsraten in der landwirtschaftlichen Produktion liegen im Durchschnitt insgesamt etwas darunter), trotz der Tatsache, daß immer noch $^1/_4$ der Iraner unter der Armutsgrenze leben, trotz nur wenig verbesserter medizinischer Betreuung, trotz großer Versorgungslücken auch bei lebenswichtigen Gütern, daß also trotz dieser und einer Vielzahl anderer Probleme sozial motivierte, an die Substanz der Gesellschaft gehende Auseinandersetzungen ausblieben.

Diese relative politische Stabilität ist sicher auch - wie STEINBACH schreibt - auf Propaganda, ideologische Massenmobilisierung und "den Apparat der Repressalien für Observanz der Prinzipien der Islamischen Republik" /ENDE; STEINBACH 1989, S.232/ zurückzuführen. Aber nicht nur darauf. Beeinflußt wurde das Verhalten der Massen auch dadurch, daß aus ihrer Sicht versucht wurde, die Idee von einer egalitären islamischen Gerechtigkeit zu materialisieren.
Somit erfolgte im kulturell-psychologischen Bereich eine Verbesserung der unter dem Schahregime entstandenen Lage, im sozialen Bereich wurde insgesamt zumindest keine enorme Verschlechterung zugelassen, für einige Schichten verbesserte sich die materielle Lage sogar leicht.

So führten zum Beispiel die starke Subventionierung und teilweise Rationierung von Lebensmitteln, zeitweilige kostenlose Stromversorgung für die ärmsten Familien, Zuteilung von Wohnraum über islamische Organisationen, Verteilung von Brennstoffen und auch Lebensmitteln über die Moscheen, inflationsausgleichende Lohnfortzahlungen in den Betrieben, auch wenn nicht gearbeitet werden konnte, die finanzielle und moralische Unterstützung der Hinterbliebenen der Kriegsopfer und ähnliche Maßnahmen für die Ärmsten oder "Entrechteten" einerseits, aber andererseits auch die anfängliche sichtbare Favorisierung der Tätigkeit kleinster, kleiner und mittlerer Betriebe sowie kooperativer Wirtschaftsformen in ländlichen Gebieten und in den Städten(56) sowie die Schaffung gemeinsamen Verantwortungspotentials in Stiftungen und anderen Hilfsorganisationen dazu, daß die weitere soziale und psychologische Degradation der Massen zeitweilig gestoppt wurde.

Die aufgezählten Beispiele zeigen aber, daß diese "Alimentierung bestimmter Gruppen und Schichten" /ROSENKRANZ 1987, S.277/ keine langfristig wirkende Basis darstellen konnte, soziale Konflikte zu mildern, da sie ökonomisch nicht unter-

mauert waren. Sowohl die außerökonomischen Mechanismen zur Lohnregulierung als auch voluntaristische Preisregulierung und andere oben genannte Maßnahmen waren im Grunde genommen unproduktive Investitionen, mit deren Hilfe nicht langfristig die Ursachen sozialer Probleme, sondern kurzfristig die sozialen Schwierigkeiten als solche bekämpft wurden.
Sicherlich setzten sich nicht zuletzt auch aus diesem Grunde schon vor dem Tod CHOMEINIS diejenigen Kräfte in der Regierung durch, die eine Liberalisierung im wirtschaftlichen Bereich befürworteten und damit vor allem auf ökonomische Entwicklungsfaktoren setzten und setzen. Dies wird seit Beendigung des Krieges - mit der Notwendigkeit der Umsetzung einer ökonomisch fundierten Wiederaufbaustrategie - und seit dem Tod CHOMEINIS - also dem Wegfall der Integrationsfigur, die er für große Teile der Massen war - auch öffentlich im wachsenden Maße sichtbar und stieß - die Wahl Rafsanǧanis zum Präsidenten beweist es - auf relativ breite Akzeptanz.

Dies bedeutet jedoch nicht, daß die islamische Begründung der Wirtschaftspolitik und islamisch geprägte Institutionen bzw. Funktionsregeln oder auch der Islam als ethisch-moralisches Wertesystem für die sozialökonomische Entwicklung aufgegeben werden.
Es führte - zumindest bisher - aber auch noch nicht zu gleichwertigen Liberalisierungsbestrebungen im politischen Bereich und auch nicht zur Beendigung der Fraktionskämpfe innerhalb der Geistlichkeit sowie zwischen Theokraten und Technokraten.

Fakt ist aber, daß sich die Tendenz durchgesetzt hat, mit der Wirtschaftsleitung und der Konzipierung wirtschaftspolitischer und -strategischer Richtlinien diejenigen Experten zu betrauen, bei denen nicht in erster Linie theologisches Wissen, sondern das jeweilige Fachwissen im Vordergrund steht. Dies läßt sich unter anderem sowohl aus der Besetzung der entsprechenden Ministerposten /MEED Special Report Iran 2.3.1990, S.IV/ als auch aus den Grundlinien des neuen Entwicklungs- bzw

Fünfjahrplanes für 1990-1994 [57] schlußfolgern. Letzterer ist damit auch der erste Entwicklungsplan in der Geschichte der IRI, der sowohl vom Parlament, als auch vom Wächterrat - wenn auch erst nach mehrmaligen Veränderungen - bestätigt wurde und somit die offiziellen wirtschaftspolitischen Richtlinien für die nächsten fünf Jahre festlegt.

Mittelfristig wird bei dieser Konstellation die weitere soziale und ökonomische Entwicklung Irans von der eigenen exportfähigen Rohölmenge, von den Erdölpreisen auf dem Weltmarkt, vom Wechselkurs des Dollars sowie der sicherheitspolitischen Lage in der Golfregion abhängen, aber auch davon, wie es gelingt, unter Nutzung der komparativen Kostenvorteile aus der internationalen Arbeitsteilung, die materiellen und menschlichen Ressourcen des Landes so produktiv und effektiv wie möglich einzusetzen sowie gleichzeitig sozial und psychologisch verträgliche Rahmenbedingungen für die weitere gesellschaftliche Entwicklung zu schaffen.
Für die Durchsetzung der letztgenannten gesamtgesellschaftlichen Aufgabe wird der Islam im Iran in überschaubarer Perspektive auch weiterhin eine wichtige soziale und ideologische Funktion innehaben.

3.6. Zusammenfassung

Die Aussagen zur Theorie und Praxis islamischer Wirtschaftskonzeptionen im Iran zusammenfassend möchte die Autorin folgendes feststellen:

1.
Die heute im Iran propagierten islamisch geprägten Wirtschaftsauffassungen sind insgesamt als ideologische Produkte der Widersprüche und Krisenerscheinungen einer abhängigen, forcierten, despotisch gelenkten kapitalistischen Entwicklung

und deren Widerspiegelung im islamischen Bewußtsein sowie als Alternative unnannehmbarer und bisher gescheiterter Sozialismusvorstellungen zu begreifen. Aus der Ablehnung der beiden vorrangig auf Konsum ausgerichteten Gesellschaftssysteme, an der die Menschheit nach Auffassung islamischer Gelehrter zugrunde gehe, wird die Notwendigkeit eines Dritten Weges auf islamischer Grundlage abgeleitet.

2.
Dieser Dritte Weg soll in erster Linie zur Wiederbesinnung auf die islamischen Wertvorstellungen führen (bzw. zu ihrer Beibehaltung), die vor allem durch das Streben nach ethischer und geistiger Vervollkommnung und nicht nach vorrangiger Befriedigung wachsender materieller Bedürfnisse charakterisiert seien. Wirtschaftliche Entwicklung soll demzufolge in erster Instanz der Grundbeürfnisbefriedigung und der Schaffung von gesellschaftlichen Rahmenbedingungen für die geistige Selbstentfaltung der Menschen dienen.

3.
Filtert man die praktischen Leitsätze für den Wirtschaftsbereich aus den Arbeiten islamischer Theoretiker im Iran heraus, so beinhalten diese die Schaffung eines sozial gerechten, von ausländischem Diktat unabhängigen, effektiven Wirtschaftssystems, das sich vorrangig auf die dem Iran eigenen natürlichen und menschlichen Ressourcen stützen kann, gleichzeitig aber auch auf engeren wirtschaflichen Beziehungen zur islamischen Welt und zu anderen Entwicklungsländern basiert.

4.
Vor allem die Fundamentalisten im Iran betonen, daß die islamische Wirtschaft den Interessen der "Entrechteten" diene.
Der Begriff "Entrechtete" bezieht sich dabei meist nicht ausschließlich auf die materiell Entrechteten, sondern auf all jene, "deren Interessen auf irgendeine Weise durch irgend Jemanden eingeschränkt werden. Das schließt sowohl die Gesamt-

heit der islamischen Staaten ein, deren Wirtschaften - so islamische Ideologen - unter der imperialistischen Politik leiden, als auch einzelne Gruppen der islamischen Bourgeoisie, deren Interessen durch internationale Monopole beschränkt werden, als auch kleine Händler und Unternehmer. Dazu zählen auch die wirklich entrechteten Bauernmassen, nichtproletarische werktätige Schichten der Stadt und die Arbeiter.
Es erfolgt also eine sehr breite Interpretation des Begriffs, so daß als Interessenvertreter der "Entrechteten" sowohl konservative, als auch radikale islamische Ideologen in Erscheinung treten können" /POLONSKAJA S.17/. Im Iran zeigt sich dies im wesentlichen in - nach sozialen Kriterien bewertet - vier verschiedenen konzeptionellen Ansätzen für den Wirtschaftsbereich.

5.

Versucht man eine Antwort auf die Frage nach der Wirksamkeit der von islamischen Gelehrten entwickelten theoretischen Ansätze über eine islamische Wirtschaft zu finden, so muß man einerseits den von ihnen selbst gestellten Anspruch an ihre Theorien berücksichtigen, andererseits diesen in Bezug auf seine Realisierung untersuchen.
Der selbstgestellte Anspruch wird sehr deutlich aus folgenden Worten SADRS: "Die islamische Wirtschaftslehre ist keine Wissenschaft der politischen Ökonomie. Vielmehr ist sie eine Revolution zur Umgestaltung der faulenden Wirklichkeit in eine gesunde. Sie ist augenscheinlich keine objektive Analyse der gegenwärtigen Realität" /SADR Bd.I, S.403;Bd.II, S.9-17/.
Mit diesem ausdrücklichen Verzicht auf einen theoretischen Bezugsrahmen und auf Wissenschaftlichkeit bei der Erfassung der Wirklichkeit, sollen diese Wirtschaftslehren insgesamt nicht mehr sein, als eine Ideologie, eine umfassende Vision, die völlig andere Rahmenbedingungen für wirtschaftliches Handeln und die sozialen Beziehungen etablieren möchte /KATOUZIAN 1981b, S.138/.
Es stellt sich allerdings die Frage, ob "ohne objektive Analy-

se der gegenwärtigen Realität" und ohne ein daraus abgeleitetes Programm, letztendlich die "faulende Wirklichkeit" in eine "gesunde" umgewandelt werden kann.

6.
Das Beispiel Irans hat gezeigt, daß bisher zwar eine Reihe von Prinzipien, die heute als Bestandteile islamischer Wirtschaftslehren gelten, als einzelne Aspekte in der Verfassung der IRI sowie in anderen programmatischen Dokumenten festgeschrieben wurden, die konkrete Entwicklung aber kaum eine nennenswerte Durchsetzung islamischer Vorschriften sowie der damit verbundenen Wirkungen gebracht hat.

7.
Dies bedeutet jedoch nicht, daß die heutigen Führungskräfte im Iran, unter den gegenwärtigen Bedingungen, in der Wirtschaftspolitik auf den Islam verzichten können. Einerseits ist er auch hier als bestimmte religiöse Ideologie nötig, um Identifikationspotential, das zum Handeln befähigt, zu schaffen, andererseits können seine sozialen und ökonomischen Institutionen bisher zur zeitweisen Sicherung landesspezifischer sozial und psychologisch verträglicher Übergangsstrukturen beitragen.

8.
Die Voraussetzungen für die Lösung sozialer und ökonomischer Fragen sind im Iran im Vergleich zu vielen anderen Entwicklungsländern relativ günstig. Dabei werden soziale Effekte islamisch geprägter bzw. beeinflußter Wirtschaftsentwicklung und somit die möglichen Potenzen zur Milderung der Folgen der Unterentwicklung in ihr Gegenteil verkehrt, wenn einer Demokratisierung bzw. Liberalisierung im ökonomischen Bereich nicht eine Demokratisierung im politischen Bereich folgt. Schließlich hängt von letzterer auch ab, ob eine dynamische Wirtschaftsentwicklung erfolgen kann, indem falsche Entscheidungen rechtzeitig korrigiert werden und neue Gedanken in die

Wirtschaftspolitik einfließen können, welche wirtschaftsstrukturellen Prioritäten geplant und realisiert werden, welche gesamtgesellschaftlichen Distributionsformen sich im Endeffekt durchsetzen und inwieweit die sozialen Belange der ökonomisch und damit auch an Einfluß schwächsten Mitglieder der Gesellschaft wirklich berücksichtigt werden.

9.

Die islamische Prägung der kapitalistischen Entwicklung im Iran wird sich im Wirtschaftsbereich vor allem in folgenden Modifikationen äußern:

- Existenz eines relativ starken staatlichen Sektors (Großbetriebe, Banken, große Rohstofförderquellen), der mit einigen Eigentumsformen der Geistlichkeit verschmelzen wird und Versuche staatlicher Lenkung der Wirtschaftsentwicklung,
- Favorisierung kleinerer und mittlerer Unternehmen im Privatsektor und Förderung genossenschaftlicher Produktionsformen in Industrie und Landwirtschaft,
- Unterstützung der ärmsten Schichten durch islamische Wohlfahrtsorganisationen und Orientierung auf Distributionsformen, die einen gewissen Ausgleich zwischen den einzelnen Gesellschaftsmitgliedern schaffen sollen.

SCHLUßFOLGERUNGEN

Die vorliegende Untersuchung zu konzeptionellen Ansätzen für die Überwindung der Unterentwicklung in islamischen Wirtschaftskonzeptionen läßt folgende vorläufige Schlußfolgerungen zu:

1.
Die Analyse der Wirkungen islamisch geprägten Wirtschaftsdenkens am **Beispiel** des **Iran** hat **keinen** expliziten **Beweis** dafür erbringen können, daß islamische Wirtschaftskonzeptionen **Potenzen zur Zurückdrängung der Unterentwicklung** besitzen. Einerseits hielt sich die Anwendung islamischer Wirtschaftslehren, trotz der Rhetorik und des religiösen Verbalradikalismus in Grenzen /Kolloquium S.489/, da vor allem die Anforderungen des Krieges das Wirtschaftsleben bestimmten, andererseits standen den Demokratisierungstendenzen im ökonomischen Bereich extrem undemokratische politische Verhältnisse gegenüber, so daß sich die gesellschaftspolitischen Zielstellungen insgesamt in ihr Gegenteil verkehrten.

2.
Geht man davon aus, daß einerseits "die unter dem Namen 'islamische Wirtschaft' erhobenen Forderungen nach mehr sozialer Gerechtigkeit als politisches Anliegen in allen islamischen Ländern im Raum stehen" /REISSNER 1989, S.169/ und andererseits, mit der Rückbesinnung auf islamische Werte und Entwicklungsvorstellungen real zu verwirklichende Alternativen, die den spezifischen, historisch gewachsenen Bedingungen der islamischen Länder entsprechen, angestrebt werden, dann ergibt sich **trotzdem** die **Notwendigkeit, die Frage nach den Potenzen und Grenzen dieser Konzeptionen zumindest hinsichtlich der Milderung der schlimmsten Folgen der Unterentwicklung zu beantworten.**
Dies ist auch insofern von Bedeutung, als bei der gegenwärtigen Explosivität des globalen Problems Unterentwicklung die

Suche nach Ansätzen für ihre Überwindung jede noch so geringe Möglichkeit, die sich in dieser Hinsicht aus den jeweils spezifischen Bedingungen ergibt, in die Analyse einbezogen werden muß. Im Interesse des notwendigen konstruktiven Dialogs ist es dabei erforderlich, die vorwiegend - wenn auch oft unbewußte - **eurozentrische Herangehensweise** an diese Problematik **zu überwinden** und die von den Entwicklungsländern selbst gesehenen **Alternativen ernst zu nehmen** auch wenn sich ihr Anspruch bisher in der Praxis in vielen Fällen noch nicht beweisen konnte.

3.

In den gegenwärtig sehr verschiedenen islamischen Entwicklungskonzeptionen werden weniger religiöse, als vielmehr vor allem sozialökonomische, politische und soziokulturelle Problemstellungen thematisiert.

Im Bereich der **Wirtschaft** laufen die Ansätze, bei aller Unterschiedlichkeit der Realisierungsvorstellungen, im Kern darauf hinaus, einen **Dritten Weg** zu etablieren, welcher, auf der **Kombination von Vorteilen des Kapitalismus** (hier werden vor allem Privatinitiative und Unternehmergeist genannt) **und des Sozialismus** (hier wird vorrangig auf den Gedanken der Kollektivität verwiesen) basierend, zu einer **harmonischen, widerspruchsfreien, vollkommenen Gesellschaft** führen soll. Als **moralisch-ethisches, regulierendes und wertebestimmendes integrierendes Moment soll hierbei die islamische Religion fungieren.**

4.

Je nach sozialem Status, Evolutionsstufe der traditionellen Glaubenslehre und Machtkonstellation unterschiedlich gewichtet und verschieden stark betont, **orientieren islamische ökonomische Konzeptionen unter anderem auf**:

- ein möglichst eigenständiges, weitgehend unabhängiges, aus sich selbst heraus entwicklungsfähiges Wirtschaftssystem;
- die Befriedigung der Grundbedürfnisse der Massen und den

Abbau der gravierendsten sozialen Unterschiede, bei gleichzeitiger Vermittlung materieller Bedürfnisbeschränkung als eines positiven und für die Bewahrung der menschlichen Schöpfung notwendigen Wertes;

- Ausgewogenheit zwischen Konsumtion und Akkumulation, zwischen gesamtgesellschaftlichen und persönlichen Interessen, zwischen Mensch und übriger Natur;
- die Verwirklichung des Prinzips der Gerechtigkeit, welches Effektivität und Sparsamkeit, die produktive Nutzung vorhandener Ressourcen, die richtige Bewertung der Arbeitsergebnisse jedes einzelnen, eine Folgebewertung wirtschaftlicher Entwicklung für den sozialen und ökologischen Bereich usw. erfordere.

Nach Ansicht islamischer Gelehrter können diese Orientierungen nur durch den Islam - sowohl in seiner Funktion als ethisch-moralisches Kriterium der gesellschaftlichen Entwicklung als auch als bestimmtes sozialökonomisches Ordnungssystem - verwirklicht werden.

5.

In diesem Zusammenhang gesehen, kann man die islamischen **Wirtschaftskonzeptionen sicher nicht im Sinne abgeschlossener wissenschaftlicher, originärer Theorien** betrachten, **sondern** eher als **islamisch geprägte spezifische Kombination der Ausprägung von Ordnungsformen** /NIENHAUS 1981c, S.1/ **und Leitideen in der Wirtschaft.** Zu den Ordnungsformen gehören nach Ansicht der Protagonisten islamischer Wirtschaftslehren:

- islamspezifische Regulierungs- und Distributionsmechanismen zur Verhinderung der "maßlosen" Anhäufung von Reichtum auf der einen Seite und massenhafter Verelendung und Armut auf der anderen Seite (z.B. islamisches Steuersystem, islamische Wohlfahrtsorganisationen, spezifische religiös begründete Verbote);
- ein relativ starker Staatsinterventionismus zur Durchsetzung von - durch die jeweiligen Führungskräfte bestimmten - gesamtgesellschaftlichen Interessen;

- staatliche Förderung traditioneller kleinerer, dezentralisierter Produktionsformen sowie kooperativer Produktions- und Konsumtionsformen.

6.

Die Potenzen und Hemmfaktoren solcherart konzipierter alternativer Vorstellungen hinsichtlich der Milderung der gravierendsten Folgen der Unterentwicklung lassen sich jedoch nicht vorrangig aus den bisher größtenteils nur verbal formulierten Zielen und teilweise utopischen Mitteln zu ihrer Durchsetzung ableiten.
Eine Analyse bezüglich der **Potenzen** genannter Problematik müßte sich nach Meinung der Autorin vielmehr auf folgende drei Aspekte konzentrieren:

- Die religiöse Untermauerung und Herleitung der Wirtschaftspolitik kann den Führungskräften o.g. Entwicklungsländer eine gewisse **Massenbasis** sicher und gesamtgesellschaftliches **Identifikationspotential** schaffen, ein Fakt, der nicht unwesentlich für die langfristige Realisierung jeglicher Politik ist.

- Die angestrebte **effektive Kombination von Klein- und Großindustrie** kann durch die **Entschärfung sozialer Probleme**, wie Massenarbeitslosigkeit und -elend, durch Beseitigung von Disproportionen der Wirtschaftsstruktur sowie durch die Erhöhung des Binnenmarktpotentials erhebliche Entwicklungspotenzen freimachen sowie eine **sozial und ökologisch verträglichere Produktivkraftentfaltung ermöglichen.**

- Angesichts der Tatsache, daß das Wirtschaftswachstum in den Entwicklungsländern auf einen in sozialer Hinsicht mehr oder weniger begrenzten Raum lokalisiert ist und in vielen Fällen im kulturell-psychologischen Bereich massenhafte Degradationserscheinungen zeitigt, kann der **Rekurs auf die traditionellen islamischen Wertvorstellungen und traditionelle**

islamische Institute und Organisationen bei der Milderung der sozialen Folgen der Unterentwicklung vorläufig eine wesentliche Rolle spielen.

Diese Aspekte bedürfen in Zukunft gründlicherer und differenzierter - nicht nur auf den ökonomischen Bereich beschränkter - Untersuchungen an konkreten Beispielen und vor allem auch in Verbindung mit politischen und soziokulturellen Momenten.

7.

Die Analyse des iranischen Beispiels hat deutlich gezeigt, daß es gerade in letzterer Hinsicht noch sehr stark wirkende negative Faktoren gibt, die die theoretisch möglichen entwicklungsfördernden Inhalte islamischer Gesellschaftskonzepte nicht zum Tragen kommen lassen, bzw. diese in ihr Gegenteil verkehren.
Hier zeigen sich besonders folgende **Hemmfaktoren**, die den unterentwicklungsreduzierenden Potenzen islamischer Wirtschaftskonzeptionen entgegenwirken:

- Der **Totalitätsanspruch**, den islamische Ideologen erheben und der Bestandteil der islamischen Religion ist ("Es gibt nur einen Gott...", "Nur durch den Islam kann eine zivilisationserhaltende Entwicklung erfolgen" u.ä.) führt in vielen Fällen zur Legitimierung **politisch** gänzlich **undemokratischer Strukturen**, die nicht nur den Anspruch auf eine humane Gesellschaft widerlegen (massenhafte physische Vernichtung Andersdenkender), sondern auch keine gesellschaftlichen Korrektive zulassen und damit Stagnation vorprogrammieren.

- Die dem "Alleingültigkeitsanspruch" entspringende Tendenz zur **politischen kulturellen und wirtschaftlichen Abschottung** steht der Notwendigkeit globaler Lösungsansätze für die Überwindung der Unterentwicklung und der objektiv zunehmenden Interdependenz der Weltglieder kontraproduktiv entgegen.

- Die durch den Islam geförderte Militanz bei der Durchsetzung seines Totalitätsanspruchs führt angesichts des heutigen Entwicklungsstandes der Technik zu einem menschheitsbedrohenden **militärischen Konfliktpotential**, womit jegliche weitere Entwicklung der Zivilisation, für deren Erhalt der Islam letztendlich eintritt, in Frage gestellt wird. Die in der islamischen Region in den letzen Jahren zu beobachtenden Vorgänge (Iran - Irak, Irak - Kuweit - USA bzw. westliche Welt, aber auch in Indien, im Libanon und anderen Ländern) sind dafür warnende Beweise.

- Andere negative Momente, wie zum Beispiel **demographische Faktoren** und die diskriminierte **Stellung der Frauen** in der islamischen Gesellschaft können ebenfalls, je nach Ausprägungsgrad, entwicklungsförderndes Potential des Islam hemmen.

Eine Klärung des realen Wesens dieser oder jener islamischen Programmatik erfordert also in jedem Falle eine über die Grenzen der theoretischen Analyse hinausgehende Erschließung ihrer Korelation mit der sich verändernden Wirklichkeit, um sowohl unterentwicklungsreduzierende Potenzen als auch unterentwicklungsvertiefende Momente islamischer Gesellschaftskonzepte zu erkennen.

8.
Da alle Probleme, aus denen heraus die islamische Bewegung in den 70er Jahren entstand und für deren Bewältigung islamische Kräfte im vergangenen Jahrzehnt agitierten, ungelöst blieben /STEINBACH 1990a, S.19/, kann davon ausgegangen werden, daß der Islam in seiner gezeigten Widersprüchlichkeit auch in absehbarer Zukunft eine die politischen und wirtschaftlichen Realitäten in den Gebieten seiner Verbreitung bestimmende -

und damit ernst zu nehmende - Kraft sein wird.
Die Autorin sieht den Islam hierbei nicht nur als "sprachlich-religiöse Artikulationsform" zur Legitimierung politischer, sozialer und ökonomischer Sachverhalte /TIBI 1981b, S.12/, sondern auch als Lebensweise und Vision einer großen Masse der Bevölkerung in den betreffenden Ländern.
Insgesamt kann also davon ausgegangen werden, daß islamische Konzepte hinsichtlich ihrer **Fähigkeit zur Massenmobilisierung, zur Schaffung von Integrationspotentialen und als "moralisches (sowie soziales** I.H.) **Minimalprogramm zur Vermeidung sozialer Spannungen und Exzesse"** /SCHATTER 1984, S.429/ **angesichts der auch in islamischen Ländern existierenden gravierenden sozialen Folgen der Unterentwicklung auf absehbare Zeit ihre Bedeutung beibehalten werden**, zumal die Fähigkeit des Islam zur Anpassung an die Anforderungen des säkularistischen gesellschaftspolitischen Seins und der wissenschaftlich-technischen Revolution sehr groß sind.

Die Autorin möchte die Arbeit nicht ohne zwei abschließende Bemerkungen beenden. Diese beziehen sich vor allem auf die von vielen Orientalisten wiederholt geäußerte Kritik an islamischen Gesellschaftskonzeptionen, und zwar dahingehend, daß der Islam überfordert sei, "Schlußfolgerungen für die revolutionäre Umgestaltung von Gesellschaft und Wirtschaft" /HÖPP;ROBBE S.71/ anzubieten, bzw. zwar sozialpsychologisch wichtig sei "aber keine echte Alternative zu einer bitter erforderlichen Strategie zur Überwindung der Unterentwicklung" darstelle /TIBI 1981, S.25/.

Zum einen ist die Autorin der Meinung, daß, angesichts fehlender globaler äußerer Bedingungen für revolutionäre Umgestaltungen, in erster Linie evolutionäre Veränderungen auf der Tagesordnung stehen. Und wenn es in den genannten Regionen aufgrund des konkret historischen Seins und Massenbewußtseins der Völker gar keine andere Alternative als die der Nutzung des Islam, sowohl als Leitmotiv oder Vision zum Handeln als auch für die Verhinderung des sozialen Kollapses riesiger Volksmassen gibt, so ist es - **sollte die europäische Islamwissenschaft nicht nur Wissenschaft für sich, sondern vor allem Wissenschaft zur Beförderung der Lösung konkreter Probleme der "Dritten Welt" sein - wichtig, bei aller berechtigten Kritik, die Möglichkeiten und Grenzen des Islam vor allem hinsichtlich der Lösung von Überlebensfragen der Menschen in dieser Region zu analysieren, daraus Hinweise für konkrete Politik abzuleiten und nicht vorrangig seine "Impotenz" bei der Lösung von "Maximalprogrammen" herauszustellen,** zumal sich alle anderen bisher entworfenen Strategien zur Überwindung der Unterentwicklung bis heute ebenfalls als "impotent" erwiesen haben.

Zum anderen. Der sich in islamischen Losungen wiederspiegelnde **Protest gegen die "Werte der Kosumgesellschaften" und gegen die konsumtive Psychologie der Menschen, das Streben nach geistiger Dekolonialisierung, nationaler Selbstbehauptung und allgemeiner sozialer Gerechtigkeit** sind nach Meinung der Autorin **zeitgemäße und notwendige Ansätze**, so utopisch diese insgesamt auch scheinen mögen. Zeitgemäß und notwendig insofern, daß das gegenwärtig überwiegende Bedürfnismodell, welches durch vorrangiges Streben nach Befriedigung materieller Bedürfnisse charakterisiert ist, global gesehen nicht mehr progressiv sein kann, da es, im gesamten Weltmaßstab praktiziert, zur Vernichtung der Menschheit führt.

ANMERKUNGEN

Einleitung

1.
Für den Iran sah dieses Scheitern konkret folgendermaßen aus:

Mit der "Weißen Revolution" wurde durch das Schahregime der Versuch initiiert, kapitalistische Produktionsverhältnisse durch den die entwicklungspolitischen Prozesse steuernden Staat von "oben" zu entwickeln, was im Wesentlichen auch gelang. Dabei ließ man sich von - seinerzeit in vielen Entwicklungsländern akzeptierten und praktizierten Modernisierungstheorien leiten. Der Schah setzte speziell auf eine dualistische Entwicklungsstrategie für ein ungleichgewichtiges Wachstum mit nach außen geöffneter Wirtschaft, wobei er als den dynamischen Sektor, der der gesamten Wirtschaft substantielles Wachstum bringen sollte, die Ölindustrie wählte. Zum Ende der 70er Jahre wurde das Scheitern dieser Politik deutlich.

Auf der einen Seite erfolgte eine rasche, jedoch disproportionale Entwicklung moderner Produktivkräfte und Produktionsverhältnisse sowie ihr allmähliches Eindringen auch in andere als vom Ausland beherrschte Bereiche. Auf der anderen Seite wuchsen jedoch die Widersprüche zwischen Wirtschaftsentwicklung und sozialem Fortschritt, die Kluft zwischen der Modernisierung der Wirtschaft und ihren Ergebnissen im sozialen Bereich wurde größer.

In ökonomischer und sozialer Hinsicht äußerten sich diese Prozesse in der Diskrepanz innerhalb der volkswirtschaftlichen Grundstruktur, in einer verstärkten asymmetrischen Abhängigkeit von einigen entwickelten Industriestaaten, in erheblichen Disproportionen zwischen Industriezweigen und -regionen, in einer Auslandsverschuldung, die sich zum Beginn der islamischen Revolution auf umgerechnet $7,2 Mrd belief /Euromoney.- London, Juli 1979.- S.62/, darin, daß die Dörfer, die vor der Agrarreform die Städte ernährten, nicht mehr in der Lage

waren, für den eigenen Bedarf zu produzieren /MANOOCHEHR S.196/, der Iran 1978 80% seiner benötigten Nahrungsmittel importieren mußte /FÜRTIG 1987, S.81/ und die Landflucht mit jährlich durchschnittlich 500 000 Migranten /RITTER S.145/ katastrophale Außmaße annahm, darin, daß sich trotz einer durchschnittlichen Einkommenserhöhung eine steigende Kluft zwischen den Einkommen verschiedener Klassen und Schichten, in verschiedenen Wirtschaftssektoren, -zweigen und -regionen bemerkbar machte /MOMAYESI ; ARABADZJAN 1987/, so daß 80% der Bevölkerung nur 32% des Gesamteinkommens erhielten, während auf die reichsten 5% alleine 34% entfielen /WOLF S.82/, in einem höheren Niveau verdeckter und offener Arbeitslosigkeit, in steigender Inflation und vielen anderen Erscheinungen.
Insgesamt konnte der vom Schah selbst postulierte Anspruch der schnellen Etablierung einer hochentwickelten, für alle Bürger gerechten Gesellschaft mit der von ihm verfolgten Strategie nicht erreicht werden. Die - ausgehend vom quantitativ gefaßten Verständnis der Unterentwicklung - vorwiegend nach rein wachstumspolitischen Kriterien geplante, ambitiös und despotisch geprägte Entwicklung, begleitet von einer - gemessen am Tempo der Wirtschaftsentwicklung - Vernachlässigung der sozialen Belange mußte damit ebenso scheitern, wie ähnliche Konzepte in anderen Entwicklungsländern.
Für den Iran stand zu Beginn der islamischen Revolution das Problem der Unterentwicklung weiterhin als eine dringend zu lösende Aufgabe.

1. Kapitel

1.
Die Autorin ist sich bewußt, daß die Analyse des breiten Spektrums der einzelnen Denkrichtungen getrennt voneinander insofern problematisch ist, als erstens die Trennlinien nicht so starr gezogen werden können, weil "bestimmte typisch methodologisch-theoretische Positionen sehr vielen Richtungen

gemeinsam sind" /SPIEGEL 1986a, S.397/ und es zweitens eher Abgrenzung als den angestrebten partnerschaftlichen Dialog suggeriert. Für eine genauere Analyse, die gemeinsame Anknüpfungspunkte herausfiltern soll, ist nach Meinung der Autorin trotzdem vorerst eine getrennte Betrachtung notwendig, wobei in diesem Falle die Gliederung nach historischen und ideologischen Gesichtspunkten erfolgte.

2.
Eine solch umfangreiche Analyse überschreitet jedoch die Möglichkeiten der Autorin allein. Sie verweist deshalb auf die ebenfalls 1990 abgeschlossene Dissertation von T.WÖHLERT, der seine Betrachtungen zur Unterentwicklung besonders auf diese Aspekte konzentriert hat .

3.
Die quantitativen Dimensionen der sozialen Folgen werden unter anderem durch folgende Angaben deutlich:
"Die Bevölkerung der Entwicklungsländer nimmt durchschnittlich $^1/_3$ weniger Kalorien auf, als die Bevölkerung in den entwikkelten Ländern" /Politische Ökonomie S.796/ . In den Entwicklungsländern leiden heute mehr als $^1/_2$ Mrd Menschen ständig an Hunger, 25% der Bevölkerung sind von dauerhafter Unterernährung betroffen. An den Folgen von Hunger und Unterernährung sterben jährlich etwa 40 Mio Menschen, 14 Mio davon sind Kinder unter 5 Jahren. 16% der Neugeborenen sind untergewichtig /The Cyprus Initiative S.4-8/.
$^1/3$ der Bevölkerung der Entwicklungsländer lebt unter der absoluten Armutsgrenze /Isvestija 30.9.1987, S.5/.
Nach Schätzungen der UNO ist ca. 1 Mrd Menschen die Befriedigung des Grundbedürfnisses Wohnen versagt /Lexikon Dritte Welt S.718/. 40% der Bewohner der Entwicklungsländer lebten 1985 in Slums, 250 Mio Menschen sind obdachlos, 50 000 Menschen sterben täglich an den Folgen ihrer unerträglichen Wohnbedingungen /UNCHS, Global Report/.
Neun von zehn Kindern in den Entwicklungsländern erhalten in

ihrem ersten Lebensjahr nicht die geringste medizinische Fürsorge, noch geringer ist die Zahl derer, die gegen die verbreitetsten Kinderkrankheiten geimpft werden können. Auf 10 000 Menschen in diesen Ländern kommen lediglich drei Ärzte/Novoje Vremija.-Moskau(1983)12.- S.43; AAS (1981)5 S.18-20; Lexikon Dritte Welt S.753-757/. 2 Mrd Menschen entbehren einer ständigen Versorgung mit sauberem Trinkwasser und sind deshalb zusätzlich Infektionskrankheiten ausgesetzt /Politische Ökonomie S.796/.

Während die durchschnittliche Lebenserwartung in den entwickelten Ländern bei 72-74 Jahren liegt, beträgt sie in den Entwicklungsländern insgesamt nicht mehr als 55 Jahre, in den Ländern Zentral- und Westafrikas liegt sie sogar nur bei 42-44 Jahren /Lexikon Dritte Welt S.753-757/.

Die Säuglingssterblichkeit ist nach Angaben der WHO in den Ländern der "Dritten Welt" zehnmal höher als in den entwickelten Ländern /KARASAJEV S.227/, in den ärmsten Ländern ist sie sogar 20 mal so hoch /Politische Ökonomie S.796/. 11 Mio Kinder in den Entwicklungsländern leben nicht länger als ein Jahr /Horizont 20(1987)12.- S.10/.

600 Mio Menschen der arbeitsfähigen Bevölkerung in den Entwicklungsländern haben keine Arbeit oder sind unterbeschäftigt /Ekonomičeskaja Gazeta. Moskau (1985)4.-S.22/. 825 Mio Menschen dieser Länder können weder lesen noch schreiben /Isvestija 30.9.1987.-S.5/, 200 Mio Kinder im Schulalter besuchen keine Schule /Pravda 8.10.1986.-S.5/ und sind damit potentielle Analphabeten.

4.

Siehe dazu auch HOPFMANN;SCHILLING

5.

Ausführlichere Ausführungen dazu siehe GRIENIG; MÜNCH

6.

Zu den finanziellen und politischen Bedingungen sowie zum

Umfang der Nahrungsmittelimporte siehe unter anderem SCHILLING 1984; The Cyprus Initiative

7.
Zur Verschuldungsproblematik der Entwicklungsländer siehe ausführlicher IPW-Berichte 17(1988)6.- S.9-12; Pravda 16.5.1987.- S.4; BIKI (1988)11.- S.8; SZEPONIK

8.
Ausführlicher zu protektionistischen Maßnahmen gegenüber den Entwicklungsländern siehe unter anderem Handbuch Entwicklungsländer S.206-210; Faulwetter 1982, S.93

9.
Die skizzierten komplexen mehrdimensionalen Abhängigkeitsverhältnisse betreffen nicht nur die ökonomischen Aspekte, sondern sind auch mehr oder weniger durch Fremdbestimmung und Außenorientierung der der Wirtschafts-struktur entsprechenden Sozialstruktur sowie des politischen und gesellschaftlichen Überbaus charakterisiert, was in Einzelheiten Gegenstand gesonderter Untersuchungen sein müßte.

10.
Ausführliche Bibliographie von bis 1971 erschienenen Arbeiten siehe ISSJ 24(1972)1, S.67-71

11.
Eine repräsentative Übersicht über Theoretiker und Literatur dieser Richtungen findet sich zum Beispiel in: SPIEGEL 1986a, S.405,406 ; NOHLEN;NUSCHELER Handbuch S.94-100 und im Inhaltsverzeichnis ; NOHLEN S.163

12.
Übersicht über Vertreter und Literatur dieser Richtung siehe SPIEGEL 1986a, S.406 ; SPIEGEL 1986b, S.599,600

13.
Bibliographische Hinweise zu dieser Richtung siehe SPIEGEL 1986a, S.406

14.
Eine konsequente Grundbedürfnisstrategie müßte nach Meinung ihrer Initiatoren eine Umstrukturierung der Klassen- und Machtverhältnisse einschließen und kann höchstens als entwicklungspolitisches Nahziel gesehen werden./NUSCHELER 1982, S.332-358 ; NOHLEN;NUSCHELER 1982,S.53 ; WAGNER;RIEGER

15.
Dies zeigt sich besonders seit den 80er Jahren in den entwicklungspolitischen Vorstellungen und Aktivitäten der Sozialistischen Internationale, der Weltkommission für Umwelt und Entwicklung und anderer internationaler Organisationen innerhalb des "Nord-Süd-Dialogs". Ausführlicher dazu siehe Das Überleben sichern ; Der Nord - Süd -Dialog ; Hilfe in der Weltkrise ; Die weltweite Herausforderung ; Abrüstung für Entwicklung ; Unsere gemeinsame Zukunft

16.
Der Rückgang des Einflusses marxistischer Forschung im o.g. Bereich resultiert nach Meinung der Autorin besonders aus dem in vierfacher Hinsicht deutlich gewordenen Theoriedefizit bezüglich der Unterentwicklungsproblematik, und zwar erstens, durch die dogmatische Verkümmerung der von den Klassikern des Marxismus gewiesenen Ansätze zur theoretischen Behandlung der Unterentwicklungsproblematik, zweitens, im Sinne des Mangels der Aufnahme von Erfahrungen, die in den Entwicklungsländern gemacht wurden, drittens, bezüglich der vorwiegend einseitigen Kritik von Erkenntnissen der nichtmarxistischen Forschung und viertens, durch das Zurückbleiben der Theorie hinter der gesellschaftlichen Praxis durch Ignorieren bzw. Fehlinterpretation der Realitäten.

17.
Hier stimmt die Autorin unbedingt der sowjetischen Autorin OSADČAJA zu, die ausführt, "daß es keinen Sinn ergibt, sich künstlich Argumente zurechtzulegen, nur damit man sich um jeden Preis - in erster Linie um den Preis des gesunden Menschenverstandes - von unerwünschten Übereinstimmungen der Ansichten distanzieren kann, sogar dort, wo diese Übereinstimmungen gesetzmäßig und natürlich sind" /OSADČAJA S.22/.

18.
Ausführlichere Ausführungen dazu siehe zum Beispiel GALANDER; BLOCK S. 5-17 ; BLOCK S. 68-72 ; SCHILLING 1988, S.4

19.
Dazu siehe unter anderem Warschauer Vertragsstaaten; Deklaration der Mitgliedsländer; Grundfragen der Entwicklungsländer; Abrüstung für Entwicklung

20.
Zu den sowjetischen Wissenschaftlern muß angemerkt werden, daß diese nicht eine "Theorie der Unterentwicklung" in den Vordergrund stellen. Die Ökonomen konzentrieren sich auf von ihnen so benannte "entwicklungstheoretische" Fragen, d.h. die Genesis, Entwicklung und Perspektive des Kapitalismus als System sowie der Weltgemeinschaft allgemein. Die Historiker analysieren die Geschichte Asiens, Afrikas und Lateinamerikas als Teil des gesamthistorischen Prozesses, der sich den allgemeinen Entwicklungsgesetzen der menschlichen Gesellschaft unterordnet. In beiden Kontexten nehmen aber die Untersuchungen zu Ursachen, Wurzeln und Überwindungsmöglichkeiten des - meist mit Rückständigkeit (otstalost'), Schwachentwickeltheit (slaborazvitost') oder Unentwickeltheit (nerazvitost') bezeichneten - Zustands in den Entwicklungsländern einen wichtigen Platz ein.

21.
Siehe dazu insbesondere Politische Ökonomie S. 763-830; Handbuch Entwicklungsländer; THRON; AALa ab 16(1988)5 laufende Diskussion zum Problemkreis Unterentwicklung, sozialökonomische Entwicklung und gesellschaftlicher Fortschritt in der "Dritten Welt"; SCHILLING 1988; Ergebnisse und Perspektiven; GRIENIG 1986; Evoljucija vostočnych obščestv; Razvivajuščiesja strany; aktuelle Diskussion in sowjetischer Periodika (besonders AAS , NAA, MEMO) seit Mitte 1986

22.
Auf die Notwendigkeit, auch die progressive Rolle von Traditionen (einschließlich der Religion) herauszuarbeiten, verweisen in letzter Zeit auch sowjetische Wissenschaftler, wie zum Beispiel ALEKSANDROV,J.; KIM,G.F.; KOLONTAJEV,A.P. und NUREJEV,S.M.

23.
In dem Verständnis, wie dieser Begriff in HOPFMANN;SCHILLING verwendet wird

24.
Anderer Meinung sind heute zum Beispiel die sowjetischen Autoren ŠEJNIS und SIMONIJA, wenn sie von der These ausgehen, daß die Trennung der Wege von östlichen und westlichen Gesellschaften weiter in die Geschichte zurückgeht und nicht durch den Kolonialismus, geschweige denn durch den Kolonialismus der imperialistischen Epoche hervorgebracht wurde. Die Rückständigkeit der Orientgesellschaften sei auf andere, als damals im Westen existierende Formen wirtschaftlicher, allgemeiner, gesellschaftlicher Organisation zurückzuführen, welche - entgegen verbreiteter Ansichten - nicht im Laufe der Jahrhunderte rückständig, uneffektiv, wenig produktiv gewesen seien, sondern adäquat in den Gesamtkomplex von Siedlungsbedingungen "hineingeschrieben". Die Rückständigkeit - so die Autoren - "ist also in erster Linie das Resultat des Sprunges des Westens und erst in zweiter Instanz der Stagnation des

Orients, welche erst dann hervortrat, als die Geschichte weltweiten Charakter annahm"./Diskussion über Evolucija vostočnych obščestv In: NAA 31(1987)1.- S.154/155/

25.
HOPFMANN und SCHILLING bezeichnen und beschreiben dies ausführlicher als destruktive, konservierende und generative Tendenz des Kapitals. /HOPFMANN;SCHILLING S. 777,778/

26.
Für die ehemalige DDR siehe zum Beispiel in Politische Ökonomie S. 795; Handbuch Entwicklungsländer S.51,52,260,261 ; SCHILLING 1988, S.4 HOPFMAN; SCHILLING S.776 ; Sozialökonomische Unterentwicklung S.3,4; GRIENIG 1986, S.208; KHALATBARI S.14,15; HUTSCHENREUTER; NIEMSCHOWSKI; SPIEGEL S.198

27.
Die Autorin ist - ausgehend von dem in Abschnitt 1.4. dargelegten Unterentwicklungsverständnis - der Meinung, daß die dauerhafte Reproduktion der menschlichen Zivilisation, die die Notwendigkeit der Überwindung der Unterentwicklung einschließt, nur möglich ist, wenn sich weltweit gesamtgesellschaftliche Strukturen entwickeln, die über die Verhältnisse in den heutigen entwickelten kapitalistischen Ländern hinausgehen.

28.
Siehe dazu unter anderem JENGZENTIS; VOIGT S.97; PEWSNER S.21

29.
Diese Ansichten äußerte zum Beispiel auch sinngemäß der sowjetische Politökonom ŠEINIS während eines Rundtischgesprächs 1988 /Mit klarem Blick S.24/. Weitere ausführliche Aussagen marxistischer Theoretiker über die Rolle des Staates in den Entwicklungsländern siehe Gosudartvenny' kapitalism; STIER S.95; FLOR ; ELJANOV;KAROGODIN S.38,39

30.
Die Globalität des Problems leitet sich ab sowohl aus dem - in der Einleitung beschriebenen - globalen Bedrohungspotential, als auch aus dem nur global möglichen Lösungsansatz.

31.
Diese Bedingung erfaßt zwei Aspekte: erstens, - "Frieden ist nicht alles, aber ohne Frieden ist alles nichts", zweitens,- die Möglichkeiten zur Nutzung von "Abrüstung für Entwicklung".

32.
Dabei ist m.E. stärker zu berücksichtigen, daß der Maßstab für die materielle, geistige und kulturelle Befriedigung von Bedürfnissen sich nicht allgemein ergibt, sondern jeweils konkret, entsprechend dem sozialen, ökonomischen und kulturellen Entwicklungsstand der Völker sowie deren Traditionen und Siedlungsbedingungen.

2. Kapitel

1.
Begriffsbestimmung siehe Anhang

2.
Es wäre berechtigt, die nach dem zweiten Weltkrieg bis dato ausgearbeiteten islamischen Sozialkonzeptionen ebenfalls als solche eines "Dritten, islamischen Weges" zu bezeichnen. Im Gegensatz zu den heutigen "Dritter-Weg-Konzeptionen", die von ihren Ideologen als rein islamisch charakterisiert werden und eine stärkere theologische Begründung erfahren, waren die früheren Vorstellungen jedoch vordergründig an weltliche soziale Doktrinen angelehnt. /ACHMEDOV S.133/

3.
Siehe dazu ausführlicher ROBBE 1989a, S.74-78

4.
Unterschiedlichen Angaben zufolge vereinen zur Zeit die islamischen Gemeinden in 90 bis 120 Ländern ca.900 000 bis 1,145 Mrd. Anhänger; in 35 Ländern bilden sie die Mehrheit der Bevölkerung. Weitere Angaben zur Anzahl und geographischen Verteilung der Moslems siehe HEINE S.132-154

5.
Vergleiche dazu ausführlicher DOROŠENKO 1985, S.9

6.
Vergleiche dazu auch SCHATTER 1986, S.782-784

7.
Die genannten Entstehungszusammenhänge werden, z.B. ausführlicher behandelt in: RAHIM S.320-326; NASR S.20-29; SCHATTER 1984; POLONSKAJA;VAFA S.44-63 ; HÖPP 1988 ; Islam v poiskach S.17 ; NIENHAUS 1981c S.56-59; PETERS S.91-131; REISSNER 1989

8.
Die Autorin betrachtet die Religion als eine solche Form.

9.
Einige Vertreter, in deren Arbeiten konzeptionelle Vorstellungen für die Wirtschaftsentwicklung eine Rolle spielen, seien an dieser Stelle genannt:
E.Abdou, R.al-Banna, S.Barri, A.H.Ǧasali, A.A.Heġāsi, S.Kutb,
M.Mahmud, M.H.Morād, A.B.Mutawalli, M.A.Ra'uf (Ägypten)
A.M.Sādeq, M.R.Šarif (Bangladesh)
F.R.Faridi, M.S.Khan, M.N.Siddiḳi (Indien)
R.Anwar, M.Arayad, I.Suni (Indonesien)
A.Hiāri, J.Z.Kilāni, F.M.Zarka (Jordanien)
M.Hasnain, M.Kutb, M.F.Nabhān (Kuwait)
A.H.Ziliety (Libyen)

A.D.Abaza, A.Kanun, A.H.Šukairi (Marokko)
S.M.Ahmad, M.Akram, R.Ansari, A.M.Ghouse, H.A.P.Ibrahim, D.M.Kureshi, S.Kureshi, A.M.Malik, A.Maududi, G.A.Parweš, H.M.Sa'id, S.M.Yusuf (Pakistan)
A.G.Atar, F.Farsi (Saudi- Arabien)
Y.H.Alem, A.A.Rasoul (Sudan)
M.Dogan (Türkei)
M.I.Azari, M.Ally, A.Khurshid, J.Sharif, K.Siddiqi (Großbrit.)
I.S.Gilani, M.Kahf (USA)
Ausführlicher dazu siehe HÖPP 1981,1988; IONOVA Tendencii, S.45-58; KAPUSTIN; ŠARIPOVA; KHURSHID; Thoughts on

10.
Zur aktuellen Lage im sozialen und ökonomischen Bereich der islamischen Welt aus Sicht eines islamischen Theoretikers siehe ŠUKAIRI S.14-17

11.
Für den Iran wird diese Tatsache von DOROŠENKO folgendermaßen charakterisiert: "Unter den Bedingungen ökonomischer und politischer Rechtlosigkeit, jahrhundertealter kultureller Rückständigkeit, Analphabetismus der Mehrheit des iranischen Volkes sind die Bewahrung religiöser Traditionen, Heiligenkult, Pflicht zur Pilgerfahrt und Fastenzeit, die Idee des Märtyrertums im Namen des schiitischen Glaubens und der Gerechtigkeit der Boden, auf dem sich der Einfluß der schiitischen Geistlichkeit auf das tägliche Leben und das Bewußtsein der Iraner gründet. Es gilt zu beachten, daß die schiitischen Traditionen im Iran so stark sind, daß die Iraner, welcher Schicht sie auch angehören, es niemals wagen würden, den Islam und die schiitischen Bräuche zu ignorieren" /DOROŠENKO 1985 S.77/.

12.
Ausführlicher zur ökonomischen Stellung der Geistlichkeit siehe DOROŠENKO 1985, S.6-9,55-58; ENDE;STEINBACH 1989, S.227

13.
So fanden z.B. 1976 und 1983 in Mekka, 1979 in London und Dakka, 1980 in Genf internationale Konferenzen zur "Islamischen Wirtschaft" statt.
Das Studium der "Islamischen Wirtschaftslehre" wurde Bestandteil von Lehrprogrammen vieler islamischer Lehranstalten, so z.B. an der Al-Azhar Universität in Kairo, der Universitäten in Aman (Jordanien), Lahore und Karachi (Pakistan), in Bandung (Indonesien) u.a.
Internationale islamische Organisationen, wie die Islamische Konferenz (OIC), die Islamische Weltliga, der Oberste Rat für islamische Angelegenheiten und der Islamische Weltkongreß thematisieren die Wirtschaftsproblematik ebenfalls zunehmend und initiieren Koordinierungsmaßnahmen sowohl für die Praxis als auch die weitere Forschung auf diesem Gebiet.
Widerspiegelung findet dies auch in wissenschaftlichen Zeitschriften dieser Organisationen, wie z.B. Muslim World Leaque, Journal of Research in Islamic Economics, The Muslim World, Minbar al-eslam, Achbar al-alam al-eslami, Rabita al-alam al-eslami.
Ausführlicher zu dieser Problematik siehe ACHMEDOV 1985, S.11-23; BALIC; ENDE;STEINBACH 1990; IONOVA 1985; KHURSHID 1980; Lexikon Dritte Welt S.512; The Middle East 1990, S.254-256; MOINUDDIN 1984,1988; NAKKAŠ S.248-251; ŠARIPOVA 1974,1985; STEPANJANC 1983,1985; Thoughts on; TIBI 1990

14.
Zu Hintergründen der Reislamisierung siehe auch KEDDI 1981b, S.10-16; KHOURY 1980, S.12-34; POLONSKAJA;IONOVA S.113; LÖFFLER S.238-243; HUNTER 1988b ; WAARDENBERG S.39-52

15.
Vorwiegend in persischer und englischer Sprache

16.
Ausführlicher siehe dazu SCHATTER 1984,1986; HÖPP 1988

17.
Die Reformatoren - so ACHMEDOV - "sahen die Ursachen der Rückständigkeit islamischer Länder im Niedergang des Islam, darin, daß er mit vielem Neuen verwässert wurde" /ACHMEDOV 1982, S.45/. "Die Ursachen der Schwächen der modernen Ausbeutergesellschaften, lägen dagegen im Abgehen der Menschen von der Religion, in der Weigerung, die Gebote des Islam zu erfüllen" /Zit. nach ACHMEDOV 1982, S.137/. Der Iraner TABĀTABĀ'I meint z.B., daß die moslemische Gemeinde in Wirklichlichkeit nur sehr kurze Zeit die islamischen Gesetze befolgt habe und dadurch der Westen die rückständigen Völker des Orients im ökonomischen und kulturellen Bereich unter Druck setzen konnte.

18.
Weitere Äußerungen CHOMEINIS zu dieser Problematik siehe z.B. NUßBAUMER S.181; FERDOWS S.129; CHOMEINI 1983, S.44

19.
Nach HÖPP 1988, S.440

20.
Zitiert nach DOROŠENKO 1985, S.136

21.
Der Autor TIBI bemerkt in diesem Zusammenhang, daß Differenzen zwischen Menschen, die in der europäischen kulturellen Moderne sozialisiert worden sind und solchen, die in einem Kulturbereich aufgewachsen sind, der völlig andere Werte hat, logisch seien. Der Autor wörtlich: "Im westlichen Denken hat die Freiheit Vorrang vor der mit ihr verbundenen Unsicherheit. Im islamischen Denken ist die Sicherheit das oberste Prinzip, Freiheit dagegen, besitzt nur einen geringen Stellenwert" /TIBI 1990, S.43/.

Siehe dazu auch NAJMABADI S.205; FITZGERALD;KHOURY;WANZURA S.194-199

22.
Zitiert nach NUßBAUMER S.183

23.
Zitiert nach DOROŠENKO 1985, S.150

24.
Zitiert nach AGAEV 1984a, S.52

25.
Ausführlicher zum unterschiedlichen Fortschrittsverständnis im Islam siehe auch DALEY;PULIGANDLA

26.
Zitiert nach ŠARIPOVA 1985, S.70

27.
Vergleiche dazu ACHMEDOV 1982, S.3; POLONSKAJA;VAFA S.47; KAPUSTIN S.27

28.
Zum theoretisch-methodologischen Herangehen an das Egalitarismusverständnis siehe z.B. KAPUSTIN S.28-30

29.
Vergleiche dazu ACHMEDOV 1982, S.146

30.
Folgt man den islamischen Dogmen - schreibt GHAZANFAR -"so wurden alle Menschen gleich geschaffen, und zwar in dem Sinne, daß bestimmte Menschenrechte für alle gesichert sein müssen" /GHAZANFAR S.24/. Diese sind - so der islamische Theologe RA'UF - die Rechte auf: Leben, Freiheit, Eigentum durch Ar-

beit, Würde, Bildung./RA'UF 1979/

31.
Das Gefühl der Brüderlichkeit wird mit folgendem Dogma begründet:"Alle Menschen sind Kinder Gottes und daher Brüder".

32.
Die Gerechtigkeit wird im Islam als eine von der Gesellschaft unabhängige Kategorie aufgefaßt, und zwar dahingehend, daß göttliche Gerechtigkeit verbunden mit Barmherzigkeit soziale Gerechtigkeit sichern sollte. Letztere wird verstanden als gleichmäßige Verteilung von Wohlfahrt und materiellen Mitteln sowie als Gleichbehandlung vor dem Gesetz. Vergleiche dazu FERDOWS S.135

33.
Ausführlicher zur islamischen Ethik siehe z.B. STEPANJANZ 1974 S.59-81; GHAZANFAR S.24-28

34.
Bei der Zusammenfassung der Hauptprinzipen und Funktionsregeln wird folgende Literatur zugrunde gelegt: ACHMEDOV 1982, S.146-151; Ideenkämpfe S.269-273; SCHATTER 1984, S.421,427; LÖFFLER S.240-244; GHAZANFAR S.21-29 ; NAWARS S.114-120 ; MANNAN S.97,98,186-189,202,214,247-252,348-341, 360-380; REISSNER 1989, S.160-165

35.
Näheres dazu in SIAWUSCH 1984, S.272-274

36.
GHAZANFAR schreibt dazu: "Der islamische Staat ist verpflichtet, sozialökonomische Gerechtigkeit anzustreben und mit Hilfe spezifischer fiskalischer und anderer Mittel durchzusetzen. Einige sind positive Verfügungen, andere vorbeugender Natur. Beide Formen sollen aber dazu dienen, das höchste Ziel der

islamischen Gesellschaft zu erreichen, d.h. sozialökonomische Gerechtigkeit anzustreben, und zwar durch Verhinderung der exzessiven Anhäufung von Reichtum, Vorsorge für die Armen und Erzeugung einer Umwelt, in welcher materielles Streben nicht letztendlich um seiner selbst Willen erfolgt" /GHAZANFAR S.25/.

37.Siehe dazu auch POLONSKAJA;VAFA S.120

38.
Begriffserläuterung siehe Anlage I
Ausführlicher dazu neben der in Anmerkung 34.) aufgeführten Literatur siehe auch RAHMAN S.92-99; ZAMAN S.100-107; PETRUŠEVSKI S.162,178; DOROŠENKO 1985, S.48; FARIDI

39.-42. Begriffserläuterungen siehe Anlage I

43.
Zum Ribaverbot siehe ausführlicher folgende Literatur: HOSSAIN S.161-171; RUSHDI S.207-215; AMIN S.25-29; RODINSON S.64-69; SCHATTER 1984, S.422

44.
Ausführlicher zu diesen drei Prinzipien siehe Anlage I

45.
Ausführlicher zur Praxis der Umgehung des Ribaverbots und zu den Prinzipien des heutigen islamischen Bankwesens siehe HISAJI;TARBUS; HARIK;HARIK; AMIN; MOORE,C.H. 1988,1990; NIENHAUS 1983 S.37-47; ROSENKRANZ 1983, S.22-25,160-163; UZAIR

46.
Ausführlicher dazu siehe z.B. PETRUŠEVSKI S.66,105

47.
Ausführlicher dazu siehe z.B. NIENHAUS 1981c

3. Kapitel

1.-6.
Kurzbiographien und bibliographische Angaben zu den genannten Personen siehe Anhang II

7.
Genaue Titelangabe siehe Literaturverzeichnis. Eine ausführliche Analyse seines Werkes findet sich in ROSENKRANZ 1987, S.149-169

8.
Genaue Titelangabe siehe Literaturverzeichnis

9.
TĀLEGĀNI erkennt - wie aus seinem Aufsatz "Islam und Eigentum" hervorgeht - die Verdienste des Marxismus bei der Entwicklung der Politischen Ökonomie ausdrücklich an und schlußfolgert daraus, daß das sozialistische System und das Prinzip der Vergesellschaftung der Produktionsmittel mit dem "Dritten Weg" oder dem "islamischen Weg" nicht vereinbar seien, da das vom Marxismus entworfene gesellschaftliche System "die Psychologie des Menschen nicht" verändere, "welche privateigentümlerisch" bleibe /TĀLEGĀNI 1965, S.55-59/.

10.
Zu Ribaverbot und Hortungsverbot vgl. TĀLEGĀNI 1965, S.177,209

11.
Zur Bedeutung der Eigentumsfrage im Islam siehe auch ROSENKRANZ 1987, S.156-159; LUKOJANOV S.80,81

12.
Zur Steuerpolitik siehe ausführlicher AFSHAR,A. S.226-228; MAMEDOVA 1988, S.187-188; MEED 1985,No.3 S.29; TAT 1987, No.4-5-6 S.13

13.
Siehe Literaturverzeichnis und Anlage II

14.
Vgl. dazu Anmerkung 1 der Einleitung und Iranskaja Revoljucija S. 198

15.-16.
Siehe dazu 3.4.3. der vorliegenden Arbeit

17.
Dieses Programm wurde in der iranischen Zeitung Kejhān vom 15.4.1979 veröffentlicht, war aber nach Aussagen von Experten zum damaligen Zeitpunkt völlig unrealistisch und konnte bisher auch nicht umgesetzt werden. Inzwischen gibt es innerhalb des neuen Entwicklungsplanes 1990-1994 ein neues Programm.

18.-19.
Siehe dazu 3.5. der vorliegenden Arbeit

20.
Zu den nachfolgend dargelegten Vorstellungen vgl.: MÜLLER S.347; POLONSKAJA;VAFA S.119 ; AGAEV 1984a, S.151; Der Wirtschaftsplan S.91-95; ROSENKRANZ 1987, S.195-202

21.
Zur disproportionalen Wirtschaftsentwicklung vgl. CUKANOV

22.
Zu Unterschieden in der Einkommensstruktur Irans siehe z.B. ARABADZJAN 1987, S.183

23.-24.
Siehe Literaturverzeichnis

25.
Vgl. dazu auch NOROUZI;ITSCHERENSKA 1987, S.220

26.
Vgl. BANISADRS Arbeiten, die er nach 1980 im Exil verfaßte. Siehe Literaturverzeichnis und Anlage II

27.
Zum Schicksal der bisher insgesamt sieben Agrargesetzentwürfe seit 1979 sowie zu Ergebnissen in der Agrarpolitik siehe BAKHASH 1989, S.186,198; Iranskaja Revoljucija S.349-35; KOOROSHY 1987; The Middle East 1990, S.433-435; MEED Iran Business Feature 14.12.1985 S.49

28.
Zu den unterschiedlichen Entwürfen des Arbeitsgesetzes siehe Kolloquium S.490; Za Rubežom 1988/34 S.9; TAT 1987,No.11-12 S.5

29.
Eine deutsche Übersetzung der Verfassung ist in der von der iranischen Botschaft in Bonn herausgegebenen Reihe "Iran und die Islamische Republik" im Heft 6 (Mai) 1980 erschienen. Da der Autorin zum Zeitpunkt der Entstehung der Arbeit diese Übersetzung nicht zugänglich war, stützt sie sich bei den folgenden Ausführungen auf das Original sowie auf Übersetzungen in englischer /MEJ (1980)2, S. 186-194/ und russischer Sprache.

30.
Siehe dazu NOROUZI;ITSCHERENSKA 1987, S.332-334

31.
Der staatliche Sektor soll die Schlüsselindustrien, den Außenhandel, wichtige Bergwerke, das Bank- und Versicherungswesen, die Energiewirtschaft, Staudämme und wichtige Bewässerungs-

netze, Rundfunk, Fernsehen und Post, Telegraphen sowie Telefonverbindungen, den Luft- See- und Schienentransport und ähnliches umfassen und sich in Form von gesellschaftlichem Eigentum in der Verfügungsgewalt des Staates befinden.

32.
Zum genossenschaftlichen Sektor sollen die kooperativen Gesellschaften und Organisationen, die in Übereinstimmung mit den islamischen Ordnungsprinzipien in Städten und Dörfern gebildet wurden, gehören.

33.
Der Privatsektor soll die Teile der Agrar- und Tierproduktion, von Industrie, Handel und Dienstleistungen umfassen, die die Aktivitäten im staatlichen und genossenschaftlichen Sektor unterstützen.

34.
Zu den Aussagen zum Entwicklungsplan 1983/84-1987/88 siehe ROSENKRANZ 1988; SCHMIALE;THIEMANN ; Ettelā'āt 5.2.1986, S.6; MEYER 1984 S.310-314; MÜLLER S.351,352

35.
Siehe Literaturverzeichnis. Nach Wissen der Autorin, ist diese zweibändige Arbeit das bisher umfangreichste zusammenhängende Werk zur islamischen Wirtschaftslehre.

36.
CHOMEINI schreibt dazu konkret: "Das islamische ökonomische System basiert weder auf den Gesetzen des Marktes, noch auf Planung und staatlicher Kontrolle, sondern auf moralischen Prinzipien sowohl in der Produktion als auch beim Austausch und in der Konsumtion..." /Zit. nach AGAEV 1984, S.50/.

37.
Siehe SADR Bd.I, S.353-357

38.
Vgl. dazu CHOMEINIS Aussagen in DOROŠENKO 1985, S.158,161 sowie in einem Interview mit japanischen Journalisten vom 27.11.79 zit. in CHOMEINI 1979a, S.18

39.
Vgl. LUKOJANOV S.87

40.
Das Wesen dieser Theorie besteht nach den Worten der Ajatollahs Ch. Nuri und N. Hamadāni darin, daß der "Faġih (islamischer Rechtsgelehrter, in diesem Falle höchster Rechtsgelehrter) alle drei Arten des Eigentums kontrollierend ..., möglichen Mißbrauch, Konzentration des Reichtums und Hortung verhindernd, die Größe des Privateigentums 'entsprechend den Zeitumständen' regulieren soll..." /Ettelā'āt 20.12.1981, S.11/. Dem Faġih wird sogar das Recht zugestanden, Eigentum zu konfiszieren. /Chabar wa nasār.- Teheran, (1980)136.- S.25/

41.
CHOMEINI in Interviews wörtlich: "Er sei nicht gegen das Kino, sondern gegen Pornographie, nicht gegen das Moderne an sich, sondern gegen seine unmoralischen Auswüchse" /Zit. RIYAHI S.66/. "Wir wollen nichts vom Westen und seiner Anarchie...Wir fürchten uns nicht vor westlicher Wissenschaft und Technik. Wir haben Angst vor euren Ideen und eurer Lebensweise. Wir möchten nicht, daß ihr euch in unsere Wirtschaft, Politik oder unsere Sitten einmischt..."/Daily Mail.- London, 8.10.1979.- S.3/.

42.
Vgl. dazu insbesondere SADR Bd.2, S.66-69

43.
Nach SADR liegt die "wahre Bedeutung" des Prinzips, daß alles

Gott und sonst niemandem gehört, in der "Negierung des persönlichen Eigentums und privater Anrechte an jenen natürlichen Reichtümern und Rohstoffen, die ohne Einsatz von Arbeit angeeignet worden sind" /SADR Bd.2, S.137/.

44.
Mozaraba in der traditionell islamischen Bedeutung umfaßt einen handwerkschaftlichen Partnerschaftsvertrag, demzufolge die eine Seite das Kapital, die andere Seite ihre Arbeitskraft zur Verfügung stellt und der Gewinn $^1/_2$: $^1/_2$ aufgeteilt wird. Siehe dazu auch Anlage I.

45.
Mozāre'e beinhaltet traditionell den Vertrag über die Bewirtschaftung von Feldern, nach Art des Teilpachtsystems.

46.
Mosaġat bedeutete im Frühislam die Verpachtung eines Teils von einem Weinberg oder Palmenhain.

47.
Die Bemühungen zur Islamisierung des iranischen Bankwesens werden von der Autorin - im Interesse einer Straffung der Arbeit und auf Grund der dazu reichlich vorhandenen Analysen anderer Autoren - an dieser Stelle nicht näher aufgezeigt. Nachfolgend möchte die Autorin jedoch auf einige dieser Analysen und Darstellungen hinweisen, in denen sowohl die diesbezüglichen gesetzlichen Grundlagen und Regierungsbeschlüsse als auch ihre Realisierung veranschaulicht werden : AMIN 1986; Barrasi-je S.394-459; Financial Times 1.4.1985 Sonderbeilage Iran, S.24-29; Islamic Republic S.234-240; Das Islamische Banken-System S.104-113; MEED 5.4.1986, S.28-31, 11.10.86, S.39, 22.9.89, S.22, 29.12.89, S.10; ROSENKRANZ 1987, S.182-186, 206,209; KOOROSHY 1990

48.
Da der Autorin das Programm der IRP zum Zeitpunkt der Anfertigung der Arbeit nicht zugänglich war (veröffentlicht unter anderem in der Zeitschrift Čomhuri-je Eslāmi vom 28.2.-3.3. 1981), stützt sie sich auf die russische Übersetzung von S.G.IVANOV, besprochen in MAMEDOVA 1988 S.149-152.

49.
Dieser Begriff wird gewöhnlich mit Gesellschaft, Kompanie, Firma übersetzt, entspricht aber traditionell eher einer genossenschaftlichen Vereinigung oder kleineren Gesellschaft. Im Iran war die Unternehmertätigkeit durch die Besonderheit gekennzeichnet, daß die juristische Form des Eigentums und der unternehmerischen Tätigkeit nicht individuell sein durfte, sondern in Form einer "Šerkat". Ausführlicher dazu siehe MAMEDOVA 1982, S.40-43

50.
Vgl. dazu ausführlicher MAMEDOVA 1988, S.151

51.
Vgl. dazu ausführlicher BFAI Kurzmerkblatt Iran, Mai 1990, S.3-6; Iranskaja Revoljucija S.352,352; MAMEDOVA 1988, S.153; MEED 23.12.1988.- S.17; MEED Iran Business Feature 14.12. 1985.- S.34-43; MEED Special Report Iran 2.3.1990.S. XVIII; MEYER 1985 S.402-403; The Middle East 1990, S.442; MÜLLER S.356; ROSENKRANZ 1987, S.210-213; TAT 1987,No.3, S.10-11, 1987, No. 4-5-6, S.8

52.
Siehe Anlage I

53.
Vgl. dazu ausführlicher MEED 13.2.1988, S.10 ; REISSNER 1988

54.
Diese sowie die folgenden Zahlenangaben differieren in den unterschiedlichen Quellen teilweise sehr stark, so daß im weiteren lediglich ungefähre Größenordnungen und keine genauen Zahlenangaben erfolgen.

55.
Vgl. dazu ausführlicher Iranskaja Revoljucija S.364

56.
Dazu einige Beispiele:
- Die Regierung befreite Eigentümer der kleinen Unternehmen von Beitragszahlungen zur Sozialversicherung ihrer Arbeiter (bei bis zu zwei Arbeitern völlig, bei mehr als zwei Arbeitern teilweise)
- Es gab Steuervergünstigungen für Unternehmen, die ohne Importe produzierten, d.h. einheimische Rohstoffe und Materialien nutzten, was vorwiegend in den kleineren Betrieben möglich war.
- Die durch die Ǧihāde Sāzendegi getätigten Infrastrukturmaßnahmen sollten vorrangig der Erweiterung der kleinen Warenwirtschaft dienen.
- Die auf vollständiger Nationalisierung des Bankwesens beruhende Kreditpolitik soll ebenfalls in erster Linie der Unterstützung kleiner und mittlerer Unternehmen dienen, wozu die Möglichkeit der Gewährung von Sonder- und Vorzugskrediten eingeräumt wurde.
- Es erfolgte mehrmals eine propagandistisch breit aufgezogene Bestrafung von Spekulanten und sich unmäßig bereichernden Zwischenhändlern.
- Die Tätigkeit der noch unter dem Schahregime gegründeten "Organisation der Kleinindustrie" /Vgl. dazu MAMEDOVA 1988 S.175/ wurde erweitert.
- Um die Kleinindustrie nicht nur als Mittel zur Schaffung von Arbeitsplätzen zu nutzen, sondern um sie auch in das moderne System der Produktion einzugliedern, wurde je nach vorhandenen Devisenmitteln der Import von moderner technologischer Aus-

rüstung für kleine Betriebe staatlicherseits gefördert.
- Der staatlich garantierte Aufkauf bestimmter Produkte aus der Kleinindustrie soll eine Erweiterung dieser Form ebenfalls unterstützen. Zu weiteren Maßnahmen vgl. MAMEDOVA 1988, S. 179-188.

57.
Einige Schwerpunkte des neuen Entwicklungsplanes sind:
- Ökonomisches Wachstum soll vorrangig durch die Erweiterung der Industrieproduktion erfolgen, wobei die Schwerindustrie mit einer geplanten jährlichen Wachstumsrate von 24% Priorität genießt.
- Förderung des Privatsektors bei Schaffung günstiger Rahmenbedingungen durch den Staat, wobei hier nicht mehr nur vorrangig kleine und mittlere Betriebe im Mittelpunkt stehen
- Liberalisierung der außenwirtschaftlichen Beziehungen und Möglichkeiten zur Nutzung ausländischer Kredite
- Finanzierung der Ausgaben von umgerechnet $394 Mrd. (davon Devisenausgaben insgesamt $119,152 Mrd.) überwiegend durch Ölexporteinnahmen, wobei die Exportkapazität für Rohöl mittelfristig auf 10 Mio bpd erhöht werden soll, bei gleichzeitiger Erhöhung des Steueranteils an den Staatseinnahmen von gegenwärtig 49,0% auf 56,6% im Jahre 1994
- Erhöhung der Eigenversorgung mit landwirtschaftlichen Gütern durch Modernisierung und Mechanisierung der Landwirtschaft, d.h. durch vorrangige Intensivierung der Bearbeitung bereits kultivierter Flächen
- Ausbau und Verbesserung der Verkehrsinfrastruktur sowie Bau von 2,5 Mio Wohnungseinheiten, davon mehr als $^1/_3$ in ländlichen Gebieten
- Zurückdrängung des hohen Bevölkerungswachstums von gegenwärtig jährlich 3,9% auf 3,1% im Jahre 1994 durch spezielle Programme der Familienplanung
- Ausweitung der Investitionen für Forschung und Entwicklung
/ BFAI Kurzmerkblatt Iran Mai 1990; BFAI Wirtschaftslage Iran am Jahreswechsel 1989/90; Ǧomhuri-je Eslāmi 10.,13.1.1990;

MEED Special Report Iran 2.3.1990, S.VIII-XI; MEED 19.1.1990, S.14, 9.2.1990, S.17/

ANLAGE I

Begriffserklärungen

Ajatollāh

Titel für hochrangige Moǧtaheds, der nicht allein durch ein Theologiestudium erworben werden kann, sondern sich auf einen Konsens der Geistlichkeit gründet, erworbene religiöse Autorität in der islamischen Gemeinde zur Voraussetzung hat sowie entsprechende Anerkennung, Popularität und Verehrung beinhaltet.

Es gibt also innnerhalb der islamischen Geistlichkeit weder eine festgefügte Hierarchie noch festgelegte Funktionen, jedoch eine Reihe nicht genau definierter Rangbezeichnungen.

Die heute bei der schiitischen Geistlichkeit in Iran gebräuchlichen Rangbezeichnungen sind folgende:

- Talabe (Sucher), spezielle Bezeichnung für Theologiestudenten, aber auch allgemein für alle Geistlichen
- Saġat-ol-eslām (Vertrauen des Islam)
- Hoǧǧat-ol-eslām (Beweis des Islam)
- Hoǧǧat-ol-eslām wa-l-moslemin (Beweis des Islam und der Moslems)
- Ajatollāh (Zeichen Gottes)
- Ajatollāh-ol-Ozmā (Großajatollah)
- Naǧeb-e-Imām (Stellvertreter des Imam) Gemeint ist der verborgene Imam.
- Mollā, Šeich und Achund - allgemeine Bezeichnung für alle Geistlichen, gleich welchen Ranges

Charaǧ

Traditionelle islamische Steuerart; ursprünglich wie Ǧisija, später die am Grundbesitz haftende Abgabe (Grundsteuer); heute nicht mehr in Anwendung.

Chums

Wörtlich "der Fünfte"; islamische Steuer; bei den Sunniten nur in Verbindung mit Kriegsbeute gültig; Bei den Schiiten wird Chums häufig als Einkommenssteuer angesehen, die zum allgemeinen Besten der moslemischen Gemeinde zu verwenden ist.

Faġih (Pl. Foġaha)
Ursprünglich jemand, der Kenntnis von oder Verständnis für etwas besitzt; später Theologe, dann Rechtsgelehrter und schließlich Kasuist.

Feġh
Islamische Rechtswissenschaft; geht auf dieselbe Wurzel wie Fagih zurück. Das Fegh behandelt außer den das rituelle und gottesdienstliche Verhalten normierenden Gesetzen das gesamte Gebiet des Familien-, Erb-, Sach- und Obligationsrechts, weiter das Strafrecht und das Gerichtsverfahren, die Gesetze über die Regierung und Verwaltung des Staates sowie das Kriegsrecht.

Fundamentalismus
Bestreben, die Gesellschaft auf der Basis eines in seiner ursprünglichen Reinheit wiederhergestellten Islam umzugestalten. Dies schließt die Aufhebung der Trennung von Staat und Religion ein, d.h. die Gründung eines islamischen Staates, die Islamisierung von Politik, Recht, Wirtschaft und Kultur usw.

Ǧisija
Kopfsteuer; Tribut für die Nichtmoslems, die in einer islamischen Gemeinde leben

Imam
Wörtl. Führer, Vorbild, Vorbeter; 1.) Islamischer Theologe, der das rituelle Gebet der Gläubigen leitet. 2.) Oberhaupt der islamischen Gemeinschaft aller Moslems.
"Imam der Zeit" wird der zwölfte Imam genannt, der nach Auffassung der "Zwölferschiiten" in die Verborgenheit eingetreten ist. In der Zeit der "großen Verborgenheit" gibt es - so

glauben die "Zwölferschiiten" - immer große islamische Rechtsgelehrte, die als Stellvertreter des verborgenen Imam die Angelegenheiten der Moslems regeln. In diesem Sinne wurde Chomeini verkürzt als "Imam" bezeichnet.

Imamat
Führung der islamischen umma, der Glaubensgemeinschaft der Moslems auf der ganzen Welt

Medrese
Traditionelle islamische theologische Hochschule

Moǧtahed (Pl. Moǧtahedin)
Schiitischer Rechtsgelehrter, der zur selbständigen Rechtsfindung durch die Interpretation der Rechtsquellen mit Hilfe rationaler Überlegungen befähigt ist.

Mozaraba
Partnerschaftsbeziehung, die mit der durch den Koran erlaubten kommerziellen Zusammenarbeit gleichgesetzt wird, nach der die eine Seite das Kapital zur Verfügung stellt, die andere Seite mit seiner Arbeit bestimmter Qualifikation das Geschäft durchführt, wonach dann dementsprechend der Profit geteilt wird.

Murabaha
Wird assoziiert mit der Praxis, vom Bankkunden eine kleine Summe für die Abdeckung administrativer Ausgaben zur Realisierung der Banktätigkeit einzufordern.

Mušaraka
Sieht die Partnerschaft zwischen Bank und Kunden vor, basierend auf der Teilung des Profits, entsprechend einer vorher ausgehandelten Übereinkunft und nicht entsprechend der eingebrachten Kapitalanteile.

Sadaġa
Traditionelle islamische Art von Almosen, die für Arme, Waise und Bedürftige eingesetzt werden sollen.

Šaria
arab. "Gesetz"; Bezeichnung für die im 9. und 10. Jahrhundert entwickelte islamische Rechtssprechung. Ursprünglich rein kasuitisches und mündlich überliefertes Recht - basierend auf Koran und Hadith (überlieferte Aussprüche und Taten des Propheten Mohammed) - wurde die Šaria später von vier orthodoxen Schulen (mazhab) weiterentwickelt, so daß ein bis in die geringfügigsten Einzelheiten ausgearbeitetes Feġh-System entstand. Somit gibt es keine - heute anderswo übliche Kodifikation des Gesetzes, sondern die Feġh-Werke - in breiten Kreisen als maßgebend anerkannt - gelten als die tatsächlichen "Gesetzbücher" für den orthodoxen Moslem.
Die Šaria ist weder "Recht" im modernen Sinne des Wortes, noch ihrem Inhalt nach, da sie sowohl Vorschriften juristischen und politischen Charakters, als auch Bestimmungen über Kultus und rituelle Verpflichtungen umfaßt.
Die Grundtentenz der Entstehung der Šaria war die religiöse Wertung aller Lebensverhältnisse; juristische Gesichtspunkte sowie die Verleihung subjektiver Rechte auf Grund objektiver Tatbestände kamen erst später hinzu.
Insgesamt ist die Šaria die entscheidende Ausprägung komplexen islamischen Denkens rechtschöpferischer Art und bildet den Wesenskern des Islam.

touhid
Monotheismus; Einheitsbekenntnis, Glaube an den einen Gott

Ušr
Steuerart im islamischen Gemeinwesen; zugunsten der öffentlichen Fürsorge erhobener Zehnt

Wächterrat
Ein aus 12 Personen (6 Geistlichen, 6 Juristen) bestehendes Gremium in der IRI, welches die vom Parlament verabschiedeten Gesetze kontrolliert und prüft, ob sie gegen islamisches Recht verstoßen. Es kann Gesetze zur neuen Überarbeitung an das Parlament zurückgegeben. Ein von der Mağlis (iranisches Parlament) bestätigter Gesetzentwurf tritt erst in Kraft, wenn er vom Wächterrat bestätigt worden ist. Ein Teil seiner Mitglieder wurde bisher von Chomeini benannt, ein Teil durch das Parlament gewählt.

Waġf (Pl. Ouġaf)
"Fromme Stiftungen"; Für religiöse bzw. wohltätige Zwecke (Unterstützung der Armen, Besoldung des Personals von Moscheen, Medresen, Bibliotheken, Koranschulen, Krankenhäusern usw.) gestiftete unveräußerliche Güter, wie Geschäfte, Lagerhäuser, Mietshäuser, industrielle und landwirtschaftliche Betriebe, Gärten, Ländereien oder auch ganze Dörfer.

Welājat-e faġih
Herrschaft des berufensten islamischen Rechtsgelehrten, der als irdischer Sachverwalter des verborgenen 12. Imam und damit als Vollzieher göttlicher Gebote auf Erden die höchste geistlich-weltliche Autorität ist.

Zakāt
Den Moslems auferlegte Steuer für Handel, Gewerbe und Viehzucht; In diesem Sinne Vermögens- und Einkommenssteuer, welche die Reichen für die allgemeine Wohlfahrt der gesamten Nation zu zahlen haben. Damit sollen die Verteilung des Reichtums innerhalb der Gesellschaft und soziale Gerechtigkeit für alle gesichert werden. Als Mittel für die soziale Sicherheit der islamischen Gemeinde ist die Zahlung von Zakat Pflicht für all jene Moslems, deren akkumulierter Reichtum in einer bestimmten Periode ein festgelegtes Minimum (Nisāb) überschreitet.
Der Unterschied dieser islamischen Steuer zu normalen nicht-

islamischen Steuern bestehe - so islamische Ideologen - darin, daß Zakāt für die Bedürfnisse der Armen verwendet werden müsse, nur für die reichen Moslems obligatorisch sei und ihre Höhe variabel sei und zwar in Abhängigkeit von der Art des zu besteuernden Reichtums.
Durch die Erhebung des Zakāt sollen sowohl Investitionsanreize geschaffen als auch Eigentumskonzentration verhindert sowie die Armut beseitigt werden. Die Institutionalisierung des Zakāt sei Aufgabe des Staates.

(Literatur: CHOMEINI 1983 Anmerkungen von ITSCHERENSKA; NOROUZI; Encyclopaedia; Im Namen Allahs; WENSICK;KRAMERS; YANN u.a.)

ANLAGE II

Kurzbiographien

BANISADR

Abol-Hasan Banisadr wurde **1934** in einer aus Hamadan stammenden Ajatollah-Familie **geboren**.
Durch sein Studium der Theologie und der Soziologie an der Teheraner Universität geriet er unter den Einfluß zweier geistiger Strömungen - einer religiösen und einer nichtreligiösen - wovon sein weiteres Leben stark geprägt werden sollte. An der Universität lernte B. unter anderem den französischen marxistischen Soziologen P.Vieille kennen und wurde dessen Mitarbeiter.
Anfangs als Bewunderer des bürgerlich-nationalen Führers Mossadeġ, später als Mitkämpfer von Bāzargān und Tālegāni beteiligte sich B. an Versammlungen und Aktionen, die von der Nationalen Front und anderen politischen Gruppen an der Universität organisiert wurden und war bald als aktiver Gegner des Schahregimes bekannt. In diesem Zusammenhang wurde B. 1962 und 1963 mehrmals verhaftet, so daß er sich gezwungen sah, ins Exil nach Frankreich zu gehen.
An der Sorbonne setzte B. seine Studien in Wirtschafts- und Rechtswissenschaften fort und promovierte zur Agrarreform im Iran.
Stark von der 68er Studentenbewegung beeinflußt, wurde er selbst zu einem der Führer der gegen das Schahregime wirkenden studentischen Oppositionsbewegung im Ausland und arbeitete mit den sich in Westeuropa etablierenden Organisationen der Nationalen Front zusammen.
Seit 1972 stand B. im unmittelbaren Kontakt zu Chomeini und wurde später einer seiner engsten Vertrauten und Berater in Wirtschaftsangelegenheiten in Neauphle-le-Château.
Unter den in dieser Zeit entstandenen Arbeiten B.'s finden

sich neben Werken, die sich mit der Errichtung einer Islamischen Republik befassen, auch Schriften zu wirtschaftstheoretischen Fragen, in denen er für die Schaffung einer auf islamischen Grundprinzipien basierenden Wirtschaft plädiert.
Während der revolutionären Ereignisse im Iran wurde B. von Chomeini zum Mitglied bzw. Vorsitzenden des Revolutionsrates ernannt, war Mitglied der Expertenversammlung zur Ausarbeitung einer neuen Verfassung, im November 1979 Minister für Wirtschaft und Finanzen und amtierte kurze Zeit als Außenminister. Im Januar 1980 wurde er zum ersten Präsidenten der Islamischen Republik Iran (IRI) gewählt und fungierte gleichzeitig als Oberbefehlshaber der iranischen Armee.
Nachdem alle Voraussetzungen für eine vollständige Theokratisierung des iranischen Staatswesens geschaffen worden waren, erklärte das Parlament den Nichttheologen B. am 22.6.1981 für politisch inkompetent, was, da es Chomeinis Billigung fand, einer Amtsenthebung gleichkam.
B. tauchte unter, bis ihm am 29.7.1981 gemeinsam mit dem Führer der Moǧāhedin-e Chalq, Raǧāwi, die Flucht nach Frankreich glückte.
Von Paris aus begann er eine Oppositionsbewegung gegen das theokratische Regime im Iran aufzubauen. Im Oktober 1981 gründete B. gemeinsam mit Raǧāwi den "Rat des nationalen Widerstandes". Im Namen dieses Rates, der Exilregierung und Führung veröffentlichten sie 1981 ein gemeinsames politisches und gesellschaftliches Programm. 1984 vereinte der Rat 15 oppositionelle Gruppen, die im Iran und vom Ausland aus gegen das iranische Regime aktiv waren. B. verließ den Rat 1984 wegen zunehmender Differenzen zu Raǧāwi.

Neben den im Literaturverzeichnis aufgeführten Werken schrieb Banisadr u.a. folgende Arbeiten:

- Ǧomhuri-je Eslāmi (Die islamische Republik).-o.O.,o.J.
- Iran, Ġurba as-siyāsa wa at-tarwa.- Beirut,1979
- Kiš-e šachsija (Personenkult).- o.O.,o.J.

- Moġaddame'i bar rāweš-e šenācht bar pāje-je touhid (Einführung in die monotheistische Erkenntnismethode).- erschienen als Anhang zu Osul-e pāje (siehe Literaturverzeichnis
- An-naft wa as-seitara.- Beirut, 1980
- Rābete-je maddijat wa ma'ānawijat (Das Verhältnis zwischen Materiellem und Geistigem).- o.O., 1978
- Ta'mim-e emāmat (Verallgemeinerung der Führung durch den Imam).- o.O.,o.J.

BĀZARGĀN

Mehdi Bāzargān wurde **1905** in einer religiösen Täbrizer Basarhändlerfamilie **geboren** und verbrachte dort seine ersten Lebensjahre.
Seiner Ausbildung an einem Lehrerbildungszentrum folgte 1925 ein Ingenieurstudium an der Eĉole Centrale in Paris. Nach seiner Rückkehr in den Iran (1936) diente er in der Armee. Später lehrte er als Professor für Thermodynamik längere Zeit an der TH von Teheran und war einige Jahre Rektor dieser Hochschule.
Gleichzeitig begann sich B. intensiv mit theologischen Fragen zu beschäftigen und Schriften zur islamischen Thematik zu veröffentlichen, in denen er für eine Politisierung des Islam eintrat.
Mitte der 40er Jahre begann B.'s politisches Engagement. So wurde er Anfang der 50er Jahre in der Nationalen Front (NF) enger Mitarbeiter Mossadeġs, der ihn 1951 als Leiter des Kommitees zur Verstaatlichung des Erdöls einsetzte. Nach dem Sturz Mossadeġs wurde B. zwar aus der Teheraner Universität entlassen, war dennoch weiterhin politisch aktiv. Er unterhielt enge Kontakte zu illegalen Bewegungen, wie zum Beispiel der "Islamischen Gesellschaft der Studenten, Lehrer und Physiker", der "Gesellschaft der islamischen Studenten", dem "Islamischen Zentrum" und anderen gegen das monarchistische Regime wirkenden Vereinigungen, gründete selbst die "Bewegung des

nationalen Widerstandes" und arbeitete weiter intensiv mit der NF zusammen. Das führte 1956 zu seiner ersten Verhaftung.
Anfang der 60er Jahre besuchte B. die USA. Obwohl er vom dortigen Lebensstandard beeindruckt war, äußerte er sich ablehnend gegenüber der amerikanischen Lebensweise.
Als 1963 die "Iranische Freiheitsbewegung", deren Mitbegründer B. gewesen war, verboten wurde, folgten weitere Gefängnisstrafen. Nach seiner Entlassung aus der Haft engagierte er sich jedoch weiterhin in oppositionellen Bewegungen gegen das Schahregime.
Seine Reden und Schriften waren zunehmend durch die Verbindung sozialer und politischer Fragen mit der islamischen Thematik geprägt. Durch das Aufgreifen von Beispielen zeitgenössischer Kultur und Technologie stellte B. einen mit neuem Vokabular durchsetzten modernen Islam vor. In diesem Zusammenhang plädierte er vor allem dafür, zwischen Religion und Politik keinen Trennungsstrich zu ziehen.
1964 wurde B. wegen "Verrats" erneut verhaftet und zu 10 Jahren Gefängnis verurteilt, kam jedoch 1967 durch eine Amnestie frei. Daraufhin zog er sich aber vorerst aus der politischen Tätigkeit zurück und übernahm die Leitung einer Baufirma.
Seit Mitte der 70er Jahre wurde B. wieder politisch aktiv. So wurde im Sommer 1977 unter seinem Vorsitz die "iranische Gesellschaft zur Verteidigung der Freiheits- und Menschenrechte" gegründet.
Am 4.2.1979, noch vor dem Sieg der islamischen Revolution, ernannte Chomeini den als integre Persönlichkeit allgemein geachteten B. zum Ministerpräsidenten der Provisorischen Revolutionären Regierung Irans. Die von ihm vertretene Politik wurde jedoch von der nach vollständiger Theokratie strebenden fundamentalistischen Geistlichkeit immer stärker paralysiert, so daß B. nach mehrmaligen Rücktrittsangeboten am 5.11.1979 demissionierte.
Im iranischen Parlament war er aber auch noch danach -zunächst als dessen stellvertretender Vorsitzender, später als Frak-

tionsvorsitzender der liberalen Opposition - politisch tätig. 1986 gründete er auf der Basis der iranischen Freiheitsbewegung die "Assoziation zur Verteidigung der Freiheit und Souveränität des iranischen Volkes", die seitens der islamischen Radikalen auf das schärfste bekämpft wird.
Seine Ansichten über den Islam und dessen Rolle im gesellschaftlichen Leben legte er relativ vollständig in mehreren Anfang der 60er Jahre erschienenen Werken dar, seine späteren Arbeiten sind vor allem Reflexionen aktueller politischer Ereignisse. (siehe dazu auch nachfolgende Bibliografische Angaben).

Neben den im Literaturverzeichnis aufgeführten Werken schrieb Bāzargān u.a. folgende Arbeiten:

- Chodā dar eǧtemā (Gott in der Gesellschaft).- Teheran, 1965
- Chodāparasti wa afkār-e ruz (Der Glaube an Gott und die Gedanken des Tages).- Teheran, 1963
- Chodǧuši (Selbstaktivierung).- Teheran, 1961
- Del wa damāġ (Herz und Hirn).- Teheran, 1965
- Ensān wa chodā (Der Mensch und Gott).- Teheran, 1963
- Entezār-e mardom az marāǧe (Was erwartet das Volk von den religiösen Autoritäten).- Teheran, 1963
- Eslām wa ǧawānān (Der Islam und die Jugend).- o.O., 1962
- Eslām-e ǧawān (Der junge Islam).- Teheran, 1964
- Modafa'āt dar dādgāh-e ġejr-e sāleh-e taġdid-e nazar-e nezāmi(Verteidigungsreden vor dem inkompetenten Militär - berufungsgericht).- o.O., 1971
- Perāgmatizm dar eslām (Pragmatismus im Islam).- In: Be nehājat-e kucekhā.- Teheran, 1978

CHOMEINI

Ajatollah Ruhollāh Musāwi Hendi Chomeini wurde unterschiedlichen Quellen zufolge **zwischen 1900 und 1903** in Chomein

(zwischen Esfahan und Arak) in einer religiösen Familie **geboren** und - da sein Vater sehr früh starb - von seiner Mutter aufgezogen.
Durch seinen älteren Bruder erhielt Ch. eine solide Grundschulbildung, so daß er ab 1918 als Schüler von Ajatollah A.H. Yazdi an einer Medrese in Soltanabad (Provinz Arak) Theologie und islamisches Recht studieren konnte. 1921 folgte er seinem Lehrer nach Ġom und schloß dort seine theologische Ausbildung ab. Fortan lehrte er an der Medrese Faisije.
1930 heiratete er die Tochter eines reichen Ajatollahs. Aus dieser Ehe gingen fünf Kinder - zwei Jungen und drei Mädchen - hervor. (Sein Sohn Mustafa fand 1977 vermutlich durch die Geheimpolizei SAVAK den Tod. Sein zweiter Sohn, Achmad, durchlief ebenfalls eine theologische Ausbildung und wurde Ch.'s ständiger Begleiter.)
Nach H. Yazdis Tod 1936 wurde Ch. in Ġom ein bekannter Moǧtahed. Mit "Offenbarung der Geheimnisse" veröffentlichte er 1942 seine erste Kritik am Pahlavi- Regime.
Während seiner "quietistischen Periode" in den 50er Jahren erteilte er weiterhin Unterricht, war aber gleichzeitig Schüler und Vertrauter von Ajatollah Boruǧerdi (gest. 1961). Seit den 60er Jahren hatte Ch. einen wachsenden Zulauf an Studenten.
1962 nahm er den direkten Kampf gegen das Schahregime auf, war führend am gegen das Regime gerichteten Juniaufstand 1963 beteiligt und wurde nach dessen blutiger Niederschlagung wiederholt von der SAVAK festgenommen.
Nachdem Ch. am 26.10.1964 in einer scharfen Rede die Gewährung "diplomatischer Sonderrechte" für die amerikanischen Militärberater kritisiert hatte, blieb es nicht bei einer Festnahme. Es erfolgte die Ausweisung in die Türkei, von wo aus er in den Irak emigrierte.
Sein Exil in Naǧaf (1964-1978) und später in Neauphle-le-Château (Frankreich) nutzte er zur Weiterentwicklung seiner theoretischen Grundpositionen sowie dazu, mit Hilfe der islamischen Geistlichkeit im Iran und von im Ausland weilenden

oppositionellen Iranern den Widerstand gegen das Schahregime zu organisieren und ideologisch zu kanalisieren. Seine auf Kassetten gesprochenen Reden und Erklärungen gegen den Schah, gegen Imperialismus und Zionismus wurden im Iran zu Tausenden verbreitet und trugen wesentlich zur Mobilisierung der Massen bei.

Theoretische Arbeiten Ch.'s, wie das Buch "Die Islamische Regierung" oder die Sammlung von Vorlesungen "Der islamische Staat" (veröffentlicht 1971) fanden seinerzeit weniger Beachtung, bildeten aber nach dem Sieg der islamischen Revolution die wesentliche staatspolitische Grundlage der IRI.

Während der revolutionären Ereignisse kehrte Ch. am 1.2.1979 in sein Heimatland zurück, wo er von den Volksmassen als der "Imam" - das heißt als Oberhaupt und Anführer ihrer gläubigen Gemeinschaft - empfangen wurde. Die von Ch. initiierte Volksabstimmung am 30.3.1979 führte faktisch zur Abschaffung der Monarchie, so daß Ch. am 2.4.1979 die islamische Republik ausrufen konnte.

Auf Initiative Ch.'s überarbeitete ein 77köpfiger Expertenausschuß den von ihm aus Paris mitgebrachten Verfassungsentwurf. Seit der Annahme der Verfassung durch eine Volksabstimmung im Dezember 1979 ist der Iran offiziell eine "Islamische Republik", in welcher die höchste Macht beim Welāјat-e Faġih - damals Ch. selbst - liegt.

In dieser Funktion bestimmte der "Imam" - praktisch über den eigentlichen Staatsgewalten stehend - bis zu seinem **Tod am 3.6.1989** wesentlich die Politik der IRI.

Neben den im Literaturverzeichnis aufgeführten Werken erschienen von Chomeini u.a. folgende Arbeiten:

- Ğehād-e akbār (Der große heilige Krieg).- Nağaf, o.J.
- Welajāt-e Faġih dar hokumat-e eslāmi (Der Welājat-e Faġih im islamischen Staat).- Teheran, 1978

ŠARI'ATI

Der **1933** in Mazinan **geborene** Ali Šari'ati stammt aus bescheidenen religiösen Verhältnissen. Sein Vater war Prediger.
Nach erfolgreicher Beendigung der Abiturstufe im schiitischen Wallfahrtsort Mašhad, wohin die Familie kurz nach Š.'s Geburt gezogen war, trat er mit 17 Jahren in ein Lehrerseminar ein. Zwei Jahre darauf begann er in Achmadabād als Lehrer zu arbeiten.
Gleichzeitig begann Š. - um eine humanistische Auslegung des islamischen Erbes bemüht - Werke über die Ši'a zu schreiben und zu übersetzen sowie sich in der illegalen oppositionellen "Iranischen Freiheitsbewegung" zu engagieren.
Mit 23 Jahren trat Š. in die Literaturwissenschaftliche Fakultät in Mašhad ein und heiratete eine Mitstudentin.
Seine in jener Zeit entstandenen kritischen Artikel gegen den Schah führten 1957-58 zu einer ersten Gefängnisstrafe. 1959 legte er trotzdem das Examen ab und hatte als einer der besten Studenten Anspruch auf ein Auslandsstipendium. Dieses konnte er jedoch anfangs nicht nutzen, da er wegen seines oppositionellen Engagements das Land ein Jahr lang nicht verlassen durfte.
Später ging Š. jedoch nach Paris, wo er an der Sorbonne Soziologie und Religionsgeschichte studierte und seine Doktorarbeit in persischer Philologie schrieb.
Beeinflußt von den Auffassungen L. Masiggnons, F. Fanons und J.-P. Sartres (die Werke der beiden letztgenannten übersetzte er teilweise), wurden die Erforschung, Wiederbelebung und Neuinterpretation der islamischen Soziallehre zum Kern seines Denkens und theoretischen Schaffens.
Als Š. 1964 in den Iran zurückkehrte, wurde er wegen seiner in Paris begonnenen Tätigkeit in der illegalen islamischen Organisation "Al-Ǧasājer" an der Grenze festgenommen und kam wiederum für mehrere Monate ins Gefängnis. Nach seiner Freilassung begann er wieder zu unterrichten, zunächst in der Schule eines größeren Dorfes, dann an der Firdousi Universität

von Mašhad. Da Inhalt und Erfolg von Š.'s Lektionen zu seiner alsbaldigen Entlassung führten, ging er nach Teheran, wo sich sein Ruf als Dozent rasch verbreitete.
Später hielt Š. eine Vielzahl von Gastvorlesungen am 1969 gegründeten fortschrittlichen Islamischen Zentrum "Hoseyniyā Eršād" in Teheran und hatte dabei einen großen Zulauf. Als das Zentrum wegen seiner insgesamt antimonarchistischen Ausrichtung Ende 1973 durch das Schahregime geschlossen wurde, mußte Š. wieder - diesmal für 18 Monate - ins Gefängnis.
Von dort aus gelang ihm zwar die Flucht, da aber daraufhin seine Familie verfolgt und sein Vater verhaftet wurde, stellte er sich den Behörden. Später aus der Haft entlassen und nach Mazinan zurückgekehrt stand Š. praktisch unter Hausarrest.
Diesem entzog sich Š. 1977, indem er Iran in Richtung Paris verließ. Berechtigte Befürchtungen, die Geheimpolizei SAVAK würde ihn bis dorthin verfolgen, trieben ihn sofort weiter nach London, wo man ihn schließlich am **17.7.1977 tot** auffand. Es wird angenommen, daß er von Agenten der SAVAK ermordet worden ist.
Š., auch der Voltaire der iranischen Revolution genannt, da er gerade für die Vorbereitung der iranischen Jugend auf die Revolution viel getan hat, wurde kurz nach seinem Tode zu einer mythischen Figur des kämpferischen Islam. Seine Bücher und Schriften, die zwar verboten waren, aber immer schon illegal vor allem unter den Studenten im Ausland zirkulierten, wurden seit Sommer 1977 zu Hunderttausenden offen verkauft. Die Hoseyniyā Eršād , die nach der Revolution wiedereröffnet wurde, bemühte sich sofort um die Sammlung und Herausgabe seiner Reden, Aufsätze und Vorlesungegen. Bisher erschienen diese in einer siebenbändigen Ausgabe.

Neben den im Literaturverzeichnis aufgeführten Werken sind darin unter anderem folgende Arbeiten enthalten (Sind davon Übersetzungen erschienen, so werden diese statt der Originale aufgeführt, dabei vorzugsweise die europäischen Varianten.):

- Bāzgast be chod (Rückkehr zu sich selbst).- o.O., o.J.
- Bāzgašt be kodām ciš (Rückkehr zu welchem selbst).-o.O.,o.J.
- Brother! That's the Way it was.- Teheran, 1979
- Če bājad kard (Was tun?).- o.O., o.J.
- Durnamā-je ensānijat-e eslāmi (Die Perspektive des islamischen Humanismus).- Teheran, 1978
- Ensān, mārksizm wa eslām (Mensch, Marxismus und Islam).- o.O., o.J.
- Entezār-e mazhab-e e'eterās (In Erwartung einer Religion des Protestes).- Teheran, 1971
- Fatima ist Fatima.- Bonn, 1971
- Ommat wa emāmat (Die Gemeinschaft und das Emamāt).- Teheran, 1978
- Rawānšenasi-je eslām (Die Psychologie des Islam).- o.O., o.J.
- Reflections of a Concerned Muslim.- Teheran, 1979
- Rušānfekr wa mas'uliat-e u dar ǧām'e (Der Intellektuelle und seine Verantwortung in der Gesellschaft).- o.O., o.J.
- Ruzgār-e mā wa zane mosalmān (Unser Schicksal und die islamische Frau).- In: Zan-e ruz.- Teheran, 1979/No.707, S.58-59
- Ši'e jek hezb-e tamām (Die Ši'a - eine vollkommene Partei).- o.O., o.J.
- Tašajo-je alāwi wa tašajo-je safawi (Der Schiismus der Aliden und der Schiismus der Safawiden).- o.O.,o.J.

ŠARI'ATMADĀRI

Ajatollah ol-ozma Šari'atmadāris **Geburtsjahr** wird in verschiedenen Quellen mit **1903 bzw. 1905** angegeben.
In Täbriz, seinem Geburtsort, begann er etwa 1920 sein Studium, das er mit 19 Jahren in der heiligen Stadt Ġom fortsetzte. Dort traf Š. unter anderen auch auf den Theologiestudenten Chomeini. Nachdem Š. Ġom als Moǧtahed verlassen hatte, führte er seine Studien in Naǧaf (Irak) weiter.
Anschließend lehrte er etwa 15 Jahre lang in Täbriz, wo er

Mitte bis Ende der 40er Jahre auch als Anhänger der Autonomiebestrebungen Aserbaiǧāns aktiv wurde.
In den 60er und 70er Jahren war Š., einer Einladung Ajatollah Boruǧerdis zu Vorlesungen in Ġom folgend, Führer der schiitischen Gemeinde Ġoms, ließ aber seine Verbindungen zu Aserbaiǧān nicht abreißen.
Obwohl Š. in dieser Zeit relativ große Kompromißbereitschaft gegenüber dem Schahregime demonstrierte, spielte er während der Erhebungen 1962/63 eine wesentliche Rolle an der Seite des aufständigen Klerus.
Sowohl die bürgerlich-liberale Intelligenz als auch Fundamentalisten, wie z.B. Chomeini, fanden in ihm ihren Fürsprecher. Für Chomeini setzte sich Š. gemeinsam mit anderen Ajatollahs nach dessen Verhaftung 1963 dahingehend ein, daß sie ihn zum Imam ausriefen und ihn so vor dem Todesurteil bewahren konnten.
Zu Beginn der islamischen Revolution unterstützte Š. die breiten Protestbewegungen gegen das Schahregime. Er trat für eine konstitutionelle Monarchie unter Beteiligung der Moǧtaheds ein, wandte sich aber strikt gegen die direkte politische Intervention der Ulama.
Aus diesem Grunde verzichtete er nach Gründung der IRI auch auf ein öffentliches Amt. Unmittelbar nach der Revolution trat Š. dafür ein, eine verfassungsgebende Versammlung durch das Volk wählen zu lassen, weshalb er sich auch nicht für die Expertenversammlung zur Wahl stellte, deren Verfassungsentwurf er später kritisierte.
Ordnete sich Š. nach der Ankunft Chomeinis im Iran anfänglich dessen Linie unter, so wurden später in vielen Fragen Differenzen offensichtlich. Zwar konnte Š. in Bezug auf sein Engagement für die aserbaidshanischen Interessen noch diszipliniert werden, später scharte er jedoch verschiedene, mit dem Verlauf der Ereignisse im Iran unzufriedene Gruppierungen um sich und erarbeitete zusammen mit Ajatollah Mahallati ein 9-Punkte-Papier, in welchem das Prinzip des Welājat-e Faġih in Frage gestellt wurde.

Seit 1981 wurde er in seinem Wohnort Gom mit einer Art Hausarrest zum Schweigen gebracht und 1982 durch Chomeini unter Begründung angeblicher Inkompetenz vom Titel eines Ajatollah entbunden.
Im **April 1986 starb Š.** an Krebs.

TĀLEGĀNI

Se'id Mahmud Tālegānis **Geburtsjahr** liegt verschiedenen Quellen zufolge zwischen **1908 und 1910.** Er wuchs in einer Handwerkerfamilie im Tālegān Tal auf.
Nach Beendigung seines Theologiestudiums in Ġom und Nağaf begann er 1938 an der theologischen Sepahsalār Schule in Teheran zu lehren.
Schon zu dieser Zeit befand er sich in aktiver Opposition zur Regierungspolitik Reza- Schahs, was ihm 1936 sechs Monate Gefängnis einbrachte.
Seine oppositionelle Tätigkeit führte er jedoch danach fort. So setzte er sich gemeinsam mit Bāzargān und Y. Sahābi für Mossadeġ ein und wurde nach dessen Sturz 1953 erneut festgenommen, da er dem damaligen Führer der Feda'iyān-e Eslām, N.Safāwi, in seinem Hause Unterschlupf gewährt hatte.
Auch in den 60er Jahren mußte T. wiederholt ins Gefängnis, unter anderem wegen seiner Forderung nach Einhaltung der Verfassung und wegen seiner Aktivitäten in der iranischen Freiheitsbewegung, die er 1961 gemeinsam mit Bāzargān und Sahābi gegründet hatte.
1971 wurde T. in den Südosten des Landes verbannt. Nachdem er wegen Unterstützung der linksislamischen Moğāheddin 1977 erneut verhaftet worden war (sein Sohn Moğtaba war Mitglied dieser illegalen Organisation), führte der Druck der Öffentlichkeit dazu, daß er Anfang 1978 wieder auf freien Fuß gesetzt wurde.
Obwohl T. mit kurzen Unterbrechungen insgesamt 14 Jahre in Gefängnissen des Schahregimes verbrachte, spielte er eine

herausragende Rolle in der Revolution 1978/79, organisierte besonders in der Hauptstadt den Anti-Schah Widerstand und stellte die Verbindung zwischen der laizistischen Opposition, wie z.B. der NF, und religiösen Gruppen her.
T.'s Ansichten über den Platz und die Rolle des Islam in den modernen Gesellschaften, die er in den Kommentaren zum Koran und einer kommentierten Sammlung von Reden, Predigten und Briefen Āli's darlegte sowie seine Auffassungen zu sozialökonomischen Problemen, die er ebenfalls in zahlreichen Abhandlungen verdeutlichte, führten dazu, daß er innerhalb der Ulama relativ isoliert war.
Seine Popularität im Volke war demgegenüber sehr groß, so daß er bis zur Rückkehr Chomeinis als die unangefochtene Führungspersönlichkeit der islamischen Revolution galt. Dem trug auch Chomeini Rechnung, indem er T. im November 1978 als Führer des Islamischen Revolutionsrates einsetzte und zum Leiter des Freitagsgebets auf dem Campus der Universität von Teheran ernannte. Aus den Wahlen zum Vorsitz des Expertenrates für eine neue Verfassung ging T. als Sieger hervor. Gleichzeitig arbeitete er nach der Einrichtung der "Stiftung der Entrechteten" in dieser Organisation an verantwortungsvoller Stelle mit.
In einigen Fragen (Welājat-e Faġih, neue Verfassung, Rechtssprechung u.a.) offenbarten sich Differenzen zu Chomeinis Auffassungen, wobei T. seine Meinungen zwar äußerte, jedoch nie öffentlich gegen Chomeini auftrat.
Aufgrund jahrelanger Anspannung bei schlechter Gesundheit, **starb T. am 10.9.1979** an einem Herzanfall, Gerüchte sprachen allerdings davon, daß er von seinen Gegnern in der IRP vergiftet worden sei.

Neben den im Literaturverzeichnis aufgeführten Werken erschienen von T. u.a. folgende Arbeiten:

- Ājande-je bašarijat as nokte-je nasar-e mashab-e mā (Die Zukunft der Menschheit vom Standpunkt unserer Religion

aus).- o.O., o.J.
- Enġelāb-e eslāmi-je Iran (Die islamische Revolution im Iran).- o.O., o.J.
- Partouwi az Ġor'ān (Ein Lichtstrahl aus dem Koran).- (Neuauflage). Teheran, 1982
- Tamarkoz wa adam-e tamarkoz-e marǧā'ijat wa fatwā (Zentralisation und Dezentralisation des Amtes des Marga' und des religiösen Rechtsspruchs).- In: Bahsi dar bāre-je marǧā'ijat wa ruhānijat (Eine Diskussion über das Amt des Marga' und die Geistlichkeit).- Teheran, 1962
- Tarǧoma wa šarh-e Nahǧ al- balaġa (Übersetzung und Kommentar des Naǧ al- balaġ).- o.O., o.J.

(Quellen: ABRAHAMIAN; AKHAVI 1987a; BAKHASH 1985b; BAYAT 1980; DOROŠENKO 1985; ENCKE; The Encyclopaedia; FERDOWS; FISHER; FREUND; Iranskaja Revoljucija; Keiser; NOROUZI;ITSCHERENSKA 1981,1987; NUßBAUMER; RIYAHI; SCHOLL-LATOUR)

Literaturverzeichnis

ABDULLAJAV,S.: Social'nyje posledstvija naučno-techničeskoj revoljucii v interpretacii musul'manskich teologov. (Autorreferat zur Diss. A.).- Moskau, 1983

ABRAHAMIAN,E.: Ali Shari'ati: Ideologue of the Iranian Revolution.- In: MERIP Reports.- London, XII(1982)1

Abrüstung für Entwicklung - Gemeinsames Kommunique über die Tätigkeit der Arbeitsgruppe KPdSU - SPD.- In: Pravda.- Moskau, 14.10.1987.- S.4

ACHMEDOV,A.: Islam v sovremennoj idejno političeskoj bor'be.- Moskau, 1985

ders.: Social'naja doktrina Islama.- Moskau, 1982

AFSHAR,S.: The economic base for the revival of Islam in Iran.- In: AZARI,F.(Hrsg.): Women of Iran.- London, 1983

ders.: (Hrsg.) Iran - A Revolution in Turmoil.- London, 1985

AGACHI,A.M.: Iz istorii obcestvennoj i filosofskoj mysli v Irane.- Baku, 1971

AGAEV,S.L.: Iran meždu proslym i buduščim: sobytija, ljudi i idei.- Moskau, 1987

ders.: Iran- roždenije respubliki.- Moskau, 1984

ders.: Iran v prošlom i nastojaščem- puti i formy revolucionnogo processa.- Moskau, 1981

ders.: Iranskaja revolucija, SSA i meždunarodnaja bezopasnost'.- Moskau, 1984

ders.: Iranskaja revolucija "vospominanije o buduščem?".- In: NAA, 33(1989)1.- S. 54-66

ders.: O ponjatii i suščnosti "islamskoj revoljucii".- In: AAS.- 35(1984)5.- S. 27-31

AGITNUMOBI,M.: The Basic of Islamic Economic System.- In: Islam Modern Age.- London, 16(1985)4.- S. 215-221

AHMAD,A.S.: Discovering Iran: Making Sense of Muslim History and Society.- New York, 1988

AHMAD,B.M.: Der wirtschaftliche Aufbau der islamischen Gesellschaftsordnung.- Zürich, o.J.

AKHAVI,S.: Elite Factionalism in the Islamic Republik of Iran.- In: MEJ.- 41(1987)2.- S.181-201

ders.: The Ideology and Praxis of Shi'ism in the Iranian Revolution.- In: Comparative Studies in Society and History.- New York, 25(1983)2.- S.195-221

ders.: Institutionalizing the New Order in Iran.- In: Current History, 86(1987)517.- S.53-56,83-84

ders.: Islam, Politics and Society in the Thought of Ayatullah Khomeini, Ayatullah Tālegāni and Ali Šari'ati.- In: MES, 24(1988)4.- S. 404-431

ders.: Religion and Politics in Contemporary Iran: Clergy State Relations in the Pahlavi Period.- New York, 1980

ders.: Šari'ati's Social Thoughts.- In: KEDDI 1983

ALEKSEJEV,L.: O novoj konstitucii Irana.- In: Sovetskoje Gosudarstvo i Pravo.- Moskau, 6/1980

ALIEV,S.M.: Neft' i obščestvenno- političeskoje razvitije Irana v XX. v.- Moskau, 1985

ALNASRAWI,A.: Economic consequences of the Iraq- Iran war.- In: Third World Quarterly, 8(1986)3/Juli.- S.869-895

AMIN,S.H.: Islamic Banking and Finance: The Experience of Iran. Teheran, 1986

ders.: Recent Developments in Iranian Business Law.- In: Business Law.- London, (1988)11.- S. 525-528

AMIRAHMAD,H.;MANUCHER,P.: Post-Revolutionary Iran.- Washington, 1987

ANTES,P.: Ethik und Politik im Islam.- Stuttgart; Berlin; Köln; Mainz, 1982

ARABADZJAN,A.Z.: Iran i Pakistan: Raspredelenije dochodov v gorode: 60-e načalo 80-ch godov.- Moskau, 1987

ders.: Iran- izmenenie v otraslevoj strukture ėkonomiki v 60-70 godach.- Moskau, 1983

ders.: Iranskaja revoljucia: pričiny i uroki.- In: AAS, 38(1986) 1. H.3- S.17-21, 2. H.4.- S.19-22,38

ATIGETCHI,A.: Industrialisierung als Versuch der Überwindung der Unterentwicklung in Iran.- Frankfurt/M., 1983

BACHARACH,J.L.: A Middle East Studies Handbook.- London, 1984

BAHOR,H.: Ektesād-e eslām.(Islamische Wirtschaft).- Teheran,

1979

BAIROCH,P.: The Economic Development of the Third World since 1900.- Methnen, 1975

BAKHASH,S.: The Politics of Land, Law and Social Justice in Iran.- In: MEJ, 43(1989)2.- S.185-201

ders.: The Reign of the Ayatollahs.- New York, 1985

BALIC,S.: Der Islam im europäischen Umfeld.-In: PZ (1990)22.- S.33-39

BALTA,P.: The Iranian Revolution, A Retrospektive Analysis.-In: Die Islamische Republik

BANISADR,A.H.: Barnāme-je hokumat-e ǧomhuri-je eslāmi.(Programm der Regierung der Islamischen Republik).-In: Eġelāb-e eslāmi. Teheran, 28.3.1979

ders.: Barnāme-je siāsi wa eǧtemā'i (Politisches und gesellschaftliches Programm).- In: Našrije-je anǧomenhā-je dānešǧu-jān-e mosalmān-e orupā wa amrikā.- No.7, 2.10.1981

ders.: Chijanat be omid.(Verrat an der Hoffnung).- o.O,o.J.

ders.: Ektesād barā-je ǧāmie-je eǧtemā'i.(Ökonomie für ein sozales Gemeinwesen).- o.O., 1978

ders.: Ektesāde Touhidi.(Monotheistische Wirtschaft).-Teheran, 1979

ders.: Kār wa Kāregār dar Eslām.(Arbeit und Arbeiter im Islam).- Teheran, o.J.

ders.: Maǧmu'e-je maġalehā-je Abolhassan Banisadr. (gesammelte

Aufsätze des Abolhassan Banisadr).- Teheran, o.J.

ders.: Osul-e Pāje wa zabetehā-je hokumat-e eslāmi.(Grunprinzipien und Kriterien des Islamischen Staates).-o.O., 1353/1974

ders.: Sad maġāle. (Hundert Artikel).-Teheran, o.J.

Barrasi-je tahawollāt-e ektesādi-je kešwār ba'd as enġelāb (Analyse der Wirtschaftsentwicklung des Landes nach der Revolution).- Teheran, 1984

BARTHEL,G. (Hrsg.): Die Islamische Republik Iran: Historische Herkunft, ökonomisch Grundlagen, staatsrechtliche Struktur.- Berlin, 1987

BAYAT,M.: The Iranian Revolution of 1978-79: Fundamentalist or Modern? - In: MEJ, 37(1983)1

dies.: Shi'ism in Contemporary Iranian Politics: The Case of Ali Šari'ati.- In: Towards a Modern Iran. Studies in Thought, Politics and Society.(Ed. and Introduced by KEDOURI,E.; HAIM,S.G.).- London, 1980

BĀZARGĀN,M.: Enġelāb-e Irān dar do hārekat.(Die iranische Revolution in zwei Etappen).- 3.Aufl.- Teheran, 1363/1984

ders.: Hokumat-e ǧahāni-je wāhed.(der einheitliche Weltstaat).- Teheran, 1342/1963

ders.: The Ineviteable Victory.- o.O.,o.J.

ders.: Marz mijān-e din wa siāsat.(Die Grenza zwischen Religion und Politik).- o.O.,o.J.

ders.: Moškelāt wa masā'el-e awallin sāl-e enġelāb. (Probleme und Fragen des ersten Jahres der Revolution).- Teheran,

1361/1982

ders.: Work and Islam.-o.O., o.J.

ders.: Zarre-je bi entehā'.(Unendliches Atom).- Teheran, 1350/1971

BEHDAD,S.: Forgein Exchange Gap: Structural Constraints and the Political Economy of Exchange Rate Determination in Iran.- In: IJMES, 20(1988)1.- S.1-21

dies.: Winners and Losers of the Iranian Revolution: A Study in Income Distribution.- In: IJMES, 21(1989)3.- S.327-358

BEHRENDT,R.F.: Soziale Strategie für Entwicklungsländer. Entwurf einer Entwicklungssoziologie.- Frankfurt/M., 1965

BERGER,P.L.: Welt der Reichen- Welt der Armen. Politische Ethik und sozialer Wandel.- München, 1976

BERNDT,E.; HETSCH,I.; WÖHLERT,T.: Unterentwicklung und kapitalistische Transformation.- (unveröffentl. Manuskript), 1988

BERNDT,E.; WÖHLERT,T.: Unterentwicklung- Positionen, Probleme, Perspektiven.- (unveröffentl. Manuskript).- 1988

BHARIER,J.: Economic Development in Iran 1900-1970.- London, New York, Toronto, 1971

BLOCK,K.-D.: Karl Marx zum Problem der Unterentwicklung.- In: Ökonomisch- soziale Unterentwicklung, S.68-72

BOECK,A.: Abhängigkeit, Unterentwicklung und Entwicklung: Zum Erklärungswert der Dependencia Ansätze.- In: NOHLEN;NUSCHELER 1982, S.134 -151

BOHNET,M.: Ökonomische Entwicklungstheorien und Entwicklungspolitik.- In: NOHLEN;NUSCHELER 1982, S.292-311

BOLOTIN,E.A.;ŠEJNIS,V.A.: Ėkonomika razvivajuščichsja stran v cifrach 1950-1986.- Moskau, 1988

BONINE,M.E.; KEDDIE,N.R.(Hrsg.): Modern Iran. The Dialectic of Continuity and Change.- New York, 1981

BRANDT,W.: Hilfe in der Weltkrise, Ein Sofortprogramm. Reinbeck b. Hamburg, 1983

BRENTJES,B.: Unter Halbmond und Stern. Der Islam. Religion, Weltanschauung oder Lebensweise? - Berlin, 1980

CASTRO,F.: Die ökonomische und soziale Krise in der Welt, ihre Auswirkungen auf die unterentwickelte Welt. Bericht an die VII. Gipfelkonferenz der Nichtpaktgebundenen. Dresden, 1983

CHAPRA,U.M.: The Islamic Welfare State and its Role in the Economy.- In: KHURSHID 1981, S.143-170

CHEǦAZI,S.A.: Dar rāhe enġelāb-e tekri. Sistem-e ektesādi-je eslām.(Auf dem Wege der Revolution des Denkens. Das Wirtschaftssystem des Islam).- Gom, 1959

CHOMEINI,A.R.: Auszüge aus Reden. (Übers. und Hrsg. durch ZK der Tudeh Partei Irans.- Teheran, 1979

ders.: Chotbehā-je tārichi wa enġelābi-je Emām Chomeini (Historische und revolutionäre Äußerungen des Imam Chomeini).-o.O., o.J.

ders.: Der islamische Staat. (Ḥassan,N./Itscherenska,I. Übers. und Hrsg.).- Berlin, 1983

ders.: Kašhf ol-asrār.(Enthüllung der Geheimnisse).- Teheran, 1943

ders.: Maǧmu'e-je kāmel-e pišhā-je Emām Chomeini (Reden Chomeinis vor verschiedenen Auditorien).- o.O.,o.J.

ders.: Masā'el-e ektesādi (Fragen der Wirtschaft).- Teheran, 1981/1982

ders.: Meine Worte, Weisheiten, Warnungen, Weisungen.- München, 1980

ders.: Principes politiques, philosophiques, sociaux et réligieux (Extrait des trois ouvrages majeurs del'Ajatollah).- Paris, 1979

ders.: Ribā az badtarin no-je estesmār ast. (Riba ist die schlimmste Art der Ausbeutung).- In: Chomeini, Maǧmue-je

ders.: Selected Messages and Speeches.- Teheran, 1980

ders.: Tousih-e masā'el.(Erläuterung der Probleme).- o.O.,o.J.

CLAWSON,P.: Islamic Irans Economic Politics and Prospects.- In: MEJ, 42(Summer 1988)3.- S.371-388

Constitution of the Islamic Republic of Iran.- In: MEJ, 34(1980)2.- S.184-193

CUKANOV,V.P.: Neravnomernost' regional'nogo razvitija Irana: Ėkonomika i politika (60-70ye gody).- Moskau, 1984

The Cyprus Initiative against Hunger in the World. President's Report to the 15th Ministerial Session.- United Nations World Food Council, 1989

DALEY,J.W.; PULIGANDLA,R.: Islam and the Concept of Progress. In: IR&AA, 58/Febr.1970.- S. 31-36

DATTA,A.: Ursachen der Unterentwicklung. Erklärungsmodelle und Entwicklungspläne .- München, 1982

Deklaration der Mitgliedsstaaten des RGW, Die Erhaltung des Friedens und die internationale ökonomische Zusammenarbeit.-In: Einheit.- Berlin, 39(1984)7.- S.595

DEKMEDIJAN,R.H.: The Anatomy of Islamic Revival.- In: MEJ, 34(1980)1, S.9-10

DLIN,N.A.: Social'no- ėkonomičeskaja evoljucija nesocialističeskich stran Vostoka.- Moskau, 1984

Dokumente der Nichtpaktgebundenen. Hauptdokumente der 1.-6. Gipfelkonferenzen der nichtpaktgebundenen Staaten 1961-1979.- Berlin, 1981

DOROŠENKO,E.A.: O nekotorych koncepcijach sovremennogo islamskogo duchovenstva po voprosu religii i gosudarstva.In: Iranzbornik stat'ej.- Moskau, 1971.- S.118-134

dies.: Političeskije tradicii šiizma i antimonarchičeskoje dviženije v Irane 1978-1979.- In: NAA, 24(1880)6.- S.58-66

dies.: Šiitskoje duchovenstvo v sovremennom Irane.- 2.Aufl.- Moskau, 1985

EBERT,H.-G.: Zu einigen staatlich- rechtlichen Aspekten der Säkularisierung in islamischen Ländern.- In: AALa, 16(1988)4.- S.639-648

ders.: Die Widerspiegelung islamischer Doktrinen schiitischer Prägung in der Verfassung sowie in der staatlich rechtlichen

Praxis der Islamischen Republik Iran.- (Diss.A), Leipzig, 1982

EDE,D.: Guide to Islam.- Boston; Mass.Hall, 1983

EHLERS,E.: Soziale und wirtschaftsgeographische Aspekte einer islamischen Revolution.- In: Geographische Rundschau.- Braunschweig, 32(1980)1.- S.2-15

ELJANOV,A.; KAROGODIN,N.: Osvobodivšiesja strany: sovremenny etap bor'by sa razvitije.- In: MEMO, 33(1989)2.- S.34-45

ELSENHANS,H.: Nord- Süd- Beziehungen. Geschichte - Politik - Wirtschaft.- Stuttgart; Berlin/W; Köln; Mainz.- 2.Aufl.1987

ders.: Die Überwindung der Unterentwicklung durch Massenproduktion für den Massenbedarf.- In: NOHLEN/NUSCHELER S.152-182

ELWERT,G.: Traditionelle Solidarität, Überleben in Krisen und kapitalistischer Maximierung.- In: ELWERT/FETT

ders./FETT,R.: Afrika zwischen Subsistenzökonomie und Imperialismus.- Frankf./M.;New York, 1982

ENCKE,U.: Ayatollah Khomeini. Leben, Revolution und Erbe. München, 1989

The Encyclopaedia of Islam.- Leiden; London, Bd.1 - 1960; Bd.2 - 1965; Bd.3 - 1971; Bd.4 - 1978; Bd.5 - 1986

ENDE,W.: Der schiitische Islam.- In: ENDE;STEINBACH 1984, S.70-90

ENDE,W.;STEINBACH,U. (Hrsg.): Der Islam in der Gegenwart.- München, 1984

dies.: Der Islam in der Gegenwart.- 2. überarb. Aufl.- München,

1989

ENTESSAR,N.: Konferenzbericht über The Sixth Annual Conference of the CIRA on "War, State and Society in the Islamic Republic of Iran", 8.-10. April 1988 in Chicago.- In: Orient, 29(1988)2, S. 205-206

EPPLER,E.: Für ein tragfähiges Nord-Süd Verhältnis.- In: Horizont, 23(1990)32.- S.32-33

Ergebnisse und Perspektiven kapitalistischer Transformation in der Dritten Welt- Ein Beitrag zur Diskussion um Unterentwicklung. Thesen zum ZP- Thema.- (Autorenkoll.).- HFÖ Berlin, 1988

Evoljucija vostočnych obščestv- sintes tradicionnogo i sovremennogo.- Moskau, 1986

dasselbe in der Diskussion.- In: NAA,31(1987) 1. H.1, S.154-168, 2. H.2, S. 149-165

EZZATI,A.-F.: The Revolutionary Islam and the Islamic Revolution.- Teheran, 1981

FANON,F.: Die Verdammten dieser Erde.- Frankf./M., 1981

FARICH,F.R.: Zakat and Fiscal Policy.- In: KHURSHID 1981, S.119-130

FAULWETTER,H.: Die Ausbeutung der Entwicklungsländer durch das internationale Monopolkapital.- In: Handbuch Entwicklungsländer, S.14-18

ders.: Entwicklungsländer und Neue Internationale Wirtschaftsordnung Analyse und Perspektiven.- Berlin, 1982

ders.;Stier P.: Entwicklungsländer am Scheideweg.- Berlin, 1984

FERDOWS,A.H.: Die Fedā'iyān-e eslām und Ajatollah Khomeini: Das Modell einer islamischen Gesellschaft.- In: Mardom Nāme, S.120-136

FERHACHI,M.: Rezension zu : Ruhollāh Khomeini.: Der Islamische Staat.- In: Orient,26(1985)1.- S.102-104

FISCHER-BARNICOL,H.A.: Die islamische Revolution. Die Krise einer religiösen Kultur als politisches Problem.- Stuttgart; Berlin/W.; Köln; Mainz, 1981

FISHER,M.M.: Iran from Religious Disput to Revolution. Cambridge/M.; London, 1980

FITZGERALD,M.; KHOURY,A.T.; WANZURA,W. (Hrsg.): Einführung in die Grundlagen des Islams.- Graz; Wien; Köln, 1980

dies.: Renaissance des Islam. Wege zur Begegnung oder zur Konfrontation?- Graz; Wien; Köln, 1980

FLOR,A.: Staatsmonopolistischer Kapitalismus in Entwicklungsländern.- In: Ökonomisch-soziale Unterentwicklung, S.142-145

FRANK,A.G.: Abhängige Akkumulation und Unterentwicklung.- Frankf./M., 1980

ders.: Kapitalismus und Unterentwicklung in Lateinamerika.- Frankf./M., 1968

FREUND,W.S.: Welche Zukunft für den Iran? Die entwicklungspolitischen Grundideen des Abolhassan Banisadr.- Wien, 1981

FÜRTIG,H.: Die antimonarchistische Volksrevolution- Eine historische Tat der iranischen Volksmassen.- In: BARTHEL S.47-155

ders.: Die iranische antimonarchistische Volksrevolution: Ursachen, Entwicklung und Ergebnisse.-(Diss.A).- Leipzig, 1983

ders.: Transformationsmodelle zum Kapitalismus Revolution/ Reform von oben in Iran und Saudi-Arabien.-In:AALa,16(1988)2.- S.264-272

ders.: Veränderungen in der iranischen Klassenstruktur nach 1978/79 im Rahmen modifiziert fortgesetzter kapitalistischer Entwicklung.- In: AALa, 13(1985)3.- S.470-477

GALANDER,E.;BLOCK,K.: Die Rolle der Kolonien im ökonomischen Schaffen von Karl Marx und Friedrich Engels.- In. AALA, 15(1987)1.- S.5-17

GALBRAITH,K.: Die Arroganz der Satten: Strategien für die Überwindung der weltweiten Massenarmut.- Bern, 1980

ders.: Die Arroganz der Satten: Zeitbome Dritte Welt.- München, 1982

ders.: Leben in entscheidender Zeit. Memoiren.- München, 1982

Ġānun-e asāsi-je ǧomhuri-je eslāmi -je iran (Verfassung der IRI).- Teheran, 1979

ǦAWANSIR,F.M.: "Ektesād-e eslāmi" az didegāh-e ayatollah Tālegāni.- In: Donja, (1358/1979)3

GEHRKE,U.; MEHNER,H.: Der Iran (Ländermonographie Nr.5).- Tübingen; Basel, 1975

GHAUSSY,A.G.: The Islamic Ethic and Economics.- In: Economics.- Tübingen, (1985)31.- S. 71-96

ders.: Das Wirtschaftsdenken im Islam: von der orthodoxen Lehre bis zu den heutigen Ordnungsvorstellungen.- Bern, 1986

GHAZANFAR,S.M.: Developments, Ethics and Economics. Socioeconomic Justice in Islam.- In: JSAMES, 5(1988)2.- S. 17-32

GILANI,I.S.: The Political Context of Islamic Economics.- In: KHURSHID 1981, S.131-142

GOLDZIHER,J.: Die Richtungen der islamischen Koranauslegung.- Leiden, 1970

Gosudarstvenny kapitalizm i social'naja evoljucija stran zarubežnogo vostoka.- Moskau, 1980

GRIENIG,H.: Kapitalismus in den Entwicklungsländern Asiens.-In: AALa, 13(1985)5.- S.765-780

ders.: Die ökonomischen Auswirkungen der Konfrontations- und Hochrüstungspolitik des Imperialismus auf die Entwicklungsländer.- In: AALa, 14(1986)2.- S. 207-215

ders.:/MÜNCH,S.: Brot für alle hat die Erde.- Berlin, 1985

Grundfragen der Entwicklungsländer im Dialog.- In: Einheit.- Berlin, 34(1988)1.- S. 86-89

GUPTA,B.S.: Grundbedürfnisbefriedigung- eine neue Heilslehre?- In: Entwicklung und Zusammenarbeit.- Bonn, (1978)12.-S.16-18

Handbuch Entwicklungsländer. Sozialökonomische Prozesse, Fakten und Strategien.- Berlin, 1987

HALLIDAY,F.: Iran: Dictatorship and Development.-Hammondsworth; Middlesex, 1979

HARIK,B.;HARIK,S.: Islam and Modern Banking.- In. The Search.-

Brattleboro/V., 5(1984)2.- S.17-28

HARRISON,P.: Die Zukunft der Dritten Welt.- Reinbeck bei Hamburg, 1984

HASSAN,N.; ITSCHERENSKA,I.: Zur Revitalisierung des islamischen Strafrechts im Iran.- In: AALa, 13(1985)1.- S. 58-68

HEINE,P.: Das Verbreitungsgebiet der islamischen Religion: Zahlen und Informationen zur Situation in der Gegenwart.- In: ENDE;STEINBACH 1989, S. 132-154

HERRERA,A.O.;SCOLNIK,H.D.: Grenzen des Elends. Das Bariloche-Modell: So kann die Menschheit überleben.-Frankfurt/M., 1977

HERZOG,J.: Tradition und Traditionsverständnis in der Entwicklungsländerforschung.- In: AALa, 14(1986)4.- S. 601-607

HETSCH,I.: Potenzen islamischer Wirtschaftskonzeptionen im Hinblick auf die Überwindung der Unterentwicklung.- In: Ökonomisch- soziale Unterentwicklung S.182-185

Hilfe in der Weltkrise. Ein Sofortprogramm.Der zweite Bericht der Nord- Südkommission. (Hrsg. und Einl. BRANDT,W.).- Reinbeck bei Hamburg, 1983

HISAJI,S.;TARBUSH,S.: Islamic Banking- a Crisis of Credibility. In: ME, 117(July 1984)

HOOGLUND,E.I.: Land und Leute in Iran 1960- 1980.- Austin, 1982

HOPFMANN,A.;SCHILLING,H.: Unterentwicklung, sozial- ökonomische Multisektoralität und gesellschaftlicher Fortschritt in Entwicklungsländern.- In: AALa, 16(1988)5.- S.773-790

HÖPP,G.: Der Islam und seine unvollendete "Reformation". Zum

Verhältnis von abhängigem Kapitalismus und blockierter Reform in arabischen Ländern.- In: AALa, 9(1981)6.- S.1041-1052

ders.: Unterentwicklung und Islam- Zum Problem der Erberezeption in arabischen Ländern unter den Bedingungen des Kolonialismus. In: AALa, 16(1988)3.- S. 440-452

ders.; ROBBE,M.: Geistige Auseinandersetzungen in Asien und Afrika. Nichtproletarische Ideologie im Kampf für nationale und soziale Befreiung.- Berlin, 1983

HOSSAIN,K.T.: Running an Economy without Riba.- In: Thoughts on S.160-171

HOTTINGER,A.: Iran unter Führung der Geistlichen: Politische Immobilität im Zeichen des Krieges.- In: Europa-Archiv.- Bonn, 40(1985)20.- S.615-624

HUDSON,S.M.: Islam and Political Development. Islam and Development.- In: Religion and Sociopolitical Change(ed. by EXPOSITO,J.L.).- New York, 1982.- S. 1-24

HUNTER,Sh.T.: Iran and the Spread of Revolutionary Islam.- In: The Third World Quarterly.- London 10(1988)2.- S.730-750

dies.(ed.): The Politics of Islamic Revivalism. Diversity and Unity.- Bloomington, 1988

dies.: Post- Khomeini Iran.- In: Forgein Affairs.- New York, 68(1989/90)5.- S.133-149

HUTSCHENREUTER,K.; NIMSCHOWSKI,K.; SPIEGEL,E.: Die Nationale Befreiungsbewegung im Kampf für Frieden, Entwicklung und sozialen Fortschritt in unserer Zeit.- In: AALa, 14(1986)2.- S.193-206

IBRAHIM,S.E.: Anatomy of Egypts Militant Islamic Groups: Methodological Note and Preliminary Findings .- In IJMES, 12(1980)4.- S.13-22

Ideenkämpfe in Asien, Afrika und Lateinamerika.- Berlin, 1980

IGNATENKO,A.A.: Islamskije koncepcii social'no- ėkonomičeskogo i političeskogo razvitija: Bližny i sredny vostok.- In: Filosofija i religija na zarubežnom vostoke. XX. vek.- Moskau, 1985.- S. 211-220

Indija i Kitaj: dve civilizacii- dve modeli razvitija.- In: MEMO, 32(1988),1. H.6.- S.90-97, 2. H.8.- S.81-92

IONOVA,A.I.: Illjuzii "islamkoj ėkonomiki".- In: AAS, 39(1987)12.- S. 38- 40

dies.: Tendencii razrabotki social'no ėkonomičeskoj tematiki sovremennymi musul'manskimi teoretikami.- In: Islam- Problemy S.45-58

Iran a Country Study.- (Hrsg. NYROP,R,F.).- Washington, 1978

Iran and Islam.- Edinbourgh, 1971

Iran in der Krise. Weichenstellung für die Zukunft. (Beiträge zur Diskussion der Zukunftsfragen der Islamischen Republik Iran). Hrsg.: Friedrich- Ebert- Stiftung.- Bonn: Neue Gesellschaft, 1980

Iran - Istorija i sovremennost' (Zbornik statej).- Moskau, 1983

Iran - Problemy ėkonomičeskogo i social'nogo razvitija.-(Zbornik statej).- Moskau, 1980

Iranskaja Revoljucija 1978-1979. Pričiny i uroki.- Moskau, 1989

Islam: Kratkij spravočnik.- Moskau, 1983

Islam - problemy ideologii, prava, politiki i ėkonomiki.- Moskau, 1985

Islam - Slovar' ate'ista.- Moskau, 1988

Islam v istorii narodov vostoka.- Moskau, 1981

Islam v poiskach "tretjego puti"razvitija- krugly stol.- In: AAS, 39(1987)1.- S.17-24

Islamische Republik Iran .- Hrsg.: Botschaft der Islamischen Republik Iran.- Bern, 1986

The Islamic World and Japan.- Tokyo, 1981

Das islamische Banken- System.- (Hrsg.: Deutsch- Iranische Industrie- und Handelskammer zu Teheran) Teheran, 1984

Die Islamische Republik Iran. Probleme und Perspektiven. (Wissenschaftliche Konferenz 19.-20.3.1980).- Hrsg. Friedrich-Ebert- Stiftung.- Bonn, 1980

ITSCHERENSKA,I.;NOROUZI;D.: Rezension zu KHALID,D.;HANSEN,G.: Entwicklungspolitische Untersuchungen.- In: AAla, 13(1985)5.- S.922-923

JABOKLOV,I.N.: Sociologija religii.- Moskau, 1979

JASCHINSKI,K.: Die "Weiße Revolution" und ihre Auswirkungen auf die ökonomische, soziale und politische Entwicklung der kleinbürgerlichen und lohnabhängigen Zwischenschichten sowie der schiitischen Geistlichen in Iran.(Diss.A).- Berlin, 1984

JENGZENTIS,P.: Die Finanzierung der Entwicklung.- In: Handbuch Entwicklungsländer S. 122-126

ders.;VOIGT,A.: Die ökonomische Rolle des Staates in Entwicklungsländern.- In: Handbuch Entwicklungsländer S.96-101

KADHIM,M.: The Political Economy of Revolutionary Iran.- In: Kairo Papers in Social Science.- Cairo,6(März 1983)1.- S.3-76

KAHF,M.: A Contribution to the Theory of Consumer Behaviour in an Islamic Society.- In: KHURSHID 1981, S.19-36

KAPUSTIN,B.G.: Osnovnyje napravlenija istoričeskoj evoljucii social'nych islamskich učenii.- In: Islam - Problemy S. 27-44

KARASAEV,N.F.: Ograblenije pod maskoj partnerstva.-Moskau, 1985

KARIMI,A.: Entwicklung und Struktur der städtischen Genossenschaften in Iran.(Diss.A).- Frankfurt/M., 1981

KATOUZIAN,H.: The Political Economy of Modern Iran. Despotism and Pseudo Modernism, 1926-1979.- London, 1981

ders.: Shi'ah und moderne Wirtschaftslehre.- In: Mardom Nāmeh S.137-160

ders.: Shi'ism and Islamic Economics. Sadr and Bani Sadr.- In: KEDDI 1983

KAVOUSSI,R.M.: Income Distribution and Import Dependence in Iran.- In: JSAMES, 9(1985)1.- S. 67-76

KAZEMI,F.: Poverty and Revolution in Iran: The Migrant Poor, Urban Marginality and Politics.- New York, 1980

KEDDI,N.R.: Iran: Wandel im Islam- Islam und Wandel.- In:

Mardom Nāmeh S.98-119

ders. (Hrsg.): Religion and Politics in Iran. Shi'ism from Quietism to Revolution.- New Haven; London, 1983

ders.: Roots of Revolution. An Interpretive History of Modern Iran.- New Haven; London, 1981

ders.; HOOGLUND,,E. (Hrsg.): The Iranian Revolution and the Islamic Republic (Proceedings of a Conference, Mai 1982).- Michigan, 1984

KEISER,K.-H.: Ali Šari'ati (1932-1977). Ein bio-bibliographischer und ideengeschichtlicher Beitrag zu Leben und Werk.- In: AALa, 15(1987)4.- S.672-686

KERIMOV,G.M.: Šariat i ego social'naja sučnost'.- Moskau, 1978

KHALATBARI,P.: Ökonomische Unterentwicklung, eine historisch-politökonomische Analyse.- Berlin, 1984

KHALID,D.: Antiparlamentarische und antidemokratische Positionen in der politischen Philosophie des Islam.- In: Im Namen Allahs S.34-47

ders.; HANSEN,G.(Hrsg:): Entwicklungspolitische Untersuchungen zur islamischen Herausforderung. Fallbeispiele Ägypten, Iran, Türkei.- Hamburg, 1983

KHALID,D.; KANDIL,F. (Hrsg.): Reislamisierung und Entwicklungspolitik.- München; Köln; London, 1982

KHALID,M.I.: The Islamic Approach to Economic Activity and Development.- In: The Muslim World and the Future Economic Order.- ed. by Islamic Council of Europe.- London, 1979.- S. 74-100

KHAN,M.S.; MIRAKHOR,A.: The Islamic Banking System in Iran and Pakistan.- In: Journal of Social, Political and Economic Studies.- Washington, 11(1986)3.- S.317-325

dies.: Theoretical Studies in Islamic Banking and Finance.- Texas, 1987

KHATIB-SEMNANI,M.A.: Peripherer Kapitalismus: Der Fall Iran. Die strukturelle Unterentwicklung in einer peripheren Gesellschaft.- Frankfurt/M., 1982

KHOURY,A.T.: Lexikon religiöser Grundbegriffe. Juden-, Christentum, Islam.- Graz; Wien; Köln, 1987

ders.: Religion und Politik im Islam.- In: PZ (1990)22.- S.3-10

ders.: Zur heutigen Renaissance des Islam.- In: FITZGERALD; KHOURY; WANZURA 1980, S.12-34

KHURSHID,A.: Economic Development in an Islamic Framework.- In: KHURSHID 1981, S.171-188

ders.: Studies in Islamic Economics. A Selection of Papers, presented to the 1. International Conference on Islam Economics held in Mekka Feb. 21.-26. 1976.- Jeddah, 1981

KLAFF,R.: Islam und Demokratie: Zur Vereinbarkeit demokratischer und islamischer Ordnungsformen, dargestellt am Beispiel der Staatsauffassung Khomeinis.- Frankfurt/M.; New York; Paris, 1987

KLEIN,D.: Politökonomische Grundlagen für einen friedensfähigen Kapitalismus.- In: IPW-Berichte, 17(1988)2.- S. 1-10

Kolloquium zum deutsch-französischen Forschungsprojekt "Islamische Wirtschaft", 29.-30.10.1987, Sankt Augustin, Bonn / Bericht von ALKAZAZ,A.- In: Orient, 28(1987)4.- S.488-500

KONZELMANN,G.: Die Islamische Herausforderung.- München, 1988

ders.: Die Islamische Republik und die Schiiten.-(überarbeitete Ausgabe).- München, 1980

KOOROSHY,J.: Agrarverfassung der Islamischen Republik Iran.-In: Orient, 28(1987)2.- S.229-243

ders.: Islamische Wirtschaftsordnung im Iran? Eine kritische Zwischenbilanz.- In: PZ (1984)42.- S.16-27

ders.: Eine kritische Betrachtung der Entwicklung der iranischen Landwirtschaft der islamischen Republik.- Berlin/W., 1982

ders.: Eine kritische Betrachtung der Entwicklung der iranischen Landwirtschaft seit Bestehen der Islamischen Republik Iran.- Berlin/W., 1986

ders.: Land Tenure under Shiite Islam.- In: Quarterly Journal of International Agriculture.- Frankfurt/M., 26(Dez.1984)4.- S.391-397

ders.: Wirtschaftsordnung der Islamischen Republik Iran. Anspruch und Wirklichkeit.- Deutsches Orient Institut Hamburg, Mitteilungen No.39.- 1990

Der Koran.- (Übers. aus dem arabischen von HENNING,M., Einl. von WERNER,E.;RUDOLPH,K.).- Leipzig, 1983.

KOSZIONOVSKI,T.; MATTHES,H.-P.: Nahost Jahrbuch 1987: Politik, Wirtschaft und Gesellschaft in Nordafrika und dem Nahen Osten.- Opladen, 1988

KRÜGER,H.P.: Konservative Entwicklungsstrategien.- In: Handbuch Entwicklungsländer S.143-147

KUNZE,J.: Klassenkampf und "Staatsklasse" in der neomarxistisch antidependistischen Soziologie der Entwicklungsländer.- In: Informationen zur soziologischen Forschung in der DDR.- Berlin, 20(1984)5.- S.40-47

KURAN,T.: The Economic System in Contemporary Islamic Thought: Interpretation and Assesment.- In: IJMES, 18(1986)2.- S.135-164

LEVIN,S.I.: Islam i nacionalizm v stranach zarubežnogo vostoka. Moskau, 1988

Lexikon Dritte Welt (Hrsg.NOHLEN,D.).- Hamburg, 1989

LÖFFLER,C.: Some Remarks on the Phenomenon of Islamic Revivalism. In: Intereconomics.- Lohmar; Berlin/W., 18(1983)5.- S.236-244

LUKOJANOV,A.K.: Vsgljady Šiitskich ideologov na problemu sobst'vennosti v kontekste "islamskoj ėkonomiki".- In: Islam - problemy S. 80-85

MAIWALD,B.: Das Zinsverbot des Islam und die islamischen Banken. In: Recht der internationalen Wirtschaft.- Heidelberg, 30(1984)7

MAKSIMENKO,V.I.: Analiz Iranskoj revoljucii 1978-1979 gg. v sovetskoj vostokovednoj literature.- In: NAA, 31(1987)3.- S. 162-172

MALEK,M.H.: Elite Factionalism in the Post- Revolutionary Iran.- In: Journal of Contemporary Asia.- Ann Arbor, 19(1990)4, S. 435-460

MAMEDOVA,N.M.: Gorodskoje predprinimatel'stvo v Irane.- Moskau, 1988

dies: Koncentracija i proizvodstvo kapitala v Irane v 60-70 gody.- Moskau, 1982

MANNAN,M.A.: Islamic Economics Theory and Practice.- Delhi, 1981

MANOOCHEHR,H.: Die Weiße Revolution und deren Wirkung auf die sozio- ökonomische Entwicklung Persiens. Anatomie eines gescheiterten Modernisierungskonzepts. (Diss. 1980).- Frankf./M. 1982

MANSILLA,H.C.F.: Entwicklung als Nachahmung.- Meisenheim, 1978

MANSOORI,M.: Islamische Banken. Implikationen der Theorien eines zinsfreien Bankwesens in den Vorstellungen der islamischen Wirtschaftsordnung.- Berlin, 1983

Mardom Nameh / Religion und Politik im Iran.- Jahrbuch zur Geschichte und Gesellschaft des Mittleren Ostens.- Frankf./M. 1981

MC NAMARA,R.S.: Rede vor der Konferenz der Vereinten Nationen über Handel und Entwicklung.- Washington, 1979

MEYER,L.: Die Islamische Republik Iran. Ein Beispiel für autozentrierte Entwicklung und Dissoziation?- In: Orient, 26(1985)3.- S. 389-406

ders.: Die Wirtschaft Irans seit der Revolution.- In: Außenpolitik.- Hamburg, 35(1984)3.- S.299-314

The Middle East and North Afrika.- London, 31. Ausg. 1984; 32. Ausg. 1990

MIRSKI,G.: Osvobodivšijesja gosudarstva: Puti razvitija.- In: AAS, 39(1987)3.- S.26-29

Mit klarem Blick. Was uns daran hindert, die "Dritte Welt" unvoreingenommen und undogmatisch zu sehen.- In: Neue Zeit.- Moskau, 43(1988)44.- S.23-25

MOCHIRI,F.: The State and Social Revolution in Iran: Theoretical Perspective.- New York; Bern; Frankfurt/M., 1985

MOINUDDIN,H.: The Carter of The Islamic Conference and Legal Framework of Economic Cooperation among its Member States.- Oxford, 1987

ders.: Die Organisation der Islamischen Konferenz (OIC) als Forum politischer und wirtschaftlicher Kooperation.-Bochum,1984

MOMAYESI,N.: Economic Correlates of Political Violence: The Case of Iran.- In: MEJ, 40(1986)1.- S. 70-81

MOORE,C.H.: Islamic Banks and Competitive Politics in the Arab World and Turkey.- In: MEJ, 44(1990)2.- S. 234-255

ders.: Islamic Banks: Financial and Political Intermeditation in Arab Countries.- In: Orient, 29(1988)1.- S. 45-57

MOORE,W.E.: Social Change.- New Jersey,o.J.

MOTADEL,I.: Iran- Von der Schah- Dynastie zum islamischen Gottesstaat. (Reihe Sozialwissenschaften, Bd.11).- Pfaffenweiler, 1987

MÜLLER,H.G.: Grundzüge der ökonomischen Entwicklung Irans seit Beginn der sechziger Jahre.- In: BARTHEL S. 221-364

MYRDAL,G.: Politisches Manifest über die Armut in der Welt.- Frankfurt/M., 1970

NAJMABADI,A.: Irans Turn to Islam: From Modernism to a Moral Order.- In: MEJ, 41(1987)2.- S.202-217

NAKKAŠ,A.C.: Doktrina "islamskoj ekonomiki" v izloženii teologov vyššego soveta po delam islama.- In: Islam - problemy S.248-251

Im Namen Allahs. Der Islam - eine Religion im Aufbruch?- Frankfurt/M.; Berlin; Wien 1979

Naqui,S.A.R.: Interest- free Banking Act of Iran.- In: Islamic Studies.- Islamabad, 24(1985)3.- S. 397-408

NASR,A.J.M.: Islam und Modernität im politischen Leben Ägyptens und der Länder des Maghreb.- In: PZ (1990)22, S.20-29

NAWARS,J.: Islamic Economics: Theoretical Issues and Problems of Implementation in Practic.- In: International Politics.- London, 61(1981)7.- S.114-120

NEUHOFF,H.P.: Der arbeitsorientierte Entwicklungsweg - Grundlagen einer alternativen Entwicklungspolitik.- In: NOHLEN; NUSCHELER S. 211-229

NIENHAUS,V.: Islam und moderne Wirtschaft.- Graz; Wien; Köln, 1982

ders.: Islamic Economics of Profit- Sharing. Comments.- Bochum, 1981

ders.: Islamische Ökonomik- Entwicklungen, Inhalte und Probleme. In: Zeitschrift für Wirtschaftspolitik.- Köln, (1981)30, S. 245-300

ders.: Die "islamische Wirtschaftslehre". Politik zwischen Pragmatismus und Utopie.- In: Orient, 22(1981)1.- S. 50-68

ders.: Katholische Sozial- und islamische Wirtschaftslehre: Gemeinsamkeiten, Unterschiede, Gegensätze.- Köln, 1981

ders.: Profitability of Islamic PLS Banks Competing with Interest Banks: Problems and Prospects".- In Journal of Research in Islamic Economics.- London, 1(1983)1.- S. 37-47

ders.; **VÖCKING,H.**: Zakat. Das islamische Steuerwesen.- Frankfurt/M., 1982

NOHLEN,D.; **NUSCHELER,F.**(Hrsg.): Handbuch der Dritten Welt, Bd. 1, Unterentwicklung und Entwicklung: Theorien - Strategien - Indikatoren.- 2. überarb. Aufl.- Hamburg, 1982

NOHLEN,D.; **STURM,R.**: Über das Konzept der strukturellen Heterogenität.- In: NOHLEN;NUSCHELER S.92-112

NOORZEY,M.S.: Islamic Laws on Riba (interest) and their economic Implications.- In: IJMES, 14(Feb.1982)1.- S.15-23

Der Nord- Süd- Dialog zu Beginn der 80er Jahre (internationales Symposium Berlin/West 27.-31.5.1981).- Baden-Baden, 1982

NOROUZI,D.; **ITSCHERENSKA,I.**: Zur Entwicklung der religiösen Bewegung im Iran. Von Ansätzen eines liberalen Islamverständnisses zur Entstehung des Fundamentalismus.-In: AALa, 10(1982)6, S. 1031-1046

dies.: Die "monotheistische Weltanschauung" als politisch-ideologische Grundlage der "islamischen Revolution" aus der Sicht von Abolhassan Bani Sadr.- In: AALa, 9(1981)5.S.827-840

dies.: Zur Rolle der schiitischen Geistlichkeit in der Konstitutionellen Revolution Irans (1905-1911).- In: AALa, 14(1986)1,S. 66-76

dies.: Zur Rolle des Islam in der iranischen Revolution von 1979. Politisch ideologische Strömungen der islamischen Bewegung. (Diss.B).- Berlin, 1987

NUSCHELER,F.: Befriedigung der Grundbedürfnisse als neue politische Lösungsformel.- In: NOHLEN;NUSCHELER S. 332-358

ders.: Lern- und Arbeitsbuch Entwicklungspolitik.- (völlig überarbeitete und aktualisierte Ausgabe).- Bonn, 1987

NUßBAUMER,H.: Khomeini: Revolutionär in Allah's Namen.-München, 1983

Ökonomisch-soziale Unterentwicklung - Wesen, Wirkungen und Überwindungsmöglichkeiten.- In: Wissenschaftliche Beiträge der Karl- Marx- Universität Leipzig, Reihe Gesellschaftswissenschaften.- Leipzig, 1989

OPPERSKALSKI,M.: Iran gestern und heute. (Gott ändert nichts am Schicksal eines Volkes, solange das Volk sich nicht selbst geändert hat. Koran Sure 13/11).- Dortmund, 1980

OSADČAJA,I.M.: Zametki o "kritike" buržuaznoj politėkonomiki.- In: MEMO, 32(1988)10.- S.16-22

OSTROWSKI,J.: Die Idee vom Gottesstaat. Ursachen und Triebkräfte des islamischen Fundamentalismus.- In: Deutsche Volkszeitung/ Die Tat.- Berlin/W., 21.08.1987 , No. 37 , S.9

Overcoming World Hunger: The Challenge Ahead. Report of the Presidential Commission on World Hunger.- Washington, 1980

PAHLEWI,M.R.: Die soziale Revolution Irans.- Düsseldorf; Köln, 1967.

PANTUČKOVA,I.: O sovremennoj islamskoj ėkonomičeskoj teorii.- In: Razvivajuščiesja strany: Ėkonomika i politika.- Moskau, (1986)12.- S. 100-105

PEJMĀN,H.(Pseudonym Pājdār): Bardāsthā'i dar bāre-je mālekijat, kār wa sarmāje az didegā-je eslām.(Aussagen über Eigentum, Arbeit und Kapital aus islamischer Sicht).- o.O., 1978

PETERS, R.: Erneuerungsbewegungen im Islam vom 18.-20.Jhd. und die Rolle des Islam in der neueren Geschichte: Antikolonialismus und Nationalismus.- In: ENDE;STEINBACH 1989, S. 91-131

PETRUŠEVSKI,I.P.: Islam v Irane v VII.-XV. vekach.- Leningrad, 1966

PEWSNER,J.: Novoje myšlenije i neobchodimost' novych podchodov v političeskoj ėkonomiki.- In: MEMO, 32(1988)6.- S.5-22

POHLY,W.: Iran- langer Weg durch Diktaturen: Geschichte und Perspektive.- Berlin/W., 1985

Politische Ökonomie des Kapitalismus.- (Lehrbuch).- 4.Aufl.- Berlin, 1986

POLONSKAJA,L.R.: Sovremennyje musul'manskije idejnyje tečenija. In: Islam - problemy S.6-25

dies.; IONOVA,A.: Koncepcii "islamskoj ėkonomiki" social'naja suščnost' i političeskaja napravlennost'.- In: MEMO, 25(1981)3, S. 113-119

POLONSKAJA,L.R.; VAFA,A.C.: Vostok: Ide'i i ideologi.- Moskau, 1982

PREISSLER,H.: Der Islam im Nahen Osten und in Nordafrika und die gesellschaftlichen Prozesse der Gegenwart.- In: AAla, 8(1980)6.- S.965-976

ders.: Rezension zu ENDE;STEINBACH:Der Islam in der Gegenwart.- In: AALa, 14(1986)1.- S. 156-160

QUTB,M.: Islam the Misunderstood Religion.- Kuwait, 1964

RAHIM,M.A.: Some Early Works on Islamic Economics.- In: Thoughts on S. 320-326

RAHMAN,S.: Zakat - A Case for Equitable Distribution of Wealth and Income.- In: Thoughts on S.92-99

RA'UF,M.A.: The Islamic Doctrine of Economics and Contemporary Economic Thought.- In: NOVAK,M.: Capitalism and Socialism. A Theological Inquiry.- Washington, 1979

Razvivajuščiesja strany: ėkonomičeskij rost' i social'ny progres.- Moskau, 1983

REICHELT,H.H.: Die Schah- Story, der lange Weg zum Abschied.- Raststatt-Baden, 1979

REISSNER,J.: Der Imam und die Verfassung. Zur politischen und staatsrechtlichen Bedeutung der Direktive Imam Khomeinis vom 7. Januar 1988.- In: Orient, 29(1988)2.- S. 213-236

ders.: Die innerislamische Diskussion zur modernen Wirtschafts- und Sozialordnung.- In: ENDE; STEINBACH 1989, S.155-169

ders.: Islam und Politik. Staat und Religion im Islam in historischer Perspektive.- In: Brennpunkt Mittel-Ost.- Berlin/W.; Köln; Mainz, 1981

Religii Mira.- Moskau, 1982

Religija i občšestvennaja mysl' stran Vostoka.- Moskau, 1984

REZNIKOV,A.B.: Iran: Padenije šachskogo režima.- Moskau, 1983

RIEGEL,K.-G.: Tradition und Modernität. Zum Modernisierungspotential traditioneller Kulturen nichtwestlicher Entwicklungsgesellschaften.- In: NOHLEN;NUSCHELER S.73-91

Der RIO- Bericht an den Club of Rome. Wir haben nur eine Zukunft, Reform der internationalen Ordnung.- Opladen, 1977

RITTER,W.: Der Iran unter der Diktatur des Schah- Regimes.- Frankfurt/M., 1979

RIYAHI,F.: Ayatollah Khomeini.- Frankfurt/M., 1986

ROBBE,M.: Dschihad. Heiliger Krieg. Der Islam in Konfliktsituationen der Gegenwart.- Berlin, 1989

ders.: Entwicklungsländer Woher und Wohin?- In: Horisont, 22(1989)2.- S.16-17

ders.: Der Islam - eine neue Weltmacht?- In: Horizont, 17(1984)9.- S.8

ders.: Islam, Religion, Gesellschaft, Staat.- Berlin, 1981

ders.: Die Stummen in der Welt haben das Wort. Entwicklungsländer: Bilanz und Perspektiven.- Berlin, 1984

ders.; GRZESKOWIAK,M.; HÖPP,G. u.a.: Aufbruchstimmung im Islam: Flucht oder Krisenbewältigung?- In: AALa, 8(1980)2.- S.261-271

ROBBE,M.; GRZESKOWIAK,G.: Islamische Solidarisierung- Etappen,

Möglichkeiten, Grenzen.- In: AALa, 12(1984)1.- S.57-71

RODINSON,M.: Islam und Kapitalismus.- Frankfurt/M., 1971

ROEMER,H.R.: Die Islamische Republik Iran auf dem Weg zum Gottesstaat?- In: Orient, 31(1980)4.- S.265-278

ROSENKRANZ,R.: Der erste Fünfjahrplan der Islamischen Republik Iran.- In: AW, 16(1988)13.- S.5-6

ders.: Grundzüge der wirtschaftlichen Entwicklung der Islamischen Republik Iran.- Berlin, 1983

ders.: Grundzüge des wirtschaftlichen Wiederaufbaus der Islamischen Republik Iran.- In: AW, 18(1990)5.- S. 4-5

ders.: Iran: Wirtschaft und Staat (1953-1986). (Diss.A).- Leipzig, 1987

ROSTOW,W.W.: Stadien des wirtschaftlichen Wachstums.(2.Aufl.).- Göttingen, 1967

RUSHDI,A.A.: Interest Rate- A Redundant Instrument of Monetary Policy.- In: Thoughts on S. 207-215

SADR,B.A.: Ektesād-e mā ja barrasihā'i dar bāre-je makteb-e ektesād-e eslām. (Unsere Wirtschaft oder Untersuchungen zur islamischen Wirtschaftslehre).- Teheran, Bd.1 1971, Bd.2 1979

SANDER,U.; POMORIN,J.: Iran zwischen Februar und Frühling.- Düsseldorf, 1979

ŠARI'ATI,A.: Cegune māndan: Tarh-e mas'ale, gostegu-je ǧawāb. (Wie bleiben: Problemerörterung und Antwortsuche).- o.O.,o.J.

ders.: Din aleih-e din. (Religion gegen Religion).- o.O.,o.J.

ders.: Eslāmšenāsi (Islamwissenschaft).- Teheran (Hoseyniyā Eršād), o.J.

ders.: Hağğ (Pilgerfahrt).- Teheran (Hoseyniyā Eršād), o.J.

ders.: Man and Islam. Lectures by A.Shariati (Transl. by G.M.FAYEZ).- Mashad, 1982

ders.: Marxism and Other Western Fallacies/ An Islamic Critique.- Berkeley, 1980

ders.: On the Sociology of Islam: Lectures.- Berkeley, 1979

ders.: Zivilisation und Modernismus.- In: Islamische Renaissance. (Hrsg. Botschaft der IRI, Bonn) Nr.1, Aug.1980

ŠARIPOVA,R.M.: Ekonomičeskije koncepcii ideologov ligi islamskogo mira.- In: Islam - problemy S.68-79

dies.: Rol' rukovodstva "al'-Azhara" v sovremennoj modernizacii islama.- In: Religija i, S. 159-182

SCHAHGALDIAN,N.B.: Iran after Khomeini.- In: Qurrent History, 89(1990)544.- S. 61-64, 82-84

SCHATTER,M.: Islamische Wirtschaftslehren. Methodologisch-theoretischer Grundgehalt, politökonomische Einordnung und Kritik.- In: AALa, 12(1984)3.- S. 420-432

ders.: Das linksradikale politökonomische Denken in Entwicklungsländern- systematische, historische und theoriekritische Analyse seiner Erforschung.- In: AALa, 14(1986)5.- S. 770-787

SCHIEL,T.: Die Struktur der postkolonialen Produktionsweise im Umriß.- In: ELWERT; FETT

SCHILLING,H.: Nahrungsmittel als Waffe.- Berlin, 1984

ders.: Ökonomisch- soziale Unterentwicklung und ihre Überwindung als globale politische Herausforderung und als Anspruch an die marxistisch-leninistische Politökonomie.-Thesen zum XIII. Leipziger politökonomischen Symposium zur Imperialismusforschung, 1988.- Leipzig.- Karl-Marx-Universität, 1988

SCHMIALE,B.; THIEMANN,E.: Irans Wirtschaftsprogramm 1983-1987.- In: AW, 11(1983)22.- S.4-5

SCHMIDT,B.C.: Wirtschaftswachstum und Diversifizierung der Produktionsstruktur von Entwicklungsländern- Das Beispiel Ägypten und Iran.- München; London, 1980

SCHMIDTKE,S.: Modern Modifications in the Shi'i Doctrine of the Expectation of the Mahdi (Intizar al- Mahdi): The Case of Khumaini.- In: Orient, 28(1987)3.- S. 389-406

SCHOLL-LATOUR,P.: Allah ist mit den Standhaften. Begegnungen mit der islamischen Revolution.(7. völlig überarbeitete Aufl.) Frankfurt/M., 1989

SCHULZE,R.: Die Islamische Weltliga (Mekka) 1962-1987.- In: Orient, 29(1988)1.- S. 58-67

ders.: Die Politisierung des Islam.- In: Die Welt des Islam. Leiden, 22(1983)1-4

ŠEINIS,V.: Osobennosti i problemy kapitalizma v razvivajuščichsja stranach.- In: MEMO, 30(1986)12.- S.50-66

SENGHAAS,D.: Autozentrierte Entwicklung.- In: NOHLEN; NUSCHELER S.359-379

ders.: Imperialismus und strukturelle Gewalt. (Analysen über abhängige Reproduktion).- Frankfurt/M., 1972

ders.(Hrsg.): Peripherer Kapitalismus. Analysen über Abhängigkeit und Unterentwicklung.- Frankfurt/M., 1974

ders.: Weltwirtschaftsordnung und Entwicklungspolitik, Plädoyer für Dissoziation.- Frankfurt/M., 1977

SIAWUSCH,S.: Die Arbeitswerttheorie im schiitischen Islam.- In: Orient, 25(1984)2.- S. 271-278

dies.: Die Rolle des Wettbewerbs in der islamischen Wirtschaftspolitik.- In: Jahrbuch für Sozialwissenschaft.- Göttingen, 34(1983)1.- S. 127-138

SIDDIQI,M.N.: Insurance in an Islamic Economy.- Leicester; Nairobi: The Islamic Foundation, 1985

ders.: Muslim Economic Thinking. A Survey of contemporary Literatur.- In: KHURSHID 1981, S.191-316

SIMONIJA,N.A.: Nacionalism, nacional'ny vopros i klassovaja bor'ba v stranach asii.- Prag, 1977

Social'no- političeskije predstavlenija v islame. Istorija i sovremennost'.- Moskau, 1987

Sozialökonomische Unterentwicklung und die Rolle kapitalistischer Produktionsverhältnisse in den Ländern der Dritten Welt. (Autorenkollektiv).- Thesen zum Internationalen wissenschaftlichen Symposium der Hochschule für Ökonomie "Bruno Leuschner", Dezember 1987.- Berlin , 1987

SPIEGEL,E.: Zu einigen Hauptströmungen in der nichtmarxistischen Soziologie der Entwicklungsländer.- In: AALa,

14(1986)3.- S. 395-406

ders.: Die Wiederentdeckung der "traditionellen Gesellschaft in der Subsistenzökonomie. Zu einer neuen Richtung in der "Entwicklungssoziologie" der BRD.- In: AALa, 14(1986)4.- S.592-600

Statistik des Auslandes: Länderbericht **Iran: 1984**.- Hrsg.: Statistisches Bundesamt Wiesbaden.- Stuttgart; Mainz, 1984
Statistik des Auslandes: Länderbericht Iran: **1988**.- Hrsg.: Statistisches Bundesamt Wiesbaden.- Stuttgart; Mainz, 1988

STEINBACH,U.: Der Islam im "Thermidor" Zur Lage des Islam im Nahen Osten.- In: PZ (1990)22.- S.11-19

ders.: "Re- Islamisierung" - Fortschritt ins Goldene Zeitalter? In: Orient, 21(1980)3.- S.331-344

ders.: Die "Zweite Islamische Republik": Der Gottesstaat auf dem Weg in die Normalität.- In: Außenpolitik, 41(1990)1.- S.73-90

STEPANJANC,M.T.: Islam v filosovskoj i obščestvennoj mysli zarubežnogo vostoka.- Moskau, 1974

ders.: Musul'manskoje vozroždencestvo.- In: NAA, 27(1983)3.- S.20-29

ders.: Religii vostoka i sovremennost'.- In: Filosofija i religija na zarubeznom vostoke. XX. vek.- Moskau, 1985.-S.43-66

STIER,P.: Marxistische Entwicklungskonzeption und sozialistische Orientierung.- In: Handbuch Entwicklungsländer S.92-95

STRAHM,R.H.: Warum sie so arm sind: Arbeitsbuch zur Entwicklung der Unterentwicklung in der Dritten Welt.- Wuppertal, 1989

ŠUKAIRI,A.H.: at Tanmiija al-iqtisādija fil-minhaġ al-islāmi. (Wirtschaft in der islamischen Welt).- Quatar, 1988

SZENTES,T.: The Political Economy of Underdevelopment.- Budapest, 1983

SZEPONIK,H.: Die Schuldenfalle.- In: Wochenpost.- Berlin, (1988)38.- S. 12-13

TĀLEGĀNI,M.: Eslām wa mālekijat. (Islam und Eigentum).-4.Aufl.- Teheran, 1965

ders.: Ǧihād wa šahādat. (Heiliger Krieg und Märtyrertod).- o.O.,o.J.

Thoughts on Islamic Economics.-(Articles presented at the Seminar on Islamic Economics 3.-5.July 1979 under the outpieces of Islamic Economic Research Bureau at the University of Dacca). Hrsg.: Islamic Economic Research Bureau.- Dacca, 1980

THRON,J.: Die Probleme der Entwicklungsländer und ihre globale Bedeutung (Literaturanalyse).- In: Thematische Information und Dokumentation.- Reihe A- Aktuelle Beiträge aus der gesellschaftswissenschaftlichen Forschung.- Berlin, 1987/Heft 64, T.2

THUMM,U.: Iran Wirtschaftsstruktur und Entwicklungsplanung.- Bremen: Studien der Bremer Gesellschaft für Wirtschaftsforschung e.V., 1976

TIBI,B.: Die Folgen der Re- Islamisierung für Weltpolitik und Weltwirtschaft.- In: Gegenwartskunde.- Opladen, 30(1981)2

ders.: Die iranische Revolution und die Re- Islamisierung im Lichte des Nord- Süd Konfliktes.- In: PZ, 31(1981)14.- S.12-24

ders.: Islamischer Fundamentalismus gegen den Westen.- In: PZ (1990)22, S.40-46

ders.: Die Krise des modernen Islam. Eine vorindustrielle Kultur im wissenschaftlich- technischen Zeitalter.- München, 1981

TINBERGEN,J.(Hrsg.): Der Dialog Nord- Süd. Informationen zur Entwicklungspolitik.- Frankfurt/M.; Köln, 1977

Das Überleben sichern. Gemeinsame Interessen der Industrie- und Entwicklungsländer. Bericht der Nord- Süd- Kommission.- Köln, 1980

UNCHS, Global Report on Human Settlements 1986.- Oxford, 1987

UNCTAD Handbook of Trade Control Measures of Developing Countries.- U.N.,New York, 1987

Unsere gemeinsame Zukunft.- Bericht der Weltkommission für Umwelt und Entwicklung.- 2. Aufl.- Berlin, 1990

UZAIR,M.: Some Conceptual and Practical Aspects of Interest Free Banking.- In: KHURSHID 1981, S.37-58

VILLIERS,G.: Der Schah. Der unaufhaltsame Aufstieg des Mohammad Reza Pahlewi.- Wien; Düsseldorf, 1975

WAARDENBERG,J.: Fundamentalismus und Aktivismus in der islamisch arabischen Welt der Gegenwart.- In: Orient, 30(1989)1.- S.39-52

WAGNER,N.; RIEGER,H.Ch.: Grundbedürfnisse als Gegenstand der Entwicklungspolitik: Interdisziplinäre Aspekte der Grundbedürfnistrategie.- In: Beiträge zur Südasien- Forschung, Südasien Institut/ Universität Heidelberg, Bd. 70.- Wiesbaden, 1982

Warschauer Vertragsstaaten zur Überwindung der Unterentwicklung und zur Schaffung einer neuen internationalen Wirtschaftsordnung.- In: Horizont, 20(1987)7.- S. 25-26

WEHLER,H.-U.: Modernisierungstheorien und Geschichte.- Göttingen, 1975

Die weltweite Herausforderung - Von der Krise zur Kooperation. In: MANLEY,M.;BRANDT,W.(Hrsg.): Global Challenger.- London,1985

WENSICK,A.J.; KRAMERS,J.H.(Hrsg.): Handwörterbuch des Islam.- Leiden, 1941

What is the Islamic Socio- Economic Order?- Karachi, o.J.

WILSON,R.: Iran's Islamic Economy.- In: Contemporary Review. London, 20(1988)1466.- S. 117-122

Wirtschaft in Iran 1985 (Geschäftsbericht der offiziellen Deutsch- Iranischen Industrie- und Handelskammer zu Teheran).- Teheran, 1986

Der Wirtschaftsplan der Chomeinisten. Gespräch mit Abdul Bani Sadr, Ökonom und Mitarbeiter Chomeinis. (Übers. eines Beitrages von JULY,S.: Iran: Der Schiiten- Sozialismus der Khomeinisten.) In: Autonomie Nr.1 Der Iran. Materialien gegen die Fabrikgesellschaft.- Tübingen, Bd.5/ 1979.- S.89-101

WOHLERS-SCHARF,T.; NIENHAUS,V.: Arab and Islamic Banks, Petrocapital and Development.- In: Orient, 23(1982)6.- S.243-253

WOLF,B.: Entwicklungsstrategie und Einkommensverteilung und -umverteilung in Entwicklungsländern.- In: AALa, 2(1974)1.- S.69-88

YANN,R.: Die Geschichte der Schia in Iran. Grundlagen einer Religion.- Berlin/W., 1989

YOUSEFI,M.: Dimensions of the Iranian Revolution: A Review Essay. In: The Western Political Quarterly.- Salt Lake City; Washington, (1984)37.- S. 342-353

YUSUF,S.M.: Economic Justice in Islam.- Lahore, 1977

ZAMAN,H.: Social Security in Islam.- In: Thoughts on S. 100-107

ZARQA,A.: Islamic Economics: An Approach to Human Welfare.-In: KHURSHID 1981, S.3-18

Periodika

Asien, Afrika, Lateinamerika.- Berlin (**AALa**)
Außenpolitik.- Hamburg
Außenwirtschaft. Dokumente zur Außenwirtschaft.- Berlin (**AW**)
Azija i Afrika segodnja.- Moskau (**AAS**)
Bank Markazi Iran (The Central Bank of Iran) Bulletin.- Teheran
Bank Melli Iran Bulletin.- Teheran
Bjulleten innostrannych komerčeskich informacii.- Moskau (**BIKI**)
BfA - Mitteilungen der Bundesstelle für Außenhandelsinformation. Iran.- Bonn (**BFAI**)
Burs (1979-1981).- Teheran
Chabar wa nasar (Publikation des Außenministeriums der Islamischen Republik Iran).- Teheran
Current History.- Philadelphia
Daily Mail.- London
Donjā (Hrsg.: Tudeh Partei Irans).- Teheran; Stockholm
Ekonomičeskaja Gazeta.- Moskau
Ettelā'āt.- Teheran
Enġelāb-e Eslāmi.- Teheran
Euromoney.- London

Ǧomhuri-je Eslāmi.- Teheran
Horizont.- Berlin
Intereconomics.- London; Berlin/W.
International Affairs.- London
International Journal of Middle East Studies.- Cambridge; New York (IJMES)
IPW Berichte.- Berlin
International Social Science Journal .- Paris (ISSJ)
Islamic Quarterly.- London
The Islamic Review & Arab Affairs.- London (IR&AA)
Izvestija.- Moskau
Journal of Research in Islamic Economics.- London
Journal of South Asia and Middle Eastern Studies.- Villanova/Pa (JSAMES)
The Middle East.- London (ME)
Middle East Economic Digest.- London (MEED)
The Middle East Journal.- Washington (MEJ)
Middle Eastern Studies.- London (MES)
Mirovaja ėkonomika i meždunarodnyje otnošenija.- Moskau (MEMO)
The Muslim World.- Hartford;Conn.
Narody Asii i Afriki.- Moskau (NAA)
Orient .- Hamburg (Orient)
Aus Politik und Zeitgeschichte. Beilage zur Wochenzeitschrift: Das Parlament.- Bonn (PZ)
Rāh-e Tudeh (Organ der Sympathisanten der Tudeh Partei im Ausland.- Stockholm.(1982-1984)
Tips aus Teheran (Offizielle Deutsch - Iranische Handelskammer zu Teheran).- Teheran (Jg.1987) (TAT)
Die Welt des Islam.- Leiden
Za rubežom.- Moskau

KLAUS SCHWARZ VERLAG - BERLIN

K
S

IRANICA

Islamkundliche Untersuchungen

3. Elke EBERHARD: Osmanische Polemik gegen die Safawiden im 16. Jahrhundert nach arabischen Handschriften. 1970. 257 S. (mit 10 S. arab. Text) (out of print)

4. Dariusch BAYAT-SARMADI: Erziehung und Bildung im Schahname von Firdousi. Eine Studie zur Geschichte der Erziehung im alten Iran. 1970. 240 S. (out of print)

5. Erika GLASSEN: Die frühen Safawiden nach Qāżī Aḥmad Qumī. 1970. 246, 127 S. pers. Text. (out of print)

6. Marianne SCHMIDT-DUMONT: Turkmenische Herrscher des 15. Jahrhunderts in Persien und Mesopotamien - nach dem Tārīḫ al-Ġiyāṯī. 1970. 250 , 57 S. arab. Text. (out of print)

11. Manutschehr AMIRPUR-AHRANDJANI: Der aserbeidschanische Dialekt von Schahpur. Phonologie und Morphologie. 1971. 148 S. (out of print)

12. Djalal KHALEGHI MOTLAGH: Die Frauen im Schahname. Ihre Geschichte und Stellung unter gleichzeitiger Berücksichtigung vor- und nachislamischer Quellen. 1971. 235 S. (out of print)

14. Dorothea KRAWULSKY: Briefe und Reden des Abū Ḥāmid Muḥammad al-Ġazzālī, übersetzt und erläutert. 1971. 255 S. (out of print)

16. Peter ANTES: Zur Theologie der Schi'a. Eine Untersuchung des Ǧāmiʿ al- asrār wa-manbaʿ al-anwār von Sayyid Haidar Āmolī. 1971. 142 S. (out of print)

25. Ursula OTT: Transoxanien und Turkestan zu Beginn des 16. Jahrhunderts. Das Mihmān-nāma-yi Buḫārā des Faḍlallāh b. Rūzbihān Ḫunǧī. Übersetzung und Kommentar. 1974. 362 S. (out of print)

29. Mehmet Şefik KEÇIK: Briefe und Urkunden aus der Kanzlei Uzun Ḥassans. Ein Beitrag zur Geschichte Ost-Anatoliens im 15. Jahrhundert. 1975. 276 S. und 60 S. Urkundenfaksimilies (out of print)

41. Hani SROUR: Die Staats- und Gesellschaftstheorie des Sayyid Ǧamāladdīn "Al-Afghānī". Als Beitrag zur Reform der islamischen Gesellschaft in der zweiten Hälfte des 19. Jahrhunderts. 1977. 310 S.

42. Eberhard KRÜGER: Zum Verhältnis von Autor und Werk bei dem modernen persischen Erzähler Ṣādeq Hedāyat. 1977. 158 S. (out of print)

43. Kamran EKBAL: Der Briefwechsel Abbas Mirzas mit dem britischen Gesandten MacDonald Kinneir, im Zeichen des zweiten russisch-persischen Krieges (1825-1928). Ein Beitrag zur Geschichte der persisch-englischen Beziehungen in der frühen Kadscharenzeit. 290 S. (out of print)

47. Mahroo HATAMI: Untersuchungen zum persischen Papageienbuch des Naḫšabī. 1977. v, 195 S.

53. Susanne ENDERWITZ: Gesellschaftlicher Rang und ethnische Legitimation. Der arabische Schriftsteller Abū ʿUṯmān al-Ǧāḥiẓ über die Afrikaner, Perser und Araber in der islamischen Gesellschaft. 1979. 290 S.

54. Rosemarie QUIRING-ZOCHE: Isfahan im 15. und 16. Jahrhundert. Ein Beitrag zur persischen Stadtgeschichte. 1980. 456 S.

57. Hans MÜLLER: Die Kunst des Sklavenkaufs. Nach arabischen, persischen und türkischen Ratgebern vom 10. bis zum 18. Jahrhundert. 1980. 246 S.

58. Bernd RADTKE: Al-Ḥakīm at-Tirmiḏī. Ein islamischer Theosoph des 3./9. Jahrhunderts. 1980. 192 S.

68. Renate SCHIMKOREIT: Regesten publizierter safawidischer Herrscherurkunden. Erlasse und Staatsschreiben der frühen Neuzeit Irans. 1982. 552 S.

72. Monika GRONKE: Arabische und persische Privaturkunden des 12. und 13. Jahrhunderts aus Ardabil. 1982. 560 S.

91. Adel ALLOUCHE: The Origins and Development of the Ottman-Safavid Conflict (906-962/1500-1555). 1983. viii, 202 S.

92. Roxane HAAG-HIGUCHI: Untersuchungen zu einer Sammlung persischer Erzählungen. *Čihil wa-šiš ḥikāyat yā ǧāmiʿ al-ḥikāyāt*. 1984. vi, 229 S.

93. Andreas RIECK: Unsere Wirtschaft. Eine gekürzte kommentierte Übersetzung des Buches *Iqtiṣādunā* von Muḥammad Bāqir aṣ-Ṣadr. 1984. iv, 747 S.

97. Martin STROHMEIER: Seldschukische Geschichte und türkische Geschichtswissenschaft. Die Seldschuken im Urteil moderner türkischer Historiker. 1984. iv, 273 S.

104. Silvia TELLENBACH: Untersuchungen zur Verfassung der Islamischen Republik Iran vom 15. November 1979. 1985. iv, 344 S.

110. Rainer FREITAG: Seelenwanderung in der islamischen Häresie. 1985. viii, 299 S.

116. Shams ANWARI-ALHOSSEYNI: Loġaz und Mo'ammā. Eine Quellenstudie zur Kunstform des persischen Rätsels. 1986. xv, 292 S.

119. Masashi HANEDA: Le Châh et les Qizilbâš. Le systeme militaire safavide. 1987. ii, 258 S.

120. Heidi ZIRKE: Ein hagiographisches Zeugnis zur persischen Geschichte aus der Mitte des 14. Jahrhunderts. Das achte Kapitel des *Ṣafwat aṣ-ṣafā* in kritischer Bearbeitung. 1987. iv, 282 S.

124. Sakina BERENGIAN: Azeri and Persian Literary Works in Twentieth Century Iranian Azerbaijan. 1988. x, 238 S.

126. Krisztina KEHL-BODROGI: Die Kızılbaş/Aleviten. Untersuchungen über eine esoterische Glaubensgemeinschaft in Anatolien. 1988. 279 S.

128. Sultan TULU: Chorasantürkische Materialien aus Kalāt bei Esfarāyen. 1989. vii, 367 S.

138. M. Reza HAMZEH'EE: The Yaresan: A Sociological, Historical and Religio-Historical Study of a Kurdish Community. 1990. viii, 308 S.

139. Heinz-Georg MIGEOD: Die persische Gesellschaft unter Nāṣiru 'd-Dīn Šāh. Mit einem Vorwort von Bert Fragner. 1990. xiii, 432 S.

142. Djafar SHAFIEI-NASAB: Les mouvements révolutionnaires et la constitution de 1906 en Iran. 682 S.

Islamwissenschaftliche Quellen und Texte aus deutschen Bibliotheken

4. Birgitt HOFFMANN: Persische Geschichte 1694-1835 erlebt, erinnert und erfunden. Der *Rustam at-tawārīḫ* in deutscher Bearbeitung. 1986. 909 S.

Islamkundliche Materialien

4. Bert FRAGNER: Repertorium persischer Herrscherurkunden aus der Zeit vor 1848. Publizierte Originalurkunden. 1980. 390 S.

9. Ayatollah CHOMEINI: Der islamische Staat. Ins Deutsche übersetzt von Ilse Itscherenska und Nader Hassan. 1983. 188 S.

Sprachwissenschaftliche Ergebnisse der deutschen Turfanforschung

Faksimiles der Fragmente zu den von F.W.K. Müller und A.v. Gabain herausgegebenen Uigurica I-IV. Zusammengestellt und mit Einführung sowie vergleichenden Tabellen herausgegeben von Georg Hazai und Peter Zieme. Leipzig 1982. Quer-4°. 1983. 195 S.

Kolibri 360 GmbH
Ferdinand-Jühlke-Straße 7
99095 Erfurt, Deutschland
produktsicherheit@kolibri360.de